GEORG BLATTMANN

DIE SONNE - GESTIRN UND GOTTHEIT

GEORG BLATTMANN

DIE SONNE — GESTIRN UND GOTTHEIT

VERLAG URACHHAUS STUTTGART

Einbandgestaltung Walter Krafft

 Gesamtherstellung Greiserdruck Rastatt. Printed in Germany. ISBN 3 87838 155 7

Inhalt

III. DAS HELLE REICH

Das Ziel ins Auge fassen

Jeder kennt sie. Jeder liebt sie. Jeder sehnt ihre Gegenwart herbei, wenn sie zögert zu erscheinen, weil Finsteres – räumlich geballt in Wolkenhäufungen, zeitlich einengend durch die Verkürzung der Tageslänge – ihr strahlendes Offenbarwerden hemmt.

Jedes Herz wird hell in ihrer Helligkeit. Freude geht auf, wenn sie aufgeht. Wir alle leben mit ihr, durch sie. Ihr Fernesein ist uns Entbehrung. Ihre Gegenwart Frohlocken und Tröstung. Sie ist uns ganz nah –

die *Sonne*,

das Muttergestirn unseres kosmischen Heimatbezirks. Doch was wissen wir wirklich von ihr?

Fragen wir nach den astronomischen Forschungsergebnissen, so erfahren wir, daß eine fast unübersehbare Menge von Einzelheiten bekannt ist. Doch geht es uns bei der Beschäftigung mit diesem Material merkwürdig. Je mehr wir uns von den Sonnenforschern erzählen lassen, je genauer wir ihre Theorien kennenlernen, desto fühlbarer finden wir uns von dem Wesen der Sonne, wie es uns aus dem täglichen Wahrnehmen vertraut ist, entfernt. Die astrophysikalischen Thesen haben es in sich, den Menschen, der sich auf sie einläßt, dem natürlichen Erleben zu entfremden. Können wir denn die Behauptung, die Sonne sei «ein gewaltiger Kern-Reaktor», mit der Erquickung, die uns ein sonnenheller Sommertag bringt, in einer Seele in Einklang bringen? Kann das Tödlichste, was es für unsere Erfahrung in der Welt gibt – die Vernichtungsmacht der nuklearen Prozesse –, mit dem All-Belebenden in eins gesehen werden? Es ist eine Schizophrenie, in die ein solcher Versuch hineintreibt.

Aber müssen denn die wirklichen Erfahrungen der Forscher zu solch widersinnigen Ergebnissen führen? Vielleicht gibt es einen Weg, die beobachteten Erscheinungen anders auszuwerten? Wenn es gelänge, das Wahrgenommene schlicht sich selbst aussprechen zu lassen, so dürfte – vermutlich – kein Widerspruch aufstehen zwischen der täglichen Erfahrung und der weiteren wissenschaftlichen Behandlung.

Hier liegt zum ersten ein Ziel unserer Untersuchung. Wir möchten Sonnenforschung noch einmal von den Anfangsgründen aufrollen. Die Beobachtung sprechen lassen und uns dabei nicht vom jedermann Faßlichen entfernen. So werden wir ein Bild von der Sonne erhalten, das, in Übereinstimmung mit der unmittelbaren natürlichen Erfahrung, Verstand, Gemüt und Tatsachensinn gleichermaßen befriedigt.

Das zweite, was wir uns zum Ziel setzen, läßt sich am besten von der Psychologie her erklären.

Der Sonnen-Komplex

Immer wenn wir einer Tatsache aus dem unterbewußten Bereich unserer Seele durch unser Verhalten im bewußten Seelenleben nicht gerecht werden, entstehen Unlust, Frustration, zuletzt Krankheit. Dieser Zusammenhang ist durch die neuere Psychologie sehr bekanntgeworden und heute schon fast jedem geläufig.

Zunächst finden wir die «verdrängten Komplexe». Das sind Gedankenbilder, Wünsche, Gefühle, die aus irgendwelchen Gründen unserem wachen Tagesverstand peinlich sind und die deshalb in die Tiefen des Vergessens abgedrängt werden. Dort liegen sie nicht still, sondern führen ein rumorendes Eigenleben und werden auf diese Weise zu Krankheitsherden. Wenn es einem geschickten Arzt oder Seelsorger gelingt, solche Nester des unbewußten Seelenlebens auszuheben, indem er dem Patienten hilft, das Verdrängte wieder ins Licht des Bewußtseins zu heben, das Unbewältigte innerlich zu verarbeiten und so die Verknotung zu lösen, kann eine schwere Erkrankung oft überraschend schnell geheilt werden – mit «seelischen» Mitteln, sagt man, also durch «Psychotherapie».

Beim Nachforschen in den Tiefenschichten stoßen wir aber noch auf eine andere Erscheinung, und die kommt für unser Problem hier in Betracht. Im unbewußten Seelenleben finden sich Bilder und Wissenstatsachen, die nicht innerhalb unseres irdischen Vorlebens dorthin verdrängt sein können, sondern die als Urbestandteile von vornherein vorhanden sind. Und solche Urelemente werden in der ganzen Menschheit gleichartig, über Völker- und Rassengrenzen hinweg, angetroffen. Man hat dafür den Begriff des «kollektiven Unbewußten» erfunden. Er soll besagen, daß es ein gemeinsames Urgut aller Menschenseelen gibt, mit dem wir als tragendem Untergrund unseres gesamten Innenlebens rechnen müssen. Wie es gefährlich werden kann, bei baulichen Veränderungen nicht die Eigenarten des Fundamentes zu berücksichtigen, so kann es Verstimmungen, Disharmonien, endlich seelische Zusammenbrüche geben, wenn die Entwicklung des bewußten Tagesgeschehens in Widerspruch gerät mit den verborgenen Grundpfeilern des Lebenshauses.

Bei C. G. Jung, dem genialen Psychologen, auf dessen Forschungen die Entdeckung des «kollektiven Unterbewußten» zurückgeht, finden wir die Konsequenz aus diesen Überlegungen so formuliert:[1]

«Hier liegt der psychologische Grund, warum die Menschen immer der Dämonen bedurften und nie ohne Götter leben konnten, ausgenommen einige besonders kluge Specimina des homo occidentalis von gestern und vorgestern, Übermenschen, deren Gott tot ist, weshalb sie selber zu Göttern werden, und zwar zu rationalistischen Duodezgöttern mit dickwandigen Schädeln und kalten Herzen.»

Die «Götter» und die «Dämonen» gehören zu den fundamentalen Größen der Menschheitsseele. Wenn in früheren Zeitaltern die Völker ihre großen Göttermythen erzählten, so wurde damit an den Menschen, schon von Kindheit an, eine sinnreiche Seelsorge ausgeübt: Die unterbewußten Größen des gemeinsamen Seelenlebens wurden ins Licht der Bewußtheit gerückt und damit ihrer krankmachenden Wirkung beraubt, die sie ausüben, solange sie verborgen und unerkannt im Seelengrund ihr Wesen treiben. Die Menschheit muß krank werden, wenn sie nicht die der unterbewußten Wirklichkeit entsprechende Götterkunde erhält.

Zum Grundbestand unseres gemeinsamen unterbewußten Seelenlebens gehört der Zusammenhang von *Sonne und Christus*. Jeder Mensch trägt diese Tatsache im tief verborgenen Wesensgrund. Aber er weiß es nicht.

Die Völker früherer Zeiten – und Naturvölker, wo sie unberührt leben können, noch heute – haben diesen Urbestand der Menschheitsseele auch ins Licht des bewußten Lebens zu rücken gewußt: durch die Ausübung ihrer heiligen Rituale, durch die immerwährende Wiederholung ihrer Sagen, in denen sie das hohe göttliche Wesen der Sonne erkennend und handelnd verehrten und seine Hinneigung zur Erde liebend beantworteten, sein «Kommen» vorbereiteten.

Heute sind uns die alten Wege der Sonnenreligionen ungangbar geworden. Ja, sie sind uns durch religiöse und wissenschaftliche Erziehung verächtlich gemacht und damit aus dem verstehenden Andenken vertrieben worden. Ausgemerzt ist das wunderbare Sonnen-Gottes-Wissen. Das Geheimnis liegt unbewegt, unfruchtbar, tot auf dem Grund des menschheitlichen Seelenmeeres. Aber im psychischen Bereich ist es anders als auf dem Feld der Natur. Kann ein Felsen ruhig und ohne Schaden zu tun auf dem Meeresboden ruhen, so wird das Unbemerkte, Undurchlebte in der Seele zum Störungsherd. Wir tragen alle den «Sonnen-Komplex» in uns; und er stört unsere seelische Gesundheit. Doppelt wird der kränkende Einfluß spürbar, der von der Nichtbeachtung seiner Wirklichkeit ausgeht.

Die «Christen» reden von Christus. Sie glauben ihn zu kennen – und haben doch seine Sonnenverwandtschaft aus dem Gesichtskreis verloren. So finden sie auf die Dauer selbst nicht das wahre Genügen an ihren Gütern, weil ihnen, ohne daß sie dessen gewahr werden, eine ganze Hälfte der Wirklichkeit fehlt. Der versunkene Komplex bleibt ungehoben. Muß die übliche Theologie deshalb notwendig oberflächlich sein und bleiben?

Die Sonnenforscher, die Astrophysiker andererseits sind von der Einsicht in den Urkomplex «Sonne-Christus» noch weiter entfernt. Deshalb können auch ihre Aussagen uns nicht zufriedenstellen. Vielmehr müssen ihre Gedankengebäude sich wie ein System von Zwangsvorstellungen auf den Gemütern ablagern. Sie knebeln die Seelen, indem sie das freie Aufstei-

gen von Urerinnerungen lähmen, in denen ahnungsweise von der göttlichen Beseeltheit des Sonnengestirns noch die Rede sein könnte.
[Angeprangert sind damit, wohlgemerkt, nur die Theorien und Theoreme, zu denen den Wissenschaftlern ihre Beobachtungen im Kopfe geronnen sind. Was sie wirklich gesehen haben, mit dem bloßen Auge ebenso wie mit dem Fernrohr, das wollen wir selbst im folgenden gründlich benützen.]

Sonnensehnsucht

Echte Sonnenkunde – die das Tiefengut in seiner Doppelgestalt ins Licht des Bewußtseins hebt – begegnet heute einem ungewöhnlichen Echo, das zeigt, wie empfindsam die alte Seelennarbe ist, welche die Ausätzung des Sonnen-Gottes-Geheimnisses zurückgelassen hat.
So geschah es z. B. bei einer Jugendfreizeit, als beiläufig die Sprache auf die Sonne kam und nur andeutend ein Wort fiel von ihrem wahren Wesen, so wie es in dieser Schrift aufgrund der astronomischen Beobachtungstatsachen entwickelt werden soll, daß eine geradezu hektische Fragelust unter den Jugendlichen aufbrach. So verschieden ihre schulischen und milieubestimmten Voraussetzungen waren (sie kamen aus sieben Städten in verschiedenen Ländern, aus allen Schultypen), so einheitlich zeigten alle sich plötzlich angesprochen und angeregt. Das Sonnenthema hatte sie, unabhängig davon, ob sie naturwissenschaftlich oder mehr künstlerisch begabt, ob sie sonst flegelhaft oder noch kindlich unentwickelt waren, gepackt. Dies äußerte sich verschieden. Von heftiger Gegenwehr

bis zur lebhaft drängenden forscherischen Wißbegier spielten die Reaktionen; es waren die typischen Verhaltensweisen, wie sie bekannt sind für Situationen, in denen an Tiefenschichten des Seelischen gerührt wird.

Das Beispiel mag für viele andere stehen. Zahlreiche Darstellungen in Wort und Schrift und für ein Publikum, das vom Volksschüler bis zum Altersheiminsassen reichte, haben immer wieder dieselbe Erfahrung eingebracht. Wann immer mit der Sonnenkunde zugleich von den Tatsachen des Christuslebens die Rede sein kann, erschafft sich die zueinandergehörende Ganzheit von Weltenall und Seelengrund wie von selbst und wirkt sich in glückhaften Augenblicken gemeinsamer Offenheit harmonisch aus.

Synthese

Gelingt es, das wahre Bild der Sonne zu zeichnen und es mit echt modern verstandener Christuserkenntnis zu verbinden, so kann eine solche Synthese von Naturwissenschaft und Religion urtümliche Heilkraft für das zerrissene Seelenleben der heutigen Menschheit ausstrahlen. Freilich muß dafür eine naturwissenschaftlich wie religiös ungewohnte Anstrengung aufgebracht werden. Doch der Einsatz lohnt sich. Es geht um eine grundlegende seelsorgerlich-psychotherapeutische Maßnahme für das Bewußtsein unserer Menschheit und damit für das Leben der Erde.

*

Wir nehmen, um unser ins Auge gefaßtes Ziel zu erreichen, einen dreifachen Anlauf:

I. Im ersten Abschnitt machen wir uns eine Gruppe wirklich beobachtbarer Erscheinungen des Sonnengestirns deutlich. Wir werden dabei zu einem Ergebnis geführt, das gegenüber der bisherigen Art der Anschauung völlig neu und ungewöhnlich ist. Die Sonne erscheint gleichsam im «Gegenlicht». Sie zeigt sich als *«Das ganz Andere»*. Sie fordert uns auf, Begriffe umzubilden. Und in das erweiterte Sichtfeld tritt unversehens eine Geistgestalt, die uns in enger Verwandtschaft mit dem Sonnenwesen zu stehen scheint: Auf einer ersten Stufe wird es uns möglich, ein «Göttlich-Anderes» weltallgroß und sonnensegnend zu schauen.

II. Das Gewonnene wird im zweiten Abschnitt bis zur mathematisch genauen Beschreibung vertieft. Anhand des Gegensatzes von Sonne und Erde wird vieles geklärt und erklärt. Die *«Gegenwelten»* heben sich voneinander ab und beleuchten sich wechselseitig. Im Spiel der Polaritäten wird auch das lebendige Kräfteverhältnis des Christuswesens zum Natur- und Seelengeschehen auf neuer Ebene verständlich.

III. Die Betrachtung der Sonnenflecken führt uns noch einmal tiefer in das Sonnengeheimnis ein. In den scheinbar speziellen Eigenarten der Fleckentätigkeit faßt sich uns alles Gelernte zu einem großen Gesamteindruck zusammen. *«Das helle Reich»* wird als Einheit erlebbar. Strömend und atmend kommt es uns nahe bis in den Ablauf unseres irdischen Lebens. Als gestaltbare geistige Wirklichkeit begreifen wir damit auf der dritten Stufe unsere eigene Zukunft.

I.

Das ganz Andere

O Sonne, der Wahrheit Antlitz ist verhüllt von deiner goldenen Scheibe. Entferne sie, auf daß ich Wahrheitssucher der Wahrheit Herrlichkeit erblicken kann.

Upanischad Ischa

Die geflügelte Sonne

Hat die Sonne Flügel? –

Mag die Frage auch im ersten Augenblick verblüffen, so wird sie doch irgendwie das Herz berühren. Lassen wir uns nur einmal von dieser Erwägung bannen, und versuchen wir, dem Geheimnis der geflügelten Sonne nachzuspüren ...

Einem Menschen der altägyptischen Kulturzeit war der Anblick der Sonne mit Flügeln urvertraut. Er wußte von zahlreichen Bildern an Tempelwänden und in Grabheiligtümern, wie die Sonnengottheit richtig verehrt und dargestellt werden muß: mit den weitgebreiteten Schwingen, die die glänzende Scheibe über den Himmel tragen.

Kinder im Volksschulalter nehmen die Mitteilung, daß die Sonne Flügel hat problemlos hin. (Man kann etwa sagen: «Wir denken gemeinhin nicht daran, weil unsere Augen von dem grellen Licht geblendet werden und deshalb die Sonne am Himmel nicht in Ruhe beschauen können.») Es ist, als ob die Erwähnung dieser Tatsache in ihnen etwas längst Bekanntes in Erinnerung rufe, das sie nur vergessen hatten. Irgendwie kommt es ihnen vertraut und selbstverständlich vor. Daran hindert alle anderslautende Aufklärung in Schule und Fernsehen nicht.

Aber auch Erwachsene sind in diesem Jahrhundert leicht bereit, über die Schranken von Schulweisheit und Massenmedienbildung hinauszublicken. So überrascht es zwar, doch es schokkiert niemanden, an einem Stand junger Pop-Künstler in der

1 Flügelsonne an der Rückenlehne des Thronsessels von König Tut-ench-Amun

Unterführung der geflügelten Sonne wiederzubegegnen. Da kann es sein, daß eine Reihe von Anhängern feilgeboten wird, die, in einem billigen Metall gearbeitet, eine Sonne inmitten eines Flügelpaares zeigen. Bei näherem Zusehen erkennt man eine zarte weibliche Gestalt, der die Schwingen zugehören und die, kniend, in hocherhobenen Händen die glänzende Scheibe hält. Gleichviel – was wirkt, ist die Bildeinheit von Sonnenscheibe und Flügeln.

Ist es nur ein modischer Einfall, der das ehrwürdige Bild als neuen «Gag» auf den Markt werfen will? Oder trifft der Hersteller auf ein untergründiges Verlangen der Seelen, wenn er hier und heute Zuspruch für das uralte Zeichen unter den Kauflustigen findet? Spricht die merkwürdige Begegnung, dort unter der jungen Generation, die sich im Passagen-underground ihr munteres Stelldichein gibt, nicht vernehmlich von einer Tiefensehnsucht des Menschen nach Sonnenkunde? Von einem Sehnen, das so stark ist, daß es gern nach allem greift, was über das fatal verarmte gängige Wissen von heute hinausführt.

Ob wir die Spuren ägyptischer Weisheit verfolgen; ob wir als Lehrer uns bemühen für ungewöhnliche Wahrheiten offen zu sein; ob wir Alltagserlebnisse psychologisch zu bewerten versuchen – immer wieder stoßen wir auf die eine Grundwahrheit: In der Tiefe der menschlichen Seele lebt klar und schön das Bild der geflügelten Sonne und wartet nur darauf, geweckt zu werden.

Doch wo immer wir auf diesen Urbestand treffen, wir wollen als moderne Menschen, bevor wir uns auf etwas einlassen, auch hören, was die Wissenschaft dazu sagt. Als Betrachter der Kulturgeschichte möchten wir wissen, welche Wahrheit in den Bildern der alten Religionen steckt. Als Erzieher von Kindern wollen wir das, was wir sie lehren, vor unserem strengen Denkgewissen verantworten können. Als Menschen unserer Zeit verlangen wir selbsterkennend Aufschluß darüber, wie die Spiegelungen des Seelenlebens mit der nüchternen Erkenntnis der Welt zusammenstimmen.

2 Sonnenkorona am 25. Februar 1952

Fragen wir also den Fachmann: Was sagt die astronomische Wissenschaft zur Wirklichkeit der geflügelten Sonne?
Die Antwort überrascht. Sie könnte etwa lauten: Das Bild der Sonne mit dem Flügelpaar ist jedem Himmelskundigen bei seinen Studien oft und oft begegnet. So oft, daß er sich gar nichts Besonderes mehr dabei denkt. Jeder schätzt es hoch als etwas einzigartig Sehenswertes. Und niemand, der über die Sonne zu erzählen hat, wird es sich entgehen lassen, seine Zuhörer mit einem Lichtbild zu entzücken. Ebenso fehlt es in

keinem astronomischen Lehrbuch noch Lexikon, noch irgendeiner populären Schrift, die sich mit dem Sonnenthema befassen. Und so begegnet es uns, wenn wir die Literatur durchmustern, in ungezählten Abwandlungen gezeichnet und photographiert immer wieder – und immer aufs neue kann dieses wunderbare Bild unsere Begeisterung entfachen ... Nur denkt heute schlechthin kein Mensch daran, das, was sich da den Blicken bietet, als «geflügelte Sonne» zu beschreiben. Manch ein Astronom, der diese Zeilen liest, würde den Wortgebrauch wunderlich finden, obschon doch beim unbefangenen Betrachten — sehen wir uns die Abbildung gegenüber an! — ein solcher Ausdruck recht naheliegend ist. (Mit einer Einschränkung allerdings. Nämlich: daß in der Mitte, wo der Laie die glänzende Sonnenscheibe zu sehen erwartete, nur ein schwarzes Loch gähnt. Doch diese Seltsamkeit des modernen Bildes gegenüber den Darstellungen der Alten hat ihren besonderen Aussagewert, auf den wir später zurückkommen werden.)
Der Fachmann hat sich eine spezielle Bezeichnung für die gefiederten Strahlenbündel beiderseits der verdunkelten Sonnenscheibe angewöhnt, eine Benennung, die auch ihren eigenen Reiz hat und das Zauberhafte der Erscheinung einzufangen sucht. Er spricht von der *«Sonnenkorona»*.

Die Korona

Das lateinische Wort für Kranz oder Krone, «corona», war gut geeignet, um damit der Erscheinung von seltener und seltsamer Schönheit einen Namen zu geben, die die Sonnenforscher seit langem erregt und bezaubert. Das Einzigartige des Anblicks, das jedem Betrachter im Anschauen bewußt wird, steigert sich noch dadurch, daß es so überaus selten nur möglich ist, die Sonnenkorona ins Blickfeld zu bekommen. In den vergangenen hundert Jahren, seit man systematisch anfing, Beobachtungen zu machen und aufzuzeichnen, konnten die Generationen von aufmerksamen Forschern insgesamt nur etwa hundert kostbare Minuten der Sichtbarkeit einheimsen. Und zwar nicht deshalb, weil es ihnen an Geschicklichkeit gefehlt hätte. Vielmehr haben die Beobachtungshungrigen keine Mühe, auch keinen finanziellen Einsatz gescheut, um die so knapp bemessenen Minuten und Sekunden bis zum letzten Quentchen auszukaufen. Sie hatten mit der Eigenart der Himmelserscheinung zu ringen, die sich dem Menschenauge gegenüber so spröde verhält: Nur innerhalb der kurzen Zeitspanne einer totalen Sonnenfinsternis ist der mattweiße, fast metallisch leuchtende Strahlenkranz, der seine Fiederarme von der Sonnenscheibe weit in den Raum hinausstreckt, den Blicken erhaschbar.

Die «silbergrauen Strahlen, die bei Anbruch der Totalität der Verfinsterung plötzlich hinter dem Mondrande hervorschießen ... werden ... von den wenigen, die das Schauspiel einer solchen Finsternis genießen konnten, mit Begeisterung als eine der wunderbarsten Erscheinungen geschildert, welche der Moment der völligen Verfinsterung hervorzaubert ... Die Korona stellt sich als eine helle, strahlenförmig die verfinsterte Sonne umgebende Aureole dar, die wie alles auf der Sonne sehr verschiedene Form und Ausdehnung annehmen kann. Man kann diese Veränderungen natürlich nur in den größeren Intervallen bemerken, die zwischen totalen Sonnenfinsternissen liegen; während der Minuten der Totalität selbst behalten die häufig sehr langen Strahlenausläufer ihre Lage bei. Letztere sind oft ganz geradlinig, oft in eigentümlicher Weise umgebogen, so, wie man es bei den Eisenfeilspänen bemerkt, die sich um den Pol eines Magneten gruppieren.»[2]

«Die äußere Kontur der Korona zeigt eine deutliche Änderung mit dem Sonnenfleckenzyklus. Die ‹Minimumskorona› ist ziemlich symmetrisch um die ganze Sonne verteilt, mit Strahlen nach allen Seiten und erweckt so wirklich den Eindruck eines Strahlenkranzes. Die ‹Maximumskorona› dagegen besitzt eine weite Ausdehnung in geringen heliographischen Breiten mit großen Strahlen etwa parallel zum Äquator, während sie am Pol viel schwächer ist ...» (Auf diese Schwankungen im Erscheinungsbild werden wir später, im dritten Hauptteil, zurückkommen.) «Im Kleinen zeigt die Korona, abgesehen von gelegentlichen hellen Knoten keine eigentliche Struktur, aber eine große Zahl von Bögen und Strahlen.»[3]

In neuerer Zeit ist es gelungen, durch eine ausgeklügelte optische Einrichtung, den «Koronographen», auch außerhalb der Finsterniszeiten Erfahrungen über die Korona zu sammeln. Doch bleiben die Ergebnisse, die man mit diesem Instrument erzielt, hinter dem, was die Beobachtung während der natürlichen Verfinsterung zeigt, weit zurück. Und so rüstet man

3 Die faserigen Strahlenbüschel der Korona verändern ihre Gestalt im Verlauf der Zeit

noch heute Expeditionen in ferne Weltgegenden aus, in die Südsee, nach Innerasien oder gar in die Polargebiete, wenn es dort eine totale Sonnenfinsternis zu sehen gibt, um nur ja keine der begehrten Gelegenheiten zu versäumen, die den geheimnisvollen Strahlenkranz sichtbar werden lassen.
Und tatsächlich muß wohl die Begeisterung, die vom Anblick der Korona ausgeht, und das Fesselnde, das den Sonnenforscher immer neu zu dieser Erscheinung zurückkehren läßt, darauf beruhen, daß in der Federkrone mit ihren weithin strahlenden Glanzschleiern etwas vom echt-eigentlichen Wesen des Sonnensterns zum Ausdruck kommt. – Wäre es demnach

ein Wahrbild, wenn für denselben Augenblick, in dem die Korona sichtbar wird, die Sonnenscheibe selbst verschwindet, unsere Aufmerksamkeit also von dem glänzenden «Ball» in der Mitte abgelenkt und auf den Umkreis hingezogen wird? Müßte dieser notwendige Verzicht, den das Naturgesetz uns auferlegt, als Hinweis auf eine bisher noch wenig beachtete, aber grundlegende Wahrheit der Sonnenkunde aufgefaßt werden?

An dieser Stelle müssen wir eine Überlegung einschalten, die uns zu den allereinfachsten Erfahrungen, wie sie jeder Mensch gesammelt hat, zurückführt.

Mut zur Einfalt

oder: Wer Augen hat, der sehe!

Fragen wir uns einmal, welches unser ursprünglicher Eindruck von der Sonne ist, so kommen wir vielleicht nach einigem Besinnen auf folgendes:

Wenn die Sonne aufgeht, wird der ganze Himmel hell.

Diese Tatsache ist so einfach, daß wir ihr kaum besonderen Beobachtungswert beizumessen wagen. Und doch haben wir damit eine Eigenschaft der Sonne erfaßt, die sie von jedem anderen Gestirn unterscheidet. Mond und Sterne haben ihre begrenzte Lichtgestalt, die sich vom dunklen Himmelsgrund abhebt. Die Sonne dagegen tritt mit einer solchen Machtfülle in den Sichtbarkeitsbereich ein, daß sie die gesamte Umgebung und den Hintergrund, auf dem sie erscheint, mitbestimmt, ja übertönt. Es liegt in der Wesensart des Sonnensterns, daß sein Auftreten nicht innerhalb räumlicher Enge zu halten ist, sondern sich durch eine überörtliche Allgewalt kennzeichnet.

Jetzt müssen wir uns nur Mut zusprechen, solch einfachen Wahrnehmungen ihr gebührendes Gewicht zu geben. Wir sind heute geneigt, dem, was uns die Sinne sagen, nicht voll zu vertrauen. Verschüchtert durch die Autorität der Wissenschaft, die das Gespenst der «Sinnestäuschung» in die Welt gesetzt hat, haben wir begonnen, alle unsere Sinneserlebnisse zu beargwöhnen oder geringzuschätzen und stets nach den Ergebnissen der «Forschung», d. h. nach dem, was Instrumente und Rechnungen vermitteln, auszuschauen.

Aber muß es nicht bei aller Erkenntnis so sein, daß das Schwierige sich auf dem Einfachen aufbaut? Sonst kehren wir ja die natürlichen Verhältnisse um. Kein Wunder, wenn dann auch Unnatürliches daraus entspringt. Der Kopfstand tut dem Erkenntnisstreben nicht gut. Man kann nicht die ersten Schritte von den letzten abhängig machen. Vielmehr werden im natürlichen Lauf der Welt immer die nächsten an die vorherigen anschließen müssen, und so nur kann ein gesunder «Fortschritt» entstehen. Verstöße gegen diese Grundregel rächen sich früher oder später mit tödlicher Sicherheit. Wahrhaftig, tödlich sind heute die Folgen des jahrhundertelang geübten Wissenschaftsbetriebs, von dem unser aller Denken und Verhalten mit angekränkelt ist. Der Schweizer Atomphysiker W. Heitler sagt in seinen gründlichen Überlegungen zur gegenwärtigen Lage[4]: «Mit Hilfe der Wissenschaft ist es so viel leichter, Leben zu schädigen und zu zerstören, als Leben zu schaffen, daß – so scheint es – etwas von dieser Tendenz in der heutigen Wissenschaft selbst enthalten sein muß.» Und er beleuchtet in seiner ausgezeichneten Schrift klar und scharf die Ansatzpunkte, aus denen man die vernichterische Entwicklung, von der die Rede ist, entspringen sieht.

Wir können hier den verwickelten Sachverhalt auf einen einfachen Nenner bringen und allgemeinverständlich sagen: Das ganze verkehrte Wesen rührt davon her, daß in der Wissenschaft das Oberste nach unten zu liegen gekommen ist. Statt daß man von den Urbeobachtungen des gesunden Menschenverstandes ausgeht, auf denen sich alles Fernere und Schwierigere aufbauen kann, legt man erlebnisfremde, oft schwer durchschaubare Aussagen von Apparaten und Berechnungen zugrunde und läßt sich von ihnen die eigenen Wahrnehmungen ausreden und die unbefangene Freude am Beobachten verleiden.

Viele sind sich heute darüber klar, daß die Arbeitsweise der Wissenschaft reformbedürftig ist. Wie hat nicht Einstein schon – und mit ihm manche bedeutenden Fachkollegen – ein «neues Denken» gefordert! Wenige gestehen sich jedoch ein, daß die neuen Wege dort beginnen, wo wir uns neu auf den Boden dessen stellen, was uns Augen und Ohren sagen. Der Boden wacher Sinneswahrnehmung ist der einzig sichere Grund, auf dem eine menschenwürdige und lebenfördernde Erkenntnis wachsen kann. Deshalb darf sich jeder, auch der schlichteste Weltbetrachter, der nur den Mut hat, seinen Sinnen zu trauen, sagen, daß er an der Überwindung einer Verfahrenheit in unserem gegenwärtigen Leben heilsam mitarbeitet.

Bei unserem Thema der Sonnenforschung werden die Folgen einer solchen Umorientierung schlagend deutlich.

Das übliche Wissenschaftsverfahren rollt auf dem Geleise der Physik in unaufhaltsamem Gefälle der Endstation «Kernreaktor» zu. (Die in einer solchen Maschine «sich abspielenden Vorgänge widersprechen von allen bekannten physikalischen Prozessen dem Leben am meisten», bestätigt der Basler Physiker Prof. M. Thürkauf.)

Gelingt es dagegen, mit Mut zur Einfalt das, was jeder gesunde Mensch bezeugen kann, der Erkenntnis zugrunde zu legen, so ergibt sich am Ende ein ganz anderes Bild: Die Sonne wird uns als Quellort des Lebens im Weltall und als vollkommene sichtbare Entsprechung eines göttlichen Weltgeistes aufleuchten. In das große Wahrbild ihres Wesens können dann auch alle einzelnen Fach- und Spezialerkenntnisse mit einfließen, die wir durch instrumentengeschärfte Beobachtung und sorgfältige Berechnung gewinnen.

Nach dieser Besinnung auf die eigenen Fähigkeiten wird der Leser mit neuer Freude zur Betrachtung der Sonne zurückkehren.

Wo ist die Sonne?

Ist es bewölkt, so kommt uns die Grunderscheinung am deutlichsten zum Erlebnis, die wir in die Worte gefaßt haben: Wenn die Sonne aufgeht, wird der ganze Himmel hell. Das Tagesgestirn zeigt sich eben dann in seiner flächig ausgebreiteten Wirkungsart, die das ganze sichtbare Himmelsgewölbe auf einmal umfaßt. Je dichter die Wolkendecke, desto eindeutiger wird dies erlebbar. Und so tritt gerade, wenn die Sonnenscheibe verdeckt ist, die Eigentümlichkeit des Gestirns am stärksten hervor.

Klart es dann aber auf und erscheint der Luftraum in seiner durchsichtigen Bläue, so lernen wir wieder etwas Neues über das Wesen des Sonnensterns.

Wo ist denn die Sonne?

Fragen wir zuerst ein kleines Kind. Von ihm nehmen wir an, daß es gewiß unbefangen ist. Vielleicht steht es gerade mitten auf einer Sommerwiese, zwischen hohen Gräsern und Blüten, die sich leise wiegen. Bienen summen. Sonst ist es ganz still. «Wo ist die liebe Sonne?» – Da heben sich die Ärmchen. Die Augen strahlen vor Freude, indem sie ohne bestimmte Richtung rings um sich schauen, den Händen nach, die leicht ausgebreitet, wie zarte Fühler durch die mittagswarme Luft streifen. «Da!» Das Kind ist umspielt von diesem «Da!», von der Sonnenflut. «Da» – das heißt: in allem, was um mich ist. Erinnert das nicht an ein Wort des großen Philosophen Schelling? «Die Sonne scheint nicht nur dort, wo sie ist, sie *ist* auch dort, wo sie scheint.» Ja, ein geschulter Denker bringt in feingeprägter Formel zur Sprache, was er erkannt hat. In Wirklichkeit ist das, was er meint, nichts anderes, als was das Kind mit seinem alles umfassenden «Da» und dem Armeöffnen ausgedrückt hat. Die Sonne ist nicht irgendwo fern, im menschenunzugänglichen leeren All. *Sie ist, wo sie scheint,* also wirklich hier, zwischen den Blumen, Tieren, Menschen, alles umspülend, alles durchdringend mit ihrer lichten Strahlenflut.

Hätten wir einen Erwachsenen gefragt statt des Kindes, so wäre der Gang unserer Erkundung anders verlaufen. Doch nicht weniger bezeichnend, wie wir gleich sehen werden. Wenn man einem Menschen bei hellem klaren Tag mit der Frage «Wo ist die Sonne?» kommt, kann es leicht sein, daß er unwillig wird. «Siehst du denn das nicht selbst?» – Stellt man sich dumm, so wird er vielleicht doch den Finger ausstrecken, um auf den Mittagsfleck zu deuten. Doch was werden wir gewahr? In demselben Augenblick, da er ihn am Himmel «geortet» hat, wendet sich das Auge ruckartig wieder ab. Blinzelnd, geblendet. Wo ist nun die Sonne? – «Dort», sagt die Gebärde des Auskunftgebenden, «aber dieses Dort kann ich dir nicht deuten, ohne zugleich vor ihm den Blick zu verbergen.»

Wieder klingt der Ausspruch eines bedeutenden Mannes, der seine Licht-Erfahrungen niederschrieb, bestätigend mit unseren Beobachtungen zusammen. «Für mich war die Sonne hoch oben am Mittagshimmel, dieser Fleck im Raum, uninteressant, ich suchte sie an anderen Orten: im Flimmern ihrer Strahlen, im Echo . . .», sagt Jacques Lusseyran in seinem Buch «Et la lumière fut».[5] Mit einer Innigkeit, die ein Sehender selten aufbringen wird, hat sich der früh Erblindete liebend in das Licht vertieft. Achtjährig verlor er bei einem

Unfall in der Schule beide Augen. Und als hätte er den Verlust vorausgeahnt, so fühlte er die vorangegangenen Jahre schon in kindlicher Inbrunst dem Leben mit dem Licht geweiht. «Ich schlang Sonne in mich hinein ...»
Nach der Operation setzt sich für ihn die Zwiesprache mit dem Licht auf inneren Wegen fort. Und für das künftige Leben wird sie dem Blinden zur beständigen Übung. Es ist nicht nur ein Zurückdenken an die Vergangenheit. Das Erinnerte verdichtet sich und ersteht ihm neu als vertiefte Wahrheit. Die Sonne wird in ihm wiedergeboren – in ihrer wahren Gestalt:
«Ich liebte zu sehen, daß das Licht von keiner bestimmten Stelle herkam, daß es vielmehr ein Element nach Art der Luft war. Wir fragen uns niemals, woher die Luft kommt. Sie ist da, und wir leben. So ist es auch mit der Sonne.»
Nehmen wir nun das Erkundete und die Aussagen derer, die sich beigesellten, zusammen, so hören wir geradezu die Sonne selber ihr Wesen aussprechen in den menschlichen Erfahrungen:
«Daß ihr mich anschaut, daß ihr mich mit Blicken fixiert, das will ich nicht! Ich bin nicht das, was ihr von mir meint. Wenn ihr es nicht ertragt, in die grelle Glut der Scheibe zu blicken, die euch vom Himmel brennt, so merkt auf und seht ein: Dort ist auch nicht der Ort, mein Wesen zu erfassen. Ich bin nicht gleichzusetzen mit der blendenden Kugel, von der euer Auge stets sogleich wieder zurückschrickt, wenn ihr mich dort sucht. Laßt mit dem Blick auch eure Gedanken ablenken von der einen Stelle und ausweiten in den Umkreis. Ich bin kein Wesen des Hier und Dort. Ihr sollt nicht von mir sagen: Sieh, hier oder dort ist sie. Ihr sollt erkennen, wie ich allgegenwärtig bin.»
Ein Bedenken gegen das Vorgebrachte wollen wir noch ausräumen. Es könnte jemand einwenden, beim Untergehen der

Sonne könne man doch sehr wohl längere Zeit den Ball ansehen und seinen Ort als scharf abgegrenzte Form am Himmelsrand genau bestimmen. Doch wer sich auf diese Beobachtung berufen will, der muß auch weiter fragen: Ist nicht die rote Laterne dort am Horizont schon weitgehend ihres eigentlichen sonnenhaften Wesens beraubt? Sie hat in der zunehmenden «Erdnähe» Einbuße erlitten und erscheint im Dunstkreis der Schwere nur noch wie ein Schatten ihrer selbst. Lichtschwach und ohne wärmende Strahlkraft weist sich das sinkende Gestirn als Randerscheinung aus, von deren geschwächter Äußerung keine grundlegenden Schlüsse abgeleitet werden dürfen.

Wir liegen schon richtig, wenn wir auf das Erlebnis der Mittagssonne, die in ihrer größten Kraft sich offenbart, unsere Grundansicht stützen.

Die Frage «Wo ist die Sonne?» findet ihre Antwort in dem einen Wort «*überall*». Und verkennen wir in diesem Augenblick über der verblüffenden Einfachheit der Formel nicht die tiefgreifenden Folgen, die aus dieser Einsicht entspringen! Es ist ein himmelweiter Unterschied, ob wir es mit einem Ding zu tun haben, das in millionengroßer Entfernung von der Erde fremd und äußerlich im Raum steht – oder mit einem Wesen, dessen Kennzeichen Allgegenwart ist und das uns selbst samt unserem Planeten in seine umfangende Weltallgröße mit aufgenommen hat.

Doch, was sagt zu solch weitreichenden Folgerungen aus alltäglicher Wahrnehmung die astronomische Wissenschaft? – Wir werden sehen: Ihre Forschungsergebnisse schließen sich in völliger Übereinstimmung mit unseren Feststellungen zusammen, wenn sie, derart auf die ihnen gebührende zweite Stelle gerückt, nunmehr von uns in die Betrachtung einbezogen werden.

Wie groß ist die Sonne?

Wenn ich Kinder zum ersten Male frage, wie groß die Sonne sei, so verfallen sie zunächst in ein ratloses Schweigen. Das wäre in einem Kreis von Erwachsenen wohl nicht viel anders; es sei denn, zufällig wäre gerade ein Fachkenner anwesend, welcher derartiges Zahlenmaterial auf Abruf verfügbar hat und also unverzüglich mit der Auskunft «1 Million Kilometer Durchmesser» aufwarten kann. Warum sollte sich auch der Laie mit solchen Dingen den Kopf beschweren? Niemand wird sich blamieren, der diese Frage nicht zu beantworten weiß.
Und doch gibt es eine Antwort, die jedermann geben könnte, auch wenn sein Zahlensinn noch so schwach entwickelt ist. Jedes Kind, das sie einmal gelernt hat, kann sie behalten und nicht nur behalten, sondern ein gesättigtes Wirklichkeitsgefühl damit verbinden – obwohl diese Auskunft ein weitaus größeres, ja ein wahrhaft riesiges Raummaß zum Inhalt hat. Wie lautet diese Antwort? Wir müssen uns schrittweise an sie heranarbeiten, so wie auch die Forschung erst nach und nach auf diese Einsicht gekommen ist.

Rufen wir uns noch einmal das Bild der Korona in Erinnerung. Die Sonnenforscher sagen, daß die photographische Aufnahme längst nicht den Eindruck wiedergeben kann, den das Auge des unmittelbar Beobachtenden empfängt. (Deshalb rüstet man ja die großen Expeditionen aus.) Aber auch das

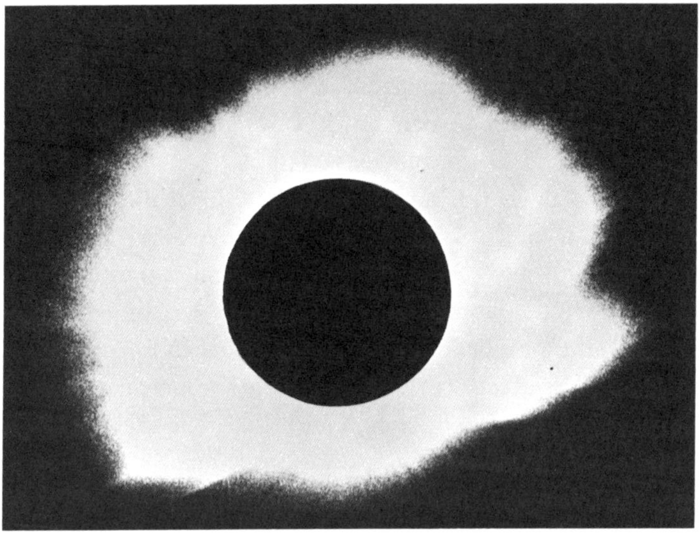

4 Weit ausgedehnt erscheint hier das Feld der sichtbaren Korona. Wie weit reichen die Strahlenschleier?

Menschenauge kann sich in der kurzen Weile, die während der totalen Verfinsterung zur Verfügung steht, nur langsam auf die schwachen Lichtverhältnisse einstellen. Kaum beginnt es die zartscheinenden weiteren Ausläufer der Strahlenbüschel, die auf den Film bereits nicht mehr zu bannen sind, zu entdecken, so wird es auch schon wieder von dem blitzartig hervorbrechenden Licht der Sonnenscheibe geblendet. Doch dem Beschauer bleibt ein unauslöschlicher Eindruck haften. Und der besteht nicht nur aus gefühlsmäßiger Begeisterung über die Schönheit des Gesehenen, sondern er enthält die wohlbegründete Ahnung, daß der Strahlenkranz der Sonne viel weiter hinaus noch sich fortsetzt, als es dem kurzbefristeten Sichtvermögen faßbar ist.

Viele Einzelheiten der Forschung, auch aus abgelegeneren Seitengebieten, mußten zusammenkommen, um allmählich die Überzeugung reifen zu lassen, daß die Koronaschleier sich schier endlos rings in den Raum ausbreiten, unabsehbar in die Weiten des Planetensystems verlaufen.

Da unterscheiden sich nun die Forscher durch die Kühnheit ihrer Aussagen. Da wir heute von Kindesbeinen an daran gewöhnt sind, uns die Anordnung der Planetenfamilie nach dem Muster des Kopernikus vorzustellen, der die Sonne im Mittelpunkt und die Planeten in verschiedenen Entfernungen um sie kreisend denkt, lassen sich alle Größenangaben am einfachsten in diesem Schaubild ausdrücken. So sagte nun der eine Astronom, die Ausläufer der Korona gingen bis über die Bahnen der inneren Planeten hin, andere sahen sie noch die Erdbahn überstreichen, wieder andere nahmen an, daß sie noch viel weiter reichten und sogar die fernen Planeten Mars, Jupiter, Saturn berührten. Sind wir damit am Ende unserer Vorstellungskraft? Keineswegs. Wir können es sehr wohl für möglich halten, daß auch die fernsten Angehörigen unserer planetarischen Gesellschaft noch in die äußersten Erstreckungen des Strahlenmantels eingehüllt sind. Wenn wir so weit gehen, verwenden wir den Ausdruck «Korona» allerdings in einem etwas unüblichen, erweiterten Sinn; doch es kommt jetzt nicht auf die Wortwahl, sondern auf eine sachdienliche Anschauung der Wirklichkeit an. Jedenfalls geht der Gang der Forschung immer mehr darauf hinaus, die Großform der Sonnenkorona über das gesamte Planetensystem ausgedehnt zu erkennen. Die letzten wesentlichen Hinweise in dieser Richtung haben uns erst die Meßergebnisse der Satelliten und Raumsonden vermittelt.

Hier ergibt sich uns als Antwort auf die Frage nach der Größe der Sonne die klare Feststellung: Das Zentralgestirn kommt

NICOLAI COPERNICI

net, in quo terram cum orbe lunari tanquam epicyclo contineri diximus. Quinto loco Venus nono mense reducitur. Sextum denicp locum Mercurius tenet, octuaginta dierum spacio circũ currens. In medio uero omnium residet Sol. Quis enim in hoc

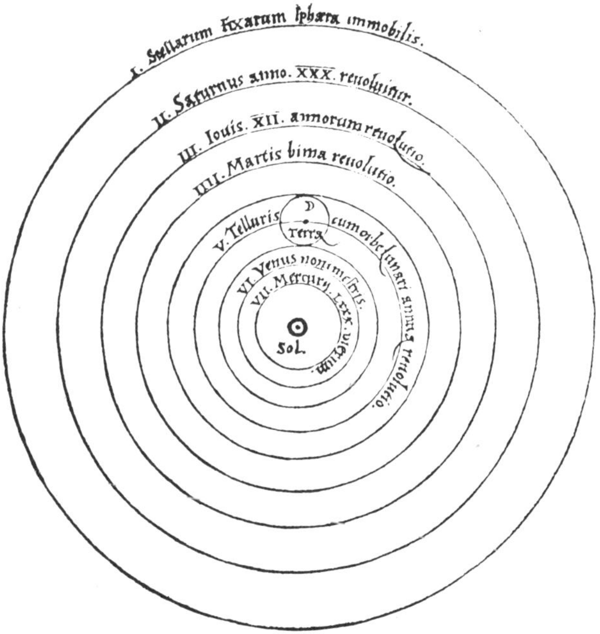

pulcherimo templo lampadem hanc in alio uel meliori loco poneret, quàm unde totum simul posit illuminare? Siquidem non inepte quidam lucernam mundi, alŋ mentem, alŋ rectorem uocant. Trimegistus uisibilem Deum, Sophoclis Electra intuentẽ omnia. Ita profecto tanquam in solio re gali Sol residens circum agentem gubernat Astrorum familiam. Tellus quocp minime fraudatur lunari ministerio, sed ut Aristoteles de animalibus ait, maximã Luna cũ terra cognationẽ habet. Concipit interea à Sole terra, & impregnatur annuo partu. Inuenimus igitur sub hac

5 Das Weltsystem des Copernicus. Holzschnitt, 1543

in seiner Ausdehnung der ganzen ihm zugehörenden Ordnung von Weltkörpern gleich. *Die Sonne ist so groß wie das Planetensystem.*

Dieser leicht über die Lippen gehende Satz, den jeder Leser sich mühelos einprägen wird, spricht eine folgenreiche Erkenntnis aus. Wird doch mit dieser Aussage über die Größe eines Weltkörpers zugleich klar, daß es sich hier in Wahrheit gar nicht mehr um einen Größenvergleich handeln kann. Wer von der Sonne spricht, der muß die übliche Einstellung gegenüber «Himmels*körpern*», die man wie greifbare Gegenstände – Riesenkugeln – vor sich hat, grundsätzlich aufgeben. Die Sonne ist anders. Ihre Art des Daseins ist, wenn wir uns hier an eine Vorstellung der Mathematiker anlehnen wollen, von einer höheren «Mächtigkeit». D. h. sie spielt sich auf einer anderen, nicht unmittelbar vergleichbaren Seinsstufe ab. Die Sonne kann nicht in eine Reihe mit anderen Gliedern des Planetensystems gestellt werden. Man kann sie nicht «begreifen», weil sie selbst schlechthin alles umgreift. Es sei denn, man bildete eine neue Weise des «Verstehens von innen her» aus.

Jedenfalls wird das, was sich uns jetzt als Erkenntnis von der Sonne ergeben hat, zum Anlaß, unsere gesamten bisherigen Ansichten über die Struktur des Weltgebäudes neu zu durchdenken.

Geheimnisvolles Dämmerlicht

Man kann fragen: Sind wir für die grundstürzenden neuen Anschauungen vom Sonnen- und Planetenall, auf die uns das letzte Kapitel geführt hat, nur auf mehr oder minder gewisse Ahnungen einiger Astronomen und allenfalls Satellitenmessungen angewiesen? Das würde unserem Prinzip von der Vorrangigkeit dessen, was jeder sehen und bezeugen kann, stark entgegenstehen. Tatsächlich brauchen wir uns nicht mit dem Bisherigen zufriedenzugeben. Vielmehr gibt es einen weiteren direkten Zugang zu der Erkenntnis der systemübergreifenden Sonnengröße, den wir uns jetzt erschließen wollen.

Aufmerksamen Beobachtern des Sternenhimmels ist seit langer Zeit eine geheimnisvolle Lichterscheinung aufgefallen, die wegen ihrer schwachen Leuchteigenschaft nicht immer gleich gut zu sehen ist. In klaren Nächten der Frühjahrs- und Herbstzeit sind die Bedingungen am günstigsten. Weit besser aber als in unseren Breiten jemals, bekommt der Tropenreisende, wegen der andersartigen Dämmerungsverhältnisse in Äquatornähe, das besagte Gebilde zu Gesicht.

Bald nach Sonnenuntergang oder früh vor der Morgenhelle zeigt sich, vom Horizont aufsteigend, ein zart scheinendes Lichtdreieck, nach oben zugespitzt. Seine Helligkeit ist ungefähr wie die der Milchstraße.

Doch dieses zauberhafte Schimmerzeichen kommt bei näherem Zusehen nicht wie das Milchstraßenleuchten von einer Fülle

6 Die Lichtpyramide des Tierkreislichtes, beobachtet auf den Savannen Mexicos

einzelner Lichtpunkte her, sondern ist eine gleichmäßige nebelartig aufscheinende Helle. Unter besonders günstigen Umständen nimmt man in entgegengesetzter Richtung einen zweiten solchen Lichtkegel als abgeschwächten «Gegenschein» wahr, und manchmal ist sogar eine Verbindungsspur sichtbar, die die beiden horizontnahen Pyramidenformen über die Höhe des Gewölbes hinweg aneinanderschließt. Auch wenn es sich derart als Band über den Himmel spannt, ist unser Leuchtzeichen durch seine Lage wohl von der Milchstraße zu unterscheiden. Es zieht sich an den Sternbildern des Tierkreises entlang und hat daher auch seinen Namen «Tierkreislicht» oder «Zodiakallicht» (von dem griechischen Wort zodiakos für Tierkreis).

Das Tierkreislicht gehörte lange zu den rätselhaftesten Erscheinungen des Nachthimmels, und noch heute sind längst nicht alle Fragen gelöst, die mit seiner Herkunft zusammenhängen. Es kündet uns klar davon, daß der Raum zwischen Sonne und Erde nicht leer ist, wie man zeitweise zu glauben geneigt war, sondern daß er von einem «Medium» erfüllt ist, das im Sonnenlicht aufschimmert. Ja, der Gegenschein und die Verbindungsspur sagen aus, daß die zarte Trübe auch jenseits der Erdbahn sich fortsetzt. Sie erstreckt sich in der Tierkreisebene weiter hinaus in den Bereich der fernen Planeten, füllt also den ganzen «interplanetaren Raum», wie man zu sagen gewohnt ist, aus. Sehen wir hier demnach mit Augen, was wir früher aus Andeutungen erschlossen: die raumfüllende und planetenumhüllende Riesenausdehnung des Sonnensterns?

Freilich weiß nicht jeder Wissenschaftler diese Wahrnehmung sinnvoll auszuwerten. Vielmehr erleben wir, wie ein nur an irdische Dichte gewohntes Denken alles Wahrgenommene wie zwangsläufig in die Sprache materieller Verhältnisse übersetzt. Da soll der interplanetare Raum von einem Gas ausgefüllt sein oder von riesigen Mengen feinverteilten Staubes, an dem sich das Licht streut. Allerdings verlangen alle derartigen Unterstellungen sogleich zusätzliche, teils widersprüchliche Annahmen als Stützkorsett. Kann das «interplanetare Gas» nicht anders gedacht werden als in spezieller Weise «ionisiert», so müssen die «Staubteilchen» winzig klein und «sehr schwarz» sein. Trotzdem bleibt im Grunde unerklärlich, wodurch die Staubmassen sich dort draußen halten. Nach den Berechnungen («Poynting-Robertson-Effekt») müßten sie längst alle von den Planeten und insbesondere von der Sonne aufgesogen worden sein. Wo ist die Nachschubquelle? Man glaubt sie im «Zerfall von Kometen», in den Zersplitterungsprodukten bei «gelegentlichen Zusammenstößen von Planetoiden» und in der «Aufreibung von meteoritischem Material» gefunden zu haben. Wollen wir uns denn mit dem Gedanken beruhigen, wir sähen «Wolken von Mikrometeoriten» und «einzelnen im Planetensystem vagabundierenden Atomen»? – und damit die Tür zu wirklich neuen Einblicken in die Himmelswelt zuschlagen, indem wir alles kurzerhand auf den altbekannten Hauptnenner irdischer Physik zurechtkürzen? Warum können wir nicht einmal bei der reinen Wahrnehmung verweilen? So lange, bis sie uns auf vielleicht ungewohnten Wegen zu Neulandufern leitet.

Man spürt es manchen Forschern förmlich an, wie sie aus ihrer Haut schlüpfen wollen – und vom erlernten Denkschema immer wieder zurückgehalten werden. So findet man bei dem einen Verfasser den Ansatz: «Die Intensität des Zodiakallichtes fügt sich in den Intensitätsabfall der äußeren Korona der Sonne ein» – doch schon in der zweiten Hälfte des Satzes taucht wieder die «Spukgestalt» der «interplanetaren Materie» auf, wenngleich der Schreiber unmittelbar darauf einschränkend bemerken muß, die räumliche Dichte der Zodiakallichtmaterie» sei äußerst gering; im Abstand der Erde von der Sonne seien «nur wenige Teilchen pro Kubikkilometer Raum

7 Morgen-Zodiakallicht, Januar 1967, aufgenommen in Habakala, Hawaii-Inseln

vorhanden», und daß man überhaupt etwas sehen könne, beruhe nur auf der «ungeheuren Ausdehnung der Zodiakallichtwolke», die als «flaches, scheibenförmiges und stark zur Ekliptik (Tierkreisebene) konzentriertes» Gebilde beschrieben wird.

(So das Fischer-Lexikon «Astronomie».)[3] – Noch bezeichnender ist der Gang der Gedanken bei einem anderen Autor. Er stellt eingangs fest, daß «die Wissenschaft über das Zodiakallicht und die Lichtbrücke zum Gegenlicht erst sehr wenig» wisse. Doch er fühlt sich genötigt, diese Offenheit alsbald wieder durch eine gründliche Absicherung wettzumachen. Eines, meint er, sei gewiß: «Das Licht, das wir dort sehen, ist von meteoritischem Material reflektiertes Sonnenlicht.» Dann schildert er betont, wie dieses «Material» nicht etwa wie ein Gürtel um die Erde liegt: «Es erstreckt sich nicht nur bis zu unseren nächsten Nachbarplaneten Mars und Venus, sondern findet sich überall in der Ebene der Planetenbahnen, es umhüllt auch die Sonne selbst, ja, es scheint sogar dort am dichtesten zu sein!» Das Ausrufezeichen am Ende spricht davon, wie der Schreiber von seinem Gegenstand echt gefesselt ist. Er fährt fort: «Einfach wäre es, die Behauptung aufzustellen, ... die Teilchen entstünden ... heute noch aus den Ausläufern der Sonnenkorona ...» Doch sofort zuckt er zurück, und mit einem «viel wahrscheinlicher aber» landet er wieder im Meteoritenstaub und Kometen-Aschenregen. (Dies bei F. L. Boschke im Fischer-Buch «Erde von anderen Sternen».)[6]

Warum sollen wir dem Komplizierten und Gekünstelten den Vorzug vor dem Einfachen, Naheliegenden geben, wenn dieses sogar aus dem Augenschein erwächst? Freilich gehört ein unverzagter Aufschwung dazu, sich ins offene Meer ungewohnter Vorstellungen zu wagen. Doch ist ja nicht gemeint, daß wir auf den Kompaß der Logik und inneren Folgerichtigkeit verzichten sollen. Nur müssen wir schon bereit sein, den Anker am Erdgestade zu lichten, wenn wir auf den Sonnenozean hinaus wollen. Den «Sonnenwind» werden wir nicht zu vermissen haben, wie sich im weiteren Verlauf noch zeigen wird.

8 Zart schwingen die Fiederarme aus rings um die vom Mond verfinsterte Scheibe.

Fassen wir also zusammen: In dem geheimnisvoll anmutenden Tierkreislicht sehen wir mit Augen an, was unserer Vorstellung schon durch frühere Beobachtungen und Erwägungen nahegelegt worden war. Die Gestalt der Sonne, die weit über das hinausreicht, was wir gewohntermaßen als Licht- und Wärmezentrum angesehen hatten, wird uns auch im Nachtbereich sichtbar, denn sie ist ein kosmisches Gebilde von systemumgreifendem Ausmaß.

Unsere Erde – wie alle anderen Planeten auch – schwimmt in dem zartleuchtenden strahlenflüssigen Medium des gewaltigen

Sonnenleibes, dem wir mit gutem Recht den in erweitertem Sinn gebrauchten Namen «Korona» geben. Einem Schiff gleich zieht unser Planet seine Bahn – umspült von der Sonnenflut.
Die Korona, d. h. in unserem Sprachgebrauch alles, was den weiten Umraum der Sonnenkugel bis zu den fernsten Grenzen des Planetenalls erfüllt, leuchtet uns als das eigentliche Wesen des Sonnengestirns auf und ein.
Und so müssen wir eigentlich staunend vor der Weisheit stehen, die uns in der Naturordnung begegnet, welche die Entfernungsverhältnisse von Erde, Mond und Sonne so eingerichtet hat, daß – zwar selten, aber um so einprägsamer – der offenbarende Anblick sich ergeben kann, da die finstere Mondscheibe das Sonnenrund genau verdeckt, um zugleich die Korona erscheinen zu lassen. Der trügende grelle Scheinmittelpunkt entfällt im selben Augenblick, in dem das wahre Weitenwesen des Gestirns vor die Anschauung tritt. Ist die ganze Weltharmonie darauf abgestimmt, zum Menschen zu sprechen – eine Zeichensprache, die dem offenen Sinn und Gemüt auch die größten Rätsel lösen hilft?

So ergreifet ohne Säumnis
Heilig öffentlich Geheimnis.

Mutter Sonne

Haben wir uns nun ziemlich weit in die Gefilde spezieller wissenschaftlicher Erörterungen hineinbegeben? Prüfen wir uns selbst, ob wir noch ganzmenschlich jeden Schritt des Gedankenganges mitvollziehen. Keineswegs wollen wir uns irgendwo in eine abstrakte Halbwelt verirren, die das Gemüt auf Leerlauf schalten heißt. Bei jeder wahren Erkenntnis ist stets das Herz mitbeteiligt.

Albert Einstein hat einmal die Forderung aufgestellt, jede gewichtige wissenschaftliche Entdeckung müsse sich in Kernsätzen auf einem Quartblatt aufschreiben lassen. Die bedeutungsschwere Kürze wollte er als Prüfstein für den bleibenden Wert verstanden wissen. – Wir möchten die Nagelprobe hier abwandeln und sagen: Jede echte Erkenntnis, die durch Kopf und Herz gleichermaßen gewonnen ist, wird sich ganz vereinfacht so aussprechen lassen, daß auch ein Kind sie verstehen kann. Denn wo Herz zu Herzen spricht, spielen Alters- und Bildungsunterschiede keine Rolle mehr.

Versuchen wir also, ob wir die Ergebnisse der vorangegangenen Betrachtungen einem Kinde klarmachen können!

Wenn es uns schwerfällt, dürfen wir bei einem Dichter in die Lehre gehen. Das Gemüt der Künstler ist ein feinempfindlicher Anzeiger dessen, was im Untergrund vor sich geht. Wie der Seismograph das unterschwelligste Beben des Erdkörpers sichtbar macht, so künden die Gestaltungen der schöpferisch

Tätigen von dem, was aus den Tiefen der Menschheitsseele ans Licht will. Längst bevor eine fällige Erkenntnis wissenschaftlich formuliert werden kann, ist sie oft in dichterischer Sprache schon vorhanden – irgendwo, fast unbemerkt, und auf ganz anderes als fachliche Belehrung gemünzt.
Im Bilderbuch «Klein Irmchen» von Christian Morgenstern singt die Sonne ein Lied:

Ich bin die Mutter Sonne und trage
die Erde bei Nacht, die Erde bei Tage.
Ich halte sie fest und strahle sie an . . .

Muß man nicht staunen, wie treffend die kindhaften Worte den wahren Sachverhalt wiedergeben? Woher nimmt der Dichter die unbestechliche Klarheit des Geistes, die sich von den modischen Denkrichtungen der Zeit nicht verwirren, sondern ihn offen und natürlich das Wesentliche ins Auge fassen und es in schlichten Sätzen wiedergeben läßt? Kommt sie ihm daher, daß er die Worte, mit denen das «Lied der Sonne» schließt, selbst wie eine Art Lebensregel befolgt hat?

Tu auf dein Herzlein, liebes Kind,
Daß wir ein Licht zusammen sind!

Ja, es gibt eine Erkenntnis von Angesicht zu Angesicht, die der Zwischenschaltung der Begrifflichkeit nicht mehr bedarf. Doch wer entzündet diese Flamme in uns?
Der Umgang mit Kindern ist es, der uns zuweilen derart über uns selbst hinauswachsen läßt, daß sie aufzubrennen beginnt. Wir kehren dann augenblicksweise zur lichtdurchlässigen Herzoffenheit des vergessenen Kindes in uns selbst zurück und entfalten eine urtümlich frische Erfindungskraft. Die seelische Bewegtheit, die uns die kleinen Menschen unablässig abfordern, ruft den Künstler in uns wach. Wir sprechen

zu ihnen – und das kühl Erkannte wandelt sich uns im Reden zu herzerwärmendem Bildwort um. Oder wir hören uns selber unvermutet von verborgenen Seiten des Lebens künden, die wir überrascht später durch fachlich erworbene Einzelheiten erhärtet finden.

Die archaische Wahrheit vom großen Muttergestirn, das den ihr anvertrauten Planeten Erde – wie alle seine Geschwister – tragend und bewahrend in seinen weiten Strahlenmantel hüllt, kann sich tatsächlich vor den prüfenden großen Frage-Augen der Kinder als tragfähiger Grundpfeiler der Weltsicht bewähren. Wir setzen den eingeschlagenen Weg fort; Kind, Künstler und Prophet sollen uns weiterhin begleiten.

Sonnenhände

Was heute nur noch in der Gestalt kindlicher Weisheit oder durch die Eingebung von Künstlern lebendig ist, war den Menschen früher Zeit täglich gegenwärtige Fähigkeit. Die Alten lebten in einem einheitlichen Begreifen ihrer götterdurchwirkten Welt. Sie litten noch nicht an der Krankheit, die Glauben und Erkennen auseinanderklaffen macht und damit eine gefährliche doppelte Halbheit schafft: zwei schiefe Ebenen, die zu dem tödlichen Riß, der sie trennt, abstürzen ... Für die Völker der Vorzeit war die Brücke zwischen der Weltgeistigkeit und dem physischen Plan eine natürliche Gegebenheit. Sie waren gewohnt, sie selbstverständlich zu begehen, her und hin. Und sie verliehen unbefangen dem, was sie im göttlich-menschlichen Wechselleben erfuhren, bildstarken und wortgewaltigen Ausdruck.

Wer durch das noch heute romantische schwäbische Universitätsstädtchen Tübingen streift, der gelangt vielleicht auch zu dem stillen Winkel der Unterstadt, wo auf einem kleinen offenen Platz, teils von Grün umwachsen, die schlichte alte Jacobuskirche (oder Spitalkirche) steht. In dem mittelalterlichen Gemäuer finden wir einen reliefgeschmückten Stein, der ein seltsam eindrucksvolles Bild zeigt: *die Sonne mit Händen.* Hoch an der Südostecke der Kirche findet sich dieses Zeichen; in dieselbe Richtung schauend, aus der die Himmelssonne während der heiligen Handlung am Vormittag ihre

9 Die Tübinger Sonnenhände. Eines der drei geheimnisvollen Reliefbilder von Sonnenkreisen an der romanischen Jacobuskirche

Lichtflut sendet. Blickt sie, wenn ihre Strahlen die Wand des Kirchenschiffes treffen, auf ihr Spiegelbild? Die Mutter Sonne, die mit Strahlenhänden die Erde trägt bei Nacht und bei Tage!

Was uns hier im Bereich der romanischen Baukunst so erstaunen läßt, weil es uns wie kühne prophetische Vorwegnahme modernster Erkenntnis erscheint, mag in Wahrheit nur ein letztes Aufklingen der Vorstellungsweise sein, die früheren, vor allem den vorchristlichen Jahrtausenden geläufiges Allgemeingut war.

Der germanische Kulturkreis war in älteren Epochen nicht auf bildnerische Darstellung seiner Weltanschauung ausgerichtet. Deshalb liegt ein Großteil dessen, was in den nordischen Seelen gelebt hat, für uns im Verborgenen. Und wenn eine späte Frucht der längst verklungenen Zeit plötzlich unerwartet zutage tritt, so berührt uns ihr Erscheinen einzigartig. Doch wir können sie bei näherem Zusehen unschwer in den größeren Zusammenhang einordnen, in den sie gehört.

Andere Völker haben den Inhalten ihrer Erkenntnisschau vielfältig in Bild und Wort bleibende Gestalt gegeben. In überreichem Maß finden wir dies bei den alten Ägyptern. Ihnen sind bildende wie dichtende Kunst das vollgültige Sprachrohr der Religion – und das heißt damals des gesamten geistigen Lebens. Da finden wir nun die Sonnenhände als wohlbekanntes Grundthema der Verehrung von Rê oder Athon, dem sonnenbeheimateten Gottesgeist.

Echnaton singt in einem entflammten Hymnus dem Sonnengott zu:

Herrlich ist dein Aufleuchten im Horizonte des Himmels,
O Schöpfer Athon, der am Uranfang lebte!
Wenn du aufgehst im Osten des Himmels,
Liegt jedes Land unter dir leuchtend in Schönheit.
Du bist schön und groß und funkelnd und hoch über der Erde!
Die Länder und alles, was du geschaffen,
Umarmst du liebend mit deinen Strahlenhänden.
Du bist Rê, der sie hütet und leitet,
Der sie fesselt mit dem Bande der Liebe.
Bist du auch fern, so sind deine Strahlen doch auf der Erde,
Und dein Antlitz ist ewig ihr zugewandt auf deiner Bahn.

10 Echnaton und Nofretete, von der Sonne mit Strahlenarmen beschienen. Altarplatte eines Schreines aus Amarna

Und in mancherlei ägyptischen Bildwerken begegnet uns die entsprechende Darstellung des liebestrahlenden göttlichen Lichtwesens. Von der Sonnenscheibe oben am Himmel gehen Strahlen zur Erde und zu den Menschen herab. Und jeder Strahl hat am Ende eine kleine Hand. Das große Gottesgestirn umarmt liebend alles, was es ins Leben rief. Es überstreicht die Länder und Meere, berührt die Geschöpfe, strömt ihnen in der segnenden Handauflegung erweckenden Lebensodem ein: Das wird eigens sichtbar gemacht, indem die Strahlenhände allerseits das heilige Zeichen ☥, den «Nilschlüssel» als Lebensrune darreichen. So hütet und leitet der

11 Sonne als Gottheit im Strahlenkranz, wie sie eine Schrift von 1617 über die Geheimnisse des Mikrokosmos und Makrokosmos sieht

strahlende Gott die ihm hingegebenen Seelen ebenso wie den ganzen Erdplaneten selbst, dem er auf seiner Bahn durchs All stets aufmerkend das Anlitz zukehrt. Die Sonne trägt den Menschenstern «auf Händen», und er kann seinen rasenden Umlauf vollenden, ohne Schaden zu nehmen und ohne aus dem Weltganzen herauszufallen, das in seiner Reichweite eben dem Strahlenleib des Zentralgestirns gleichgestaltig ist.

Gibt es ein erfüllteres Aufgehobensein als dieses Wandeln im Angesicht des allumfassenden Gotteswesens, erhellt und erwärmt von seiner Liebesberührung? Gibt es eine erfülltere

und zutreffendere Beschreibung vom Wesen und Wirken unseres Muttersternes Sonne, in dessen Schoß das bewegte Planetenleben sein ruhendes Umfangensein findet?
Wir sehen, wie Urzeiterkenntnis und moderne wissenschaftliche Ergebnisse überraschend zusammenklingen.
Doch wir sollten auch nicht unbemerkt vorübergehen lassen, daß wir im Gang unserer Darstellung mit diesem Augenblick so weit gekommen sind, daß das Darstellen der Sonne als Weltallgröße und das Sprechen von Gotteseigenschaften mehr und mehr untrennbar ineinander übergehen. Das Zuwenden des Antlitzes, das Berühren, Bestreichen, das Halten und Tragen, das Umfangen – alle diese Formen des Begegnens sind Äußerungen lebendigen, menschenliebenden Geistes. In ihnen gehen Wesenszüge der *Sonne* und der *Gottheit* ununterscheidbar auf.
Wirklich, es ist so, daß wir von unserem Führergestirn sagen dürfen, was der Apostel Paulus, indem er griechische Weisheit zitiert und bekräftigt, in seiner berühmten Areopag-Rede in Athen von Gott selber sagt: «In ihm leben und weben und sind wir» – oder wörtlich: «In ihm leben wir und *bewegen* wir uns und finden so unsere Daseinserfüllung» (Apg. 17). Wohin wir uns mit diesen Worten richten, zum geistigen oder zum physischen Weltenall – ist gleich. Sie sind ein Grund-Dreiklang, der in *einer* Wahrheit die doppelte Wirklichkeit hörbar werden läßt.

*

Wir haben die beiden weiteren Sonnenzeichen, die an der eingangs besprochenen Tübinger Jacobuskirche zu sehen sind, noch nicht erwähnt. In der Tat sollten sie nicht unbeachtet bleiben. Wenn wir Emil Bock folgen, der in seinem Bildband «Romanische Baukunst und Plastik in Württemberg» die dreierlei

Sonnenkreise aufreiht und im zugehörigen Textbuch «Das Zeitalter der romanischen Kunst» eine Beschreibung dazu bringt[7], so sehen wir in den beiden Zeichen, die keine Hände, wohl aber die einander umgreifenden Kreise zeigen, so etwas wie Hinweise auf eine Bewegung im Kräftespiel der Sonnenstrahlung: Zusammenziehung und Ausdehnung scheinen in zweierlei Formabwandlungen angedeutet. Sollten die drei heute weit voneinander eingemauerten Bildsteine, wie vermutet wird, ursprünglich eine Einheit gebildet haben, so wäre in der dreiteiligen Zeichensprache wirklich eine Aussage von staunenswerter Tiefe und Genauigkeit gegeben, deren volle Würdigung uns erst in einem viel späteren Abschnitt dieser Schrift, wenn wir vieles dazugelernt haben, möglich sein wird.

Im Innern der Sonne

Es bedarf jetzt nur noch eines kleinen Anstoßes, einer bloßen Vergegenwärtigung des Gewonnenen, um uns einen tiefgreifenden Schluß ziehen zu lassen.

Wir haben bereits vielfach davon gesprochen, daß die Sonne die ganze Schar ihrer Planeten *in* ihren Strahlenmantel – die Korona im weitestgespannten Sinn – einhüllt. Wir haben uns klargemacht, daß wir mit der Erde als unserem wunderbaren lebendigen Raum-Schiff durch die Glanz- und Lebensfluten des ozeanisch-großen Zentralgestirnes schwimmen, umspült und getragen von den Wogen des lichtflüssigen, lebenspendenden Leuchtemeeres. Wir haben miterlebt, wie der Betrachter der Sonnenkorona im Augenblick, da bei der totalen Verfinsterung das wundersame Lichtfächergebilde aufscheint, während gleichzeitig die grell-ätzende Schärfe im Zentrum verdeckt wird, von dem glückhaften Gefühl durchdrungen ist, jetzt dem eigentlichen inneren Wesen des Gestirns nahegekommen zu sein. Wir haben endlich bemerkt, daß ein ähnliches geheimnisträchtiges Ahnen des Naheseins vom Anschauen des Tierkreislichtes ausgeht, das als nächtliche Offenbarung von der verborgenen Wahrheit des Sonnenwesens spricht.

Fällt es uns nun nicht wie eine reife Frucht zu, daß wir sagen müssen: wir leben und bewegen uns *im Innern des Sonnensterns*?!

Ja, diese Wortprägung erscheint hier als einzig folgerichtiger Weg, um den übereinstimmenden Beobachtungen gedanklich Genüge zu tun und allem, was wir über die Wesenszüge der Sonne erfahren haben, gerecht zu werden.

Wir sind im Innern der Sonne. So gründlich müssen wir die üblichen Vorstellungen umkrempeln, wenn wir erfahrungstreue Forschung treiben wollen. Doch müssen wir uns zugleich auch bemühen, diesen inhaltschweren Satz nun nicht formelhaft festzulegen, als könne durch eine Sprachregelung weiteres Erkenntnisbemühen abgefertigt sein. Vielmehr wollen wir einen solchen Lehrsatz wie den hier erhaltenen im Herzen bewahren und bewegen.

Es könnte ja einer kommen und bemängeln, daß die Art, wie wir von Sonnenhänden sprachen, im Widerspruch stehe zu der jetzt gebrauchten Vorstellung vom Sonneninneren. Da liegt in der Tat eine Schwierigkeit, die uns zu fruchtbarer Erweiterung der Denkformen veranlassen kann. Wir können nach allem Vorangegangenen nicht an der Zuverlässigkeit der erleuchtenden Schau auf die Sonnenhände zweifeln. Und ebensowenig an der Entdeckung der Wahrheit vom Innenraum. Doch dies Innere der Sonne ist wohl von besonderer Eigentümlichkeit. Es läßt sich nicht unbesehen mit dem Körperinnern eines physischen Menschenleibes, von dem wir unsere Empfindungen ableiten, vergleichen. Die Vorgänge in unserer Leibeshöhle sind uns normalerweise unzugänglich und unbewußt. Anders ist es bei geistigen Innenräumen. Und wenn wir vom Inneren der Sonne reden, so sprechen wir zugleich, wie uns bewußt geworden ist, vom Seeleninnern eines Gotteswesens. Im Geistsein herrscht Bewußtheit über innerliches Geschehen. Mag sein, daß dem Geist nach außen hin Grenzen gesetzt sind, daß in der «Leiblichkeit das Ende der Wege Gottes» zu finden ist, wie der schwäbische Weisheitslehrer Oetinger sagt – nach innen hin ist nichts der eindringlichen Kraft des Geistes unzugänglich. Wenn die Sonnenhände nach innen gerichtet die Lebensräume des eigenen Strahlenleibes abtasten, so zeigt sich uns darin gerade ein wundersames Bild übermenschlicher, überirdischer Bewußtseins- und Lebensformen, zu deren Verständnis wir uns erst allmählich hinbewegen.

Wir können auch versuchen, heute die Bildsprache so weiterzuentwickeln, daß wir den riesigen Innenraum des Sonnensterns, in dem er seine Kinder trägt und sich bewegen läßt, als wirklichen Mutterschoß erfassen, aus dem sich die Welt immerwährend zu neuem Leben gebiert. Doch ist in dieser Mutterhülle nichts von dem Fruchtdunkel, das die Unbewußtheit der menschlichen Gebärorgane durchzieht. Es ist ein Licht-Uterus, in dessen Strahlenhüllen das reifende Leben gehegt wird von liebkosenden Götter-«Händen».

*

Sonne, Mond und Erde, alle drei Gestirne – jedes tut das seine, um das Bewußtsein des schauenden Menschen auf die Hüllennatur, auf das Umkreis-Sein und damit auf das *wahre Innere* des übergeordneten Sternes «Sonne», in dem sich die ganze Planetenordnung in eins schließt, hinzulenken.

Die Sonne selbst weist jeden Versuch, in der «Scheibe» etwas Wesentliches zu sehen, durch ihre augenfeindliche Blendschärfe energisch zurück. Der Blick wird abgelenkt und der Betrachter zunächst auf die lichtdurchflutete Erdenumgebung gewiesen, wo er die wirklich-wirksame Begegnung mit der Sonnenkraft suchen kann.

Der Mond macht durch die Eigenart seines Himmelsgangs jene seltenen Momente möglich, in denen die störende Helligkeit der Sonnenscheibe ganz gedämpft wird und so auch jen-

seits des irdischen Bereichs die raumdurchdringende Strahlenfülle in den Fächern der Korona erscheint.
Steht *die Erde* aber zwischen dem Beobachter und der Sonne und bringt so, wie es allnächtlich geschieht, eine abgewandelte Art der Sonnenverschattung hervor, so wird dem Auge, indem es das Tierkreislicht schaut, ein Blick in die systemumgreifenden Weiten des schimmernden Sonneninneren gegönnt. Wie den alten keltischen Druiden in den Schattenräumen ihrer Steinsetzungen der geistige Inhalt des Sonnenlichtes sich erschloß, so wird dem modernen Forscher im Schatten des ganzen Planeten, in dem er «zu mitternächtiger Stunde die Sonne schaut», die Offenbarung dieses Geheimnisses zuteil.
Schrittweise führen uns die Gebärden zur Einsicht in das Wesen des Sonnengestirns und lehren uns, den wahren kosmischen Ort des eigenen menschlich-irdischen Daseins richtig ins Lebensgefühl aufzunehmen: unser Wandeln im Sonnen-Innenraum zu begreifen.
Doch nun wird es Zeit, die Frage aufzuwerfen: Was ist dann «jenseits» der Scheibe, dort, wo wir bisher den feuerflüssigen «Sonnenball» dachten? Wenn dieser Ort so ungestüm und wiederholt aus unserer Blickrichtung verdrängt wird – sollten wir ihn dann gegenüber dem riesig ausgebreiteten Innern als «Außenraum» bezeichnen?

Neues von der Korona

Wie verhält sich der Sonnenkern zu den ihn umgebenden Schleiern der Korona?

Bei den Astrophysikern kann man erstaunliche Einzelheiten erfahren, die durch kluge Forschung zutage gefördert worden sind. So hat man versucht, die Temperatur an verschiedenen Stellen des Sonnengebildes zu bestimmen. Das Ergebnis ist in jeder Hinsicht überraschend, wenn nicht gar befremdend.

Auf der Sonnenhaut, also dort, wo wir die glänzende Oberfläche der Scheibe erblicken, soll, so kann man lesen, eine Hitze von 6 000° herrschen.

Für den Koronaraum dagegen kommen entsprechende Untersuchungen auf eine Temperatur von ca. 1 000 000°, in Worten: eine Million!*

Dieses jeder Erwartung hohnsprechende Resultat hat den Sonnenforschern viel zu denken gegeben und tut es heute noch. Es stellt sie vor ein Problem, das praktisch unlösbar bleibt. Ehrlich bekennt der geniale und beliebte Astronom des Bayerischen Fernsehens, Rudolf Kühn, der 1963 in der Zeit seines glänzenden Aufstiegs tragisch ums Leben kam, in seinem Buch «Die Himmel erzählen»[8]: «Die Korona der Sonne gibt den

* Nach neuesten thermographischen Aufzeichnungen des amerikanischen Sonnenobservatoriums OSO 7 (Satellit 1971/72, Auswertung Dr. Werner Neupert vom Goddard-Forschungszentrum Greenbelt/Maryland) erhöhen sich die Daten für bestimmte Gebiete sogar auf 2, ja vereinzelt bis über 5 Millionen Grad.

Astronomen noch zahlreiche Rätsel auf.» – «Das Eigenartigste an der Korona ist ihre außerordentlich hohe Temperatur.» Und nun bringt Kühn ein in seinem Widersinn unvergeßliches Bild, das auch von anderen Sonnenforschern verwendet wird. Er fährt fort: «Die Frage ist: Wie kommt es, daß der Kochtopf heißer ist als die Flamme, die ihn erhitzt?» Er berichtet von verschiedenen Antworten, die man auf diese Frage zu geben versuchte. Früher nahm man einmal an, daß auf die Sonne stürzende Meteoriten «die Korona ständig erhitzen». Heute gibt man sich mit der Erklärung zufrieden, «Schallwellen, die aus tieferen Schichten der Sonne zur Oberfläche emporsteigen», würden die Korona immerfort aufheizen. Man spricht und schreibt von solchen Dingen, als ob man sich dafür verbürgen könnte, obwohl, wie Kühn umwunden, aber wahrheitsgemäß zugesteht, «Aussagen über den Aufbau des Sonneninneren», wie sie hier ins Spiel kommen, «reine Hypothesen» sind und längst «nicht denselben Grad an Sicherheit bieten» wie solche, die wir durch direkte Beobachtung gewinnen.

Wir müssen hier, um dem wunderlichen Bild vom «Kochtopf» vernünftig zu begegnen, zunächst die Vorfrage aufwerfen, was Temperaturangaben im außerirdischen Bereich überhaupt besagen können, um nach diesem notwendigen Einschub unverzüglich die «Kernfrage» nach der Natur des Sonnen-Balles (des «Inneren» nach altem Sprachgebrauch) anzugehen.

Was heißt hier heiß?

Sagen wir es gleich zu Anfang überspitzt: Wenn wir ein Thermometer irgendwo in den Weltenraum verfrachten könnten und es würde von dort her irgendeinen bestimmten Temperaturwert melden – so wäre damit noch lange nicht gesagt, daß dort wirklich der betreffende Hitzegrad herrscht, sofern wir darunter verstehen, daß ein Mensch, der dorthin käme, sich entsprechend warm fühlen würde. Warum nicht? Hier werden wir auf das «Gesetz der spezifischen Dummheit der Meßgeräte» geführt.

Es gab einmal eine Richtung von naturphilosophischen Denkern, die wollten dieses Gesetz unter etwas vornehmerer Bezeichnung auf die Veranlagung der menschlichen Sinnesorgane anwenden. Sie nannten es «Gesetz von den spezifischen Sinnesenergien» und meinten damit die unwiderlegbare Eigenschaft, daß das Auge nicht hören oder riechen, das Ohr nicht sehen oder riechen, die Nase nicht hören oder sehen kann. Jeder Sinn nimmt nur den ihm zugeordneten Teilbereich der Welt wahr. Damit wollten die scharfsinnigen Grübler sozusagen die Beschränkung der eigenen Fähigkeiten entschuldigen. Sie meinten, der Mensch könne beim besten Willen nicht anders, als ein von den Organen abhängiges, leibbedingtes Weltbild sich erwerben. Sie übersahen, daß es gerade die bewundernswerte Einrichtung des menschlichen Erkenntnisvermögens ist, aus vielen verschiedenen, aber gleichzeitigen Wahrnehmungen, die sich gegenseitig stützen und ergänzen, einen vollkommenen Eindruck vom Weltganzen zu gewinnen. Ja, die Philosophen könnten eine Denktat von wirklichem Wert vollbringen, wenn sie sich auf die Fährte begäben, zu ergründen, inwiefern und wodurch der Mensch in seiner Ganzheit das einzige «Organ» ist, das die Welt wirklichkeitsgemäß wahrnehmen kann. «Heute ist Menschenzeit. Heut ist der Erkenntnis festlicher Tag. Seit Urbeginn zum allerersten Male sieht und versteht unser Stern Erde sich selbst.» Dies begeisterte Bekenntnis zur Größe und Aufgabe des Menschen, mit dem der Geologe Hans Cloos sein «Gespräch mit der Erde»[9] beginnt, dürfen wir ruhig auf das ganze Weltall ausdehnen. Gerade damit werden wir stets am sichersten auf dem Weg der wahren Wirklichkeit bleiben.

Was aber mit den «spezifischen Sinnesenergien» gemeint war, das gilt wirklich in aller Schärfe für die Gesellschaft der Meßinstrumente. Jedes solche künstliche Wahrnehmungswerkzeug ist auf eine einzelne Art von Eindrücken geeicht – und nur auf diese allein. Was es anzeigt, gibt nur in einem engbegrenzten Bereich Aufschluß über eine einzige Eigenschaft der Welt. So bleibt das, was uns durch Instrumente bekannt wird, stets ein schmaler Ausschnitt der Wirklichkeit. Das kann auch nicht dadurch ausgeglichen werden, daß man viele verschiedene Apparate gleichzeitig benutzt. Man erhält dann viele Weltausschnitte nebeneinander. Doch eine Summe von Teilen ist noch kein Ganzes. Zwölf noch so scharf geschnittene Kuchenstücke geben niemals ein zusammenhängendes Gebäck. Viel weniger noch eine Menge von Rundhölzern, und seien sie noch so sauber aneinandergefügt, einen lebendigen Baum. Viel weniger noch eine Vielzahl von Meßergebnissen ein Bild der Welt!

Die Intelligenz, die von einer Einzelheit zur anderen Brücken schlägt, die aus den nebeneinanderstehenden Buchstaben das Wort zusammenliest – ja als wahre «Zwischenlesekunst» (denn das heißt «intelligentia» auf deutsch) oftmals «zwischen den Zeilen» zu lesen vermag –, die muß der Mensch aufbringen, um die Fülle von getrennten Ausschnitten zum einheitlichen Bild zusammenzuschauen. Der Mensch darf nicht über dem Entzücken an scharfsinnig erdachten meßkünstlerischen Hilfsmitteln seinen eigenen unentbehrlichen Beruf zur verbindenden Ganzheitsschau (zur Integration, sagt man heute mit einem Modewort) vergessen. Nimmt der Mensch aber seine Aufgabe in ihrem ganzen Gewicht wahr – dann können allerdings die vielfältigen Instrumente von großem Nutzen sein, indem sie die Sinneswahrnehmungen nach allen Richtungen erweitern und verschärfen.

Was besagt also das Gesetz von der spezifischen Dummheit der Meßgeräte? Es hat dies zum Inhalt: Ein Thermometer kann immer nur Wärmegrade anzeigen, gleichgültig, was ihm widerfährt. Auch wenn es auf den Boden fällt, oder wenn einer brutal mit dem Hammer auf es einschlägt, fährt das Quecksilber irgendwie an der Skala entlang und zeigt eine «Temperatur», die nirgendwo der Wirklichkeit entspricht. Die hochgezüchtete Einspurigkeit des Dings kann schlechterdings nicht anders, als auf alles, was ihm von außen zustößt, mit einer Temperaturanzeige zu reagieren, denn das ist die einzige Form, in der es sich ausdrücken kann. – Entsprechend ergeht es allen anderen Geräten, jedem nach seiner speziellen Eigenart.

Wir müssen also stets, um irgendeiner Instrumentenablesung ihren gebührenden Stellenwert zu geben, alle Begleitumstände mit berücksichtigen. Einzelne Meßergebnisse für sich sind nichtssagend.

Strenggenommen können wir demnach, selbst wenn wir noch so viele Apparaturen in den Kosmos senden, nie ein wirkliches Bild von den dort herrschenden Verhältnissen bekommen, wenn es nicht gelingt, die Angaben der Geräte auf der Grundlage direkter menschlicher Wahrnehmungen zusammenzuordnen. Daß aber ein Mensch unter natürlichen Bedingungen niemals in den interplanetaren Raum gelangen kann, das ist jedem heute klar; die Astronauten müssen so dick in Roboteruniformen verpackt und durch Schutzvorrichtungen für alle Sinne von den kosmischen Einflüssen abgeschirmt werden, daß ein unmittelbares Erfahren nicht mehr in Frage kommt. Der Weg der lediglich gerätevermittelten Erkenntnis ist also ein Holzweg.

Nun kann der Fachmann einwenden, daß die Temperaturangaben der Sonnenforschung ja nicht auf einfachen Anzeigen von Meßgeräten beruhen, sondern durch geistreiche Kombination und Folgerung aus mancherlei Beobachtungen (aus dem Licht- und Radiowellenbereich) erschlossen sind. Es würde den Rahmen dieser Darstellung sprengen, wollten wir diese Spezialfragen hier durchdiskutieren. Doch kann man allgemeinverständlich dazu so viel sagen, daß durch bloße Reihen von Schlußfolgerungen die Unmittelbarkeit der Wahrnehmung noch viel weiter in die Ferne rückt als durch die «guten alten Meßgeräte».

Es ist vergleichsweise so, als ob man, am Ufer eines Gewässers wohnend, ein fernliegendes Ziel, das diesseits weit voraus vermutet wird, am besten dadurch zu erreichen glaubt, daß man übers Wasser setzt, den Weg dort am anderen Ufer (weil es da glatte gebahnte Straßen gibt) zurücklegt – und dann, indem man umgekehrt den Strom überquert, auf den gewünschten Ort auftrifft. Man hat aber nicht berücksichtigt, daß man auf einem Eiland lebte. Indem man am jenseitigen Gestade weiter und weiter fortgeschritten ist, hat man längst den Bereich der Insel verlassen und gelangt beim zweiten Übersetzen in ein fremdes Land, das wenig oder keinerlei Verwandtschaft mit den heimatlichen Gefilden zeigt. Der Reisende jedoch hat dies gar nicht bemerkt; er vermeint auf einem zwar fernen, doch lückenlos anschließenden Ausläufer des eigenen Landes zu sein und wendet demnach bedenkenlos seine gewohnten Begriffe auf das, was er zu sehen bekommt, an; auch erzählt er, nach der Rückkunft auf demselben Umweg, in den Wendungen seines begrenzten Insulanerwortschatzes den Daheimgebliebenen von seinen Erfahrungen. Welch seltsam entstellte Sicht auf die Verhältnisse im fernen Land mag sich da dem Inselvolk erschließen!

Die Sternphysik, von der R. Kühn nüchtern eingesteht, daß sie zum guten Teil reine Hypothese sei, verfährt in manchen einschlägigen Fragen ganz ähnlich dem Inselbewohner. Was Kühn besonders im Hinblick auf die Erforschung der Sonnenkugel sagt, gilt ganz entsprechend auch für die Erkundung des interplanetaren Gebiets.

Man ist heute, einer Moderichtung folgend, in der Physik geneigt, alle Eigenschaften der Dinge auf Bewegungsabläufe zurückzuführen. Das entspricht teils einem berechtigten Streben nach Vereinheitlichung, zum andern Teil jedoch auch der herrschenden Sichtfeldverengung und einem Hang zur Bequemlichkeit. Wie es ein Physiker selbst einmal formuliert hat, wird versucht, alles auf einen «einäugigen, farbenblinden Beobachter» abzustellen (so Ernst Lehrs in seinem Buch «Mensch und Materie»).[10] Dieser arme, behinderte Erkenntnisanwärter könnte immer noch wenigstens bemerken, wenn sich etwas bewegt. Man könnte ihn auch unschwer durch einen Roboter ersetzen.

So hat man es tatsächlich zuwege gebracht, sogar die Wärme-

bzw. Temperaturvorgänge in Bewegungsvorstellungen zu übersetzen. Mit dieser Hilfssprache läßt sich nun müheloser, und zwar bis in den Kosmos hinaus, manövrieren. Man vergißt dabei allerdings leicht, daß man «auf dem anderen Ufer» viel weiter vorprescht, als die Grenzen der heimatlichen irdischen Tatsachen reichen; und wenn man dann weit draußen zurückübersetzt, so kommen wunderliche Reiseberichte zustande. Man kommt dann dazu, von «Temperatur» zu reden, wo die Grundlagen zu einer Temperaturempfindung durch die veränderten Raumverhältnisse überhaupt nicht mehr gegeben sind. In Wirklichkeit meint man ja auch *Bewegungen*, aber man trägt kein Bedenken, dafür kurzerhand wieder das Wort Temperatur einzusetzen, als ob ein Übersetzen an jeder Stelle des Stromes völlig gleichbedeutend wäre.

Freilich, klar denkende Wissenschaftler sind sich dieser Problemlage völlig bewußt. Bedenklich wird die Sache dort, wo die populären Vielschreiber skrupellos alle Sprachen und Bilder durcheinandermengen, wenn sie nur meinen, damit einen Publikumsfänger zu machen. Wer ihnen auf den Leim kriecht, der findet sich allerdings im Netz eines brutal-materialistischen Weltaufbaus gefangen, in einem Weltallwolkenkratzer, dessen Stockwerke man nicht mehr unterscheiden kann, weil oben alles ist wie unten.

Was heißt also im Weltraum «heiß»? Es heißt nicht mehr und nicht weniger, als daß man aufgrund verschiedener Beobachtungen und Schlüsse zu der Annahme kommt, hier oder dort sei eine mehr oder weniger heftige Bewegtheit des raumerfüllenden Mittels anzutreffen.

Das Comical vom überheißen Kochtopf enthüllt sich, abgesehen davon, daß es sich ja auch mit dem räumlichen Bild der Sonnenumgebung in grober Unstimmigkeit befindet, als ein trübes Beispiel von gewissenlosem Hin- und Herschaukeln der Begriffe, ohne daß die Voraussetzungen zur Sprache gebracht werden. Wir brauchen uns nicht länger damit abzugeben.

Für uns stellt sich die aufgehobene «Kernfrage» nun ganz klar: Was sagt uns der Hinweis, in dem Koronabereich sei eine soviel stürmischere Bewegtheit anzutreffen als nach dem glänzenden Ball in der Mitte zu? Und welche Folgerungen erwachsen aus diesem Sachverhalt für unsere Auffassung des «Sonnenkerns»?

«Denn was innen, das ist außen»

Zwischen den Zahlen 6 000 und 1 Million ist ein großer Unterschied. Und wenn diese Werte auch in ihrer unmittelbaren Größe gar nichts mit einer Temperatur im vertrauten Sinn zu tun haben, so spricht ihre Differenz doch eine Sprache, die wir versuchen sollten zu verstehen.

Es ist hier ähnlich wie bei einer Uhr, die zwar geht, aber nicht richtig gestellt ist. Wir können auf ihr nicht die wahre Zeit ablesen; doch können wir sie sehr wohl gebrauchen, um die Dauer einer Wanderung oder einer Veranstaltung zu messen. Denn wenn das Werk nur regelmäßig läuft, so merkt man sich den Anfangswert und kann dann am Ende der Zeitspanne zurückrechnen und weiß, wie lange die abgelaufene Frist währte, unabhängig von den Ziffern, auf denen die Zeiger jetzt oder vorher standen.

Oder nehmen wir ein anderes Beispiel: Wir brauchen die wechselvollen Zahlen, die von den Geologen für die Zeiträume der Erdentwicklung angesetzt werden, nicht vorschnell als letzte Wahrheiten hinzunehmen und können doch aus der Ordnung dieser Werte einen brauchbaren Aufschluß über den Lauf der Entwicklungsepochen gewinnen. Ob eine einzelne Versteinerung gerade 40 000 Jahre alt ist oder eine bestimmte Periode des Erdaltertums wirklich 40 Millionen Jahre zurückliegt, kann ganz dahingestellt bleiben. So gut wie sicher ist dagegen aus den Abschätzungen zu entnehmen, daß die

Versteinerung mit der Kennzahl «40 000» viel jünger ist als die Funde aus der Schicht, welche mit «40 Millionen» beziffert wird.

Wir müssen hierbei lernen, von der treuherzigen Wertschätzung der «absoluten» Zahlenangaben abzurücken und unser Augenmerk auf die «relativen» Werte, das heißt auf die gegenseitigen Verhältnisse, die sich in den Zwischenräumen ausdrücken, zu richten. Damit treten wir selbst in ein anderes Verhältnis zur Wirklichkeit, das weniger auf starre, statische Feststellungen gebaut ist als vielmehr dynamisch, beweglich in die Veränderlichkeiten eines Geschehens sich einzuordnen lernt.

Nicht anders als mit den Zeigerständen an der Uhr, die uns ein Urteil über die Zeitdauer vermitteln; nicht anders als mit den Erdgeschichtszahlen, durch die wir einen Maßstab für Entwicklungsordnungen erhalten – nicht anders ergeht es uns mit den Temperaturmaßen der Sonnenforscher: Sie lassen uns einen Einblick in die Kräftespannungen des Sonnensternes tun. Da die Hitzegrade hier in Wahrheit für Bewegungsgrößen stehen, dringen wir anhand dieser Aussagen dazu vor, die bewegte innere Ordnung eines Lebensraumes zu erfassen.

Zeigt nun die fließende Regsamkeit der Strahlenhülle ein derartiges Gefälle gegen das Kerngebiet zu (die Abnahme von 1 000 000 auf 6 000 entspricht einer Verringerung auf den 166sten Teil), so heißt das, in schlichte Worte übertragen, etwa soviel wie: die Sonne ist in der Umgebung stärker *da* als gegen die Mitte zu. Wie man von einem Ausdruckstänzer sagen kann, er habe seine ganze Wesensgegenwart in das Spiel der Glieder hineingegeben, ja sogar bis in den weiten Umkreis der Publikumsseele ausgegossen – so müßte man hier die Vorstellung bilden, daß die Sonne mit ihrer eigentlichen Wesensdichte im weiten Umraum gegenwärtig ist und gegen den Ort der Scheibe hin sich schwächer anwesend zeigt. Ja, hier liegt die Vermutung nahe, daß das zur Rede stehende Wesen nach der «Mitte» zu in ein Nicht-Sein hineinverschwindet.

Wieder werden wir also, von der neuen Warte aus, die Ureigenschaft dieses Gestirns gewahr: *Ringsherum* ist die Sonne mehr sie selbst als im Kerngebiet. Oder sagen wir es jetzt vollends eindeutig, indem wir unser früheres Ergebnis ernsthaft anwenden. Wenn der Raum, in dem wir uns mit unserer Erde und den übrigen Planeten bewegen, das Innere der Sonne ist und zudem ihr Regsamkeitsgefälle, das wir als Anwesenheitsbekundung verstehen, gegen die Grenzfläche des Balls so gründlich absinkt, so werden wir förmlich darauf gestoßen, das, was jenseits der glänzenden Haut liegt, als Äußeres für das Sonnenwesen aufzufassen.

Für die Sonne kehren sich die irdischen Begriffe «innen» und «außen» um. Ihr Inneres ist der weite kosmische Umkreis, in dem wir leben. Das kugelige Gebiet hinter der blendendhellen Grenzfläche ist der unzugängliche Außenraum. Die Sonne setzt dem Menschenauge eine Lichtschranke, die ihm klarmacht, hier ende ihr Gegenwärtigsein; sie sei überall zu finden «außer» dort, wo die brennende Waberlohe ihm den Zutritt verwehrt.

Sonnenhohlraum

Dem jetzt erreichten Ergebnis sollte man nicht mit dem Einwand begegnen, das «Temperatur»-Gefälle ende ja bei den 6 000 Grad der Sonnenhaut, und darunter, also im Sonnenball selbst, steige die Hitze wieder, sogar viel gewaltiger als wir sie in der Korona kennenlernten. Was diese leider weitverbreitete Ansicht betrifft, so ist dem Leser, der bis hierher gefolgt ist, wohl hinlänglich klar, daß sie eine von den «reinen Hypothesen» ist, von denen R. Kühn so offenherzig sprach. Sogar eine, von der man behaupten darf: «reiner» geht's nicht. Ist doch gerade dies der besondere Sachverhalt, daß uns durch die Sonnenhaut das Eindringen in die Zustände jenseits verwehrt ist. Und zwar vollkommen und endgültig.

«Wir kennen aus optischer Erfahrung nur eine hauchdünne Oberflächenschicht der Sonnenkugel und werden mit unseren Fernrohren wohl nie tiefer eindringen.» So sieht der bekannte Freiburger Sonnenforscher Prof. Karl Otto Kiepenheuer[11], der wohl als *die* Kapazität im deutschen Sprachraum gelten kann, die Lage. Der Untergrund dieser dünnen hautartigen Zone «ist unserem Blick für immer entzogen». Er ist schlechthin ein *Hohlraum für unsere sinnliche Erfahrung.*

Mit unseren gewöhnlichen Mitteln können wir höchstens vermuten, unterstellen – und rechnen. Man sagt dafür «extrapolieren» und meint, daß man das diesseits Erprobte ins Jenseitige ausweitet. Noch zugespitzter als wir es sagen mögen, drückt es der Sonnenspezialist selbst aus: «Das Bild, das wir uns vom Innern der Sonne machen, wird immer in vollkommener Weise den jeweiligen Stand der theoretischen Physik und der Kernphysik widerspiegeln und ist wie diese in steter Wandlung begriffen. Sonnenphysik und Physik sind daher fast übergangslos verschmolzen . . .» (Kiepenheuer). Die Frage nach der Wirklichkeit des zu Erforschenden wird also gar nicht mehr gestellt. Es geht praktisch nur um ein Würfeln mit Worten. Da es sich um ein «unsichtbares und völlig unzugängliches» Forschungsgebiet handelt, kann man ruhig Vogel-Strauß-Politik treiben, den Kopf ins physikalische Laboratorium stecken und kurzerhand behaupten, dort oben sei alles ebenso wie hier zwischen Linsen, Spiegeln und Elektroden. Was das Wesen des Sonnensterns in Wahrheit sei, das beunruhigt den Sonnenforscher kaum noch. Er kann mit einer Art von Stolz sagen, daß er es fertigbringt, die Erscheinungen am Himmel mit den geläufigen irdisch-physikalischen in völligen Gleichtakt geschaltet zu sehen.

Aber ist denn hier, an einer so eindrücklichen Scheidewand, wie sie in der scharfen und unüberschreitbaren Grenzfläche der Sonnenhaut vorliegt, der Ort für «Extrapolation», für einfaches Fortsetzen des Üblichen? Fordert uns die Grenzziehung nicht vielmehr auf, den forschen Lauf anzuhalten und uns auf Forschungswege zu besinnen, die dem, was jetzt kommt, angemessen sind?

Fragen wir weiter: Gelangen wir deshalb an der Sonnenhaut zur unwiderruflichen Grenzscheide eines «Hohlraumes der Erdenerfahrung» – weil dort *wirklich ein Hohlraum für alle erdverwandte Daseinsart* ist? Und ist alles, was man sich ausgedacht hat über den «Inhalt» dieses Raumes, ein verzweifelter Versuch, Unfaßbares zu fassen?

Die «15 Millionen Grad im Kern», die unvorstellbaren Zustände von Druck und Dichte – mutet uns das alles nicht an wie die Ausrufe des Eingeborenen, der nach Paris versetzt, den Eiffelturm einen Riesenbaum nennt, weil er in seiner maßlosen Überraschung sich nicht anders zu helfen weiß, als das Niegesehene, das er plötzlich zu Gesicht bekommt, zur höchsten Steigerungsform des ihm bisher Vertrauten umzumünzen? Doch auch die riesigsten, bombastischsten Superlative sind einem grundsätzlich Andersartigen gegenüber unzulänglich. Und so ist es nicht als Verunglimpfung gemeint, sondern vielmehr als zurechtrückende Anerkennung, wenn wir in den Rekordzahlen der Sonnenforschung das ohnmächtige Bemühen sehen, «das ganz Andere» zu begreifen und in Worte zu bringen.

Nun könnte die Art, wie hier immer wieder betont wird, man müsse zu den üblichen Mitteln der Wissenschaft neue erwerben, die dem andersartigen Gegenstand angepaßt sind, als hochstaplerische Überheblichkeit gegenüber dem Forscherfleiß von Generationen empfunden werden, wenn sie bei der leeren Forderung stehenbliebe. In der Tat, man dürfte nicht sagen, zur Erkenntnis der Sonne muß der Erdenweg verlassen und der Sonnenweg eingeschlagen werden, wenn es nicht zugleich möglich wäre, eine erste Wegstrecke mindestens zu zeigen und Richtungsweiser für weitere Abschnitte aufzustellen.

Eine derartige Einweisung in den «Sonnenweg» ist aber durchaus möglich. Neben der anschauenden und anschaulichen Betrachtungsart, die wir hier in den ersten Kapiteln geübt haben, wird im folgenden auch ein ausbaufähiger mathematisch-geometrischer Weg vorgezeichnet werden, der jeglichem Verlangen nach zuverlässiger Genauigkeit genügt. Das kann jedoch nicht in wenigen Sätzen geleistet werden. Es muß, gerade auch deswegen, weil wir niemals von der gesunden Allgemeinverständlichkeit abgehen wollen, in ruhiger Breite entrollt werden können. Dies wird im zweiten Hauptabschnitt «Gegenwelten» geschehen.

Hier wollen wir zunächst festhalten, was sich als Bild von dem «ganz anderen» Wesen der Sonne ergeben hat:

die Umkehrung von innen und außen,

das Bild vom gewaltigen lichtflüssigen Strahlenleib des Muttersternes, in dem die Planeten sich bewegen, und

das zeichenhafte Gebilde des jeglichem irdischen Zugriff entzogenen Hohlraums in der Mitte.

Nachdem wir noch eine wichtige Frage an das Geheimnis des unzugänglichen Außenortes gerichtet haben, können wir nun bald die ersten Übergänge zu einer Christuskunde schaffen.

Schwimmende Perle

Kann denn ein Hohlraum sichtbar sein? Diese Frage mag jetzt manchen Leser bedrängen, der sich recht lebendig in die neue Anschauung vom umgestülpten Bau der Sonne hineinzudenken versucht. Sie ist nur zu berechtigt. Denn die blendendhelle Haut des Sonnenballs erscheint in ihrem glatten Glanz so stramm, daß sie den Eindruck erweckt, es müsse hinter ihr ein greifbar Dichtes sein, das den Raum erfüllt, sozusagen prall und satt. Eine leere Kugel, so könnte es den Laien in einem ratlosen Augenblick anwandeln, dürfte doch nicht so gediegen metallisch leuchten. Müßte sie nicht vielmehr durchscheinend sein?

Die Antwort, dem optischen Fachmann wohlbekannt, mag jeder anhand eines einfachen Versuchs selber finden. Es ist dazu nichts weiter erforderlich als eine Flasche Sprudel. Wie oft haben wir uns schon über die silbernen Perlen gefreut, die in der Flüssigkeit schwimmen! Jetzt sollen sie uns zu einer Erkenntnis verhelfen. Ist die Flasche geöffnet, so steigen die kleinen Kügelchen unablässig empor. Ein leichtes Schütteln kann die Erscheinung in überreicher Fülle hervorzaubern. Denkt man nicht, es seien solide kleine Glitzerkörperchen, die man nur mit den Fingern zu greifen brauchte, um sie dutzendweise als hübschen Silberschmuck in die Hand zu sammeln?

Wir wissen, daß die glänzenden Kügelchen kleine Blasen des Kohlensäuregases sind, das Sprudel eben sprudelnd und so bekömmlich macht. Doch auf den ersten Blick glauben wir gern immer wieder das kleine Märchen von den schwimmenden Silberperlen. Was wie glänzendes Material erscheint, ist ein Einschluß weniger dichten Stoffes. Jede Blase ist eine Art Hohlraum, in dem Luftartiges sich im Wäßrigen beieinanderhält. Wir blicken aus dem Dichteren auf das Dünnere, wenn wir die Bläschen im Wasser sehen – und gewahren, daß die ausgesparten Kugelformen von einer glänzenden Silberhaut umgeben sind, die uns den Einblick ins Innere verwehrt und uns so die Oberfläche eines metallischen Körpers vorspiegeln will. Oder sollten wir hier sagen, daß wir aus dem Innern der Flüssigkeit auf die Grenzflächen kleiner *ausgegliederter* Kugelräume schauen, deren Inhalt gegenüber der wäßrigen Masse ein Außenbereich ist?

Jedenfalls lernen wir hier das Naturgesetz kennen, daß die Trennebene zwischen Dichtem und Dünnem, wenn wir von der Seite des Dichten her blicken, wie eine spiegelglatte undurchlässige Glanzwand erscheinen kann. Vielleicht ist es gut, die Betrachtung der Mineralwasserflasche mit ihren Wunderperlen oft zu wiederholen, bis das Gesetz ganz ins Lebensgefühl übergegangen ist.

Dann wird es uns auch keine Schwierigkeit mehr bereiten, hinter der blendenden Scheibe am Mittagshimmel den Sonnenhohlraum zu denken. Wir schauen aus dem Innern des weltallweiten Strahlenleibes auf den Kugelort in der Mitte. Unser Blick wird aufgehalten von der spiegelglänzenden Haut, die uns das geheimnisvolle ausgesparte Jenseitige verschließt. Aus dieser Sicht erscheint uns der Sonnenball als die edle Welt-Perle, die in der Lichtflut des Sonnenozeans schwimmt. Ist ihre Glanzschale deshalb von so übermäßig blendendheller

Undurchdringlichkeit, weil an dieser Grenzscheide nicht nur der Übergang von einem dichteren zum weniger dichten Element (wie von Wasser zu Luft), sondern der Umschlag in ein völlig andersartiges Raumgefüge stattfindet?

Weltall-Wirbel

Haben Sie Lust bekommen, durch Versuche Naturgesetze zu entdecken? Dann machen Sie gleich noch ein kleines Experiment. Es kann morgens beim Kaffeetrinken geschehen oder abends beim Zähneputzen, gleichviel. Sie rühren um, in der Tasse oder im Glas. Unzählige Male hat das jeder getan, ohne weiter darauf zu achten, welche schöne Offenbarung einer Gesetzmäßigkeit ihm da vor Augen tritt.

Je schneller wir rühren, desto tiefer bildet sich der beliebte Trichter aus, den wir auch von der Badewanne her kennen. Können wir im Glas von der Seite her zuschauen, so sehen wir in der Mitte rüsselartig sich windend einen Schlauch hinabtauchen zum Grund. Wenn auf der Flüssigkeit etwas schwimmt, das die Bewegungen mitmacht (wie etwa Sahne auf dem Kaffee), so erkennen wir deutlich, daß die Drehung am Rand des Gefäßes langsam vor sich geht und nach innen hin an Geschwindigkeit zunimmt. Je näher zum Zentrum, desto schneller wirbelt es ... In der Mitte selbst endlich wird der Drall so rasend, die dadurch rings erzeugte innere Zugspannung so groß, daß die Flüssigkeit zerreißt! Das Gefüge des Stoffes hält diese Belastung nicht aus; die Materie weicht vor dem Wirbelzentrum zurück, ein Schlund tut sich auf: Das ist der «Rüssel», dem wir von der Seite her zusahen, wie er sich einbohrt. Der saugende Schlauch füllt sich naturgemäß mit Luft, sie strömt herbei, wo immer ein Hohlraum entsteht.

Was aber müßte geschehen, wenn der Wirbelvorgang im luftleeren Raum sich abspielte? Was tritt ein, wenn das dünnste Stoffliche selbst aufgespalten wird und kein weiterer materieller Ersatz an seine Stelle treten kann? Kommen wir hier dem Geheimnis der «Antimaterie» auf eine anschauliche Weise nahe, das in den letzten Jahren als jüngstes Kind der physikalischen Forschung, noch stark verhüllt vom Schleier des hochwissenschaftlich Komplizierten und fast Unverständlichen, angekündigt wurde?

Lassen wir uns, bevor wir weitere Folgerungen ziehen, noch einmal vom Fachmann bestätigen, was wir eben aus dem eigenen Erlebnis schilderten. In seiner «Technischen Strömungslehre»[12] beschreibt Bruno Eck die Wirbelvorgänge folgendermaßen: «$r \cdot c = \text{const.}$ Die Geschwindigkeit ändert sich nach einer Hyperbel. Für $r = 0$ wird die Geschwindigkeit sogar unendlich.» So drückt der Mathematiker die Tatsache aus, daß die Drehschnelle von außen nach innen zunimmt und im Mittelpunkt über alles Maß steigt. (In den Formeln steht r für den Radius, d. h. die Entfernung vom Drehmittelpunkt, c für die Umlaufgeschwindigkeit des wirbelnden Stoffs; «const.» bedeutet eine gleichbleibende Größe. Später ist p die Abkürzung für den Druck.) Eck untersucht nun die Druckverteilung. Er findet: «Für $r = 0$ wird $p = -\infty$. Wir werden so zwangs-

12 Meeresstrudel bei Neuseeland, nördlich des Äquators. Die Luftaufnahme läßt das gewaltige Ausmaß des Gebildes ahnen.

läufig zu einem negativen Druck geführt, d. h. einem Druck unter dem Vakuum. (Nicht zu verwechseln mit Unterdruck schlechthin.) Was ist hierunter zu verstehen? ... Um uns unter einem negativen Druck etwas vorstellen zu können, denken wir am besten an die Festigkeitslehre. Negativer Druck ist hier nichts anderes als Zugspannung. Dasselbe gilt auch für eine Flüssigkeit. Im allgemeinen dürfte das Flüssigkeitsgefüge vorher zerreißen ...»

Fast selbstverständlich ergibt sich nun die Anwendung des Gelernten auf die Verhältnisse im Sonnensystem. Wir wollen aber auch hier uns der Übereinstimmung mit unabhängigen wissenschaftlichen Untersuchungen vergewissern und greifen zu dem Buch «Das sensible Chaos»[13] des genialen Strömungsforschers Th. Schwenk. In seiner breitangelegten Betrachtung der Strömungsgesetze bringt er Wirbelbildungen in allen Bereichen der Natur in Zusammenhang und findet, «daß der Wirbel in seiner Geschwindigkeitsdifferenzierung – außen langsam, innen rasch – in enger Verwandtschaft mit den großen Bewegungen des Planetensystems steht». Die Übereinstimmung geht so weit, daß wir an unserem Wasser- oder Kaffeewirbel das berühmte zweite Keplersche Gesetz der Planetenbewegungen aus dem Augenschein erlernen: «Ein Planet umkreist die Sonne wie in einem Wirbel, insofern er in Sonnennähe schnell, in Sonnenferne langsam läuft. Dieses Gesetz beherrscht das ganze Planetensystem von den sonnennächsten bis zu den sonnenfernsten Planeten. Der Wirbel stellt ein kleines Abbild der Bewegungsverhältnisse des großen Planetensystems dar. Seine äußeren Teile bewegen sich wie die sonnenfernen Planeten langsamer als die inneren, welche wie die sonnennahen Planeten rascher um das Zentrum kreisen. Der Sonne selber würde das Wirbelzentrum entsprechen.»

Wir würden in unserer hier erworbenen Sprechweise etwas anders sagen: Der Wirbel ist ein Abbild des systemumfassenden Sonnenstrahlenleibes; die saugende Mitte entspricht dem Sonnenhohlraum im Zentrum.

Dort innen werden die physikalischen Verhältnisse so, daß sie die Belastbarkeitsgrenze des stofflichen Seins restlos überschreiten. Selbst das dünnste, strahlenflüssige Medium kann einer Zugspannung, die über jedes Maß hinaus zunimmt, einem Sog, der jede berechenbare Größe übersteigt, nicht standhalten. Die physische Daseinsart zerbirst an der Mauer unmöglicher Materialbedingungen. Der absolute Leerraum klafft auf. Was tritt an die Stelle des Stofflichen? Nennen wir es «rein geistiges Sein», nennen wir es «Antimaterie», «Äther» oder «Gegenraum»?

Jedenfalls erblicken wir an der Grenze zwischen hüben und drüben eine heftige Auseinandersetzung. Die für das bloße Auge so glänzendglatte Oberfläche des Sonnenballs erscheint im Fernrohr als körnig-kochendes Feld von wabernder Siedeunruhe. Man spricht von der «Granulation», weiß aber, daß diese Bezeichnung viel zu harmlos klingt für das, was sich dort abspielt. Ein gewaltiges Brodeln von Strömungs- und Ballungsherden, ein Gegeneinanderaufschäumen von Lichtem und Dunklem, ein Emporwallen, Aufbäumen und Abfluten, wolkenballenartig sich hochtürmend und unwetterwuchtig niederstürzend, ein unablässiges blasenstrudelndes Aufblitzen und Abdüstern, wild donnerwogendes Umschichten, das für irdisches Vorstellen von tosendem Orkangebrüll und abgrundtiefen Subbaß-Posaunenklängen begleitet sein müßte – das ist es, was uns in der Grenzzone erscheint, in der die Gegenwelten aneinander anbranden, in der materielles und antimaterielles Sein sich reiben, sich durchsetzen und wieder trennen in ewigwährender unverträglicher Turbulenz.

*

Wir haben nun das Bild des Sonnensterns in einem ersten Anlauf umrissen, so wie es sich unserer unbefangenen Betrachtung ergab. Häufig nahmen wir dankbar die verfeinerten und verschärften Beobachtungsfunde auf, die der mit Apparaten bewaffnete Fachmann beisteuern kann. Stets versuchten wir aber, die Grundlage der Unmittelbarkeit und freien allgemeinen Zugänglichkeit für alle unsere Untersuchungen zu wahren.

Dabei wird es dem aufmerksamen Leser kaum entgangen sein, daß wir oft hart daran waren, unwillkürlich und fast unvermeidlich in die «Christuskunde» überzuspringen. Nur im Interesse des einheitlichen Ablaufs haben wir es uns versagt, die kaum bemerkbaren Grenzen zu überschreiten. Und vielleicht hat mancher besinnliche Teilnehmer der Expedition sich des öfteren schon selbständig gemacht und eigene Entdeckungswege in das zugehörige Gebiet der geistig-seelischen Erfahrung eingeschlagen. Wo es gelingt, die Naturbetrachtung rein anhand der ganzheitlichen Sinneswahrnehmung – also «vollmenschlich» – einzuüben, da geht sie unvermittelt und selbstverständlich in Offenbarung über. Wir haben also in den folgenden Kapiteln nur aufzugreifen, woran wir vorübergegangen sind; wir werden die übriggelassenen Wege nacheinander abschreiten und so einen ersten Überblick über die Welt der Christus-Sonne erwerben.

Doch wollen wir hier noch eine Frage aufwerfen. Sie ist von solchem Gewicht, daß wir, ehe wir im 3. Teil darauf zurückkommen, genugsam Zeit gehabt haben sollten, sie in uns ruhen zu lassen. Die einschneidende Frage ist: Sind wir mit der Anschauung vom großen Weltall-Wirbel zur Quelle der Erklärung vorgedrungen, aus der die Kräfte verständlich werden, die das ganze Sonnen-Planeten-System zusammenhalten? Könnte sich hier endlich herausstellen, daß die seit Newton zunehmend zum Glaubensartikel gewordene Gravitationshypothese (Schwerkraftannahme), die besagt, daß das Zentralgestirn seine Trabanten durch Massenanziehung an sich fessele, ein jahrhundertelanger Aberglaube gewesen ist? Daß es ganz andere Beweggründe sind, die den Lauf der Wandelsterne um die Wirbelmitte bestimmen?

Wir lassen die Frage offenstehen. Mag sie quälen. Erregt sie Ärgernis, so ist auch die Chance gegeben, daß unter Erkenntnisschmerzen eine neue Idee geboren wird.

Der Sonnenvogel taucht ein

Im Kosmos haben wir «das ganz Andere» aufgesucht und kennengelernt. Wir sahen die geflügelte Sonne, das Wesen, das ganz und gar umkreisbetont ist – im Gegensatz zu den mittelpunktbestimmten Erdendingen.
Doch wir wissen auch, daß die beiden entgegengesetzten Wirkfelder nicht ganz unvermittelt nebeneinander stehen. Zumindest von dem Wunsch der Erdenbewohner nach Wachstum ins Weltweite können wir reden. Gerade heute ist das Streben nach Bewußtseinserweiterung, der Wille, Grenzen zu sprengen, vielen Seelen als innerstes Anliegen eingeschrieben. Es ist die Sehnsucht nach Begegnung mit dem kosmisch Großen, dem Umkreisentstammten, die wir alle fühlen.
Gibt es auch von der anderen Seite her ein Entgegenkommen? Finden wir irgendwo in der Welt eine Spur davon, daß das sonnenhafte Wesen sich auf die Erde zubewegt?
Wir schauen in das große Kaleidoskop der Menschheitsgeschichte. Da erblicken wir an der Hauptspiegelungsachse aller Werdefiguren eine Szene, die uns innehalten läßt, die uns betrifft. Sie ist in den vier Evangelienbüchern des Neuen Testamentes in knappen Satzfolgen festgehalten:
Es ist zur Zeit, da Johannes der Täufer unter den Menschen Palästinas durch sein mit dem Erweckungsbad verbundenes flammendes Verkündigerwort eine großstilige Bewußtseinsänderung in Gang bringt. In Scharen strömt das Volk ihm zu.

An einer geeigneten Stelle im Flußtal des Jordans hat er das Zentrum seines Wirkens eingerichtet. Dort empfängt er die Menschen zur Taufe. Eine in der jahrhundertealten Messiaserwartung mit ihrer peinlichen Gesetzesstrenge verkrampfte Volksgruppe führt er durch das Untertauchen ins strömende Element zur Lösung und Lockerung der Seele. Bei wem er zuerst durch seinen Heroldruf den Sinn für das unmittelbare Bevorstehen der messianischen Ankunft geschärft hat, dem verleiht er durch den Kultus der Flußtaufe die innere Kraft, selbst einen neuen Anfang in seinem Leben zu setzen.

Da kommt unter den vielen Einer zum Taufort, den Johannes sofort als besonders vorbereiteten Menschen erkennt. Er weist zuerst seine Bitte, auch getauft zu werden, ab, weil er meint, hier eher selbst zum Täufling werden zu sollen. Doch erkennt er dann das geschichtlich Notwendige, das in diesem Augenblick liegt, und vollzieht die rituelle Untertauchung – und nimmt alsbald das Einzigartige wahr, in das dieser Taufakt sich umzusetzen beginnt. Jesus von Nazareth verharrt nicht, wie es sonst unter der seelenkundigen Führung des Täufers geschieht, bis zur Todesermattung unter der Flut. Er hat die Sterbewendung, die für die anderen Seelen an der Grenzschwelle des nassen Todes aufleuchtet, als freie Lebensübung längst vollzogen. Für ihn ist etwas anderes fällig.

Der Täufer bemerkt die Eigenregung, er fühlt die betende Wesensverdichtung in der Seele des Untergetauchten und spürt seine hoheitliche Kraft, den Weihevorgang selbst zum gotteswollten Ziel zu steuern. Kaum ganz unter die Welle getaucht, richtet Jesus sich wieder auf. Sein Aufsteigen aus dem Flußgrund fordert eine Gegenbewegung heraus: von der Höhe des Himmelsraumes steigt etwas herab. Auf den Feldlinien des Gebetes ist dem Sich-Niedersenkenden ein Weg gebahnt. Der priesterlich Beigeordnete übernimmt jetzt das Amt des

13 Die Taufe im Jordan. Kuppelmosaik der Taufkirche der Arianer in Ravenna, 6. Jahrhundert

Zeugen für ein Geschehen, das Weltallmaß annimmt. Er schaut, wie die Himmelsgründe aufreißen und auf Lichtfittichen eine erdüberglänzende Helle herabflügelt, herabschwingt auf den Taufsohn zu, in ihn eindringend, in ihm Wohnung findend. – Ein Getön hallt im Umkreis, das sich zur Sprache formt: *Mein Sohn ist er* – so wird dem lauschenden Ohr aus Weltfernen vernehmbar – heute hat der Weltgeist mit Zeugungsgewalt den Sonnenkeim in den Erdenacker gelegt.
Die Umstehenden wurden ergriffen von der überirdischen Macht, die das Ereignis umwitterte. Einige sagten, es wetterleuchte rings im Wolkenraum. Andere sahen den Fluß aufschimmern, wie wenn ein geheimnisvolles Feuer unter den Wellen erglühte und weithin seinen Schein verbreitete. Wieder andere sprachen von einer schneeweißen Taube, die sie zur Taufstelle sich herabschwingen sahen auf den Getauften und sich lichtleibhaftig mit ihm verbinden.
Johannes fand in dieser Stunde seinen Schicksalsauftrag erfüllt, den er als gewisse Botschaft in der Seele trug. Er wußte sich als Vorläufer ausgesandt, der die reinigende Wassertaufe so lange zu vollziehen hatte, bis er demjenigen begegnen würde, der die Seelen unmittelbar mit der Sonnenfeuerberührung weihen will. Ihm waren die untrüglichen Merkmale bekannt, durch die sich die kosmische Befruchtung im Zeugegrund einer Menschenseele kundtun muß. Nun hatte er die Zeichen gewahrt und verbürgte sich für die unwiderrufliche Echtheit des Geschehenen: *Der Sonnenvogel ist in die Erdenwelt eingetaucht.* In Jesus hat er bleibende Verkörperung gefunden. Ich habe es gesehen und bekenne es, daß dieser es ist, der die Erdenmenschen in die Strahlenfülle des Sonnenglanzes selber eintauchen wird.

Vorchristliche Christusschau

Wir können die ganze herzerwärmende Wirkung, die von dem Zeugenwort Johannes des Täufers und von der Botschaft des Evangeliums überhaupt ausging, nur verstehen, wenn wir uns die Hoffnungen vergegenwärtigen, in denen die alte Menschheit, bevor diese Ereignisse eintraten, lebte. Eine allgemeine Erwartungshaltung, die damals über die Erde hin verbreitet war, ist der Hintergrund, von dem sich das Geschehen der Zeitenwende in seiner einzigartigen Größe abhebt.

Die Völker der vorchristlichen Zeit hatten, unter verschiedenen Namen und in mannigfaltigen Gestalten, alle eine sichere Zukunftsschau, die ihnen vom Kommen eines göttlichen Lichtbringers und Weltwendebewirkers kündete und damit Tröstung und Erlösung aus der Daseinsnot verhieß.

Heute kann man sich durchaus ein klares Bild davon machen, daß die Kulturen jener Vorzeit von einer einheitlichen seelischen Grundempfindung durchdrungen waren. Sie lebten, je weiter die Zeit fortschritt, unter einem sich verdichtenden Grauschleier geistiger Verdüsterung, so prunkvoll sie auch im einzelnen sich entfalteten. Wir verstehen vielleicht die hochgradige Prachtliebe und zur Entartung neigende Luxusentfesselung, der die oberen Schichten vielerorts verfallen waren, gerade dann am richtigsten, wenn wir sie als unterbewußten Versuch begreifen, das niederdrückende Bewußtsein von der

Vorläufigkeit und Unzulänglichkeit der eigenen Epoche zu übertäuben. Denn unentrinnbar verstärkte sich das Gefühl, einem unaufhaltsamen Weltniedergang ausgeliefert zu sein. Was sich damals in der Seelenlandschaft der Menschheit abspielte, kann man mit einem Wort am treffendsten als «Götterdämmerung» beschreiben. Verzweiflung wollte die Völkerseelen anwandeln vor der hereinbrechenden Entseelung der vormals so leuchtenden Götterwelt, vor der Vereinsamung und Abschattung des Daseins, in die sich die Entwurzelten, Heimatlosgewordenen auf einem verödenden Erdenfeld hineintreiben sahen. Und die Ausweglosigkeit stachelte die Ehrgeizigsten zum unsinnigen Aufbegehren an, ließ sie sich in die absonderlichsten Auswüchse überfeinerter Lebensart hineinsteigern.

Es gab aber auch immer Kreise, die in größerer Bewußtheit den Gang der Entwicklung verfolgten. In Weisheitsschulen und verborgenen Innenstätten von Tempelheiligtümern wurde eine uralte Überlieferung lebendig erhalten, die lehrte, daß die Dämmerungszeit als Durchgang zu betrachten und daß, wenn der tiefste Abstieg erlitten sei, ein Erlöser komme, der die Wendung zum Wiederaufleben schenken werde. Auch das einfache Volk, das in die harte Tagesfron eingespannt war und nicht der Versuchung erlag, vor seelischen Entbehrungen in äußere Üppigkeit zu entfliehen, bewahrte sich ein gesundes Empfinden für die Niedergangszeichen der Zeit. Es hielt sich innerlich aufrecht an den Lehren und Übungen der Religion, in denen es die Zuversicht fand, daß die Nacht einmal enden und die Sonne wieder aufgehen werde. «Das Volk, das im Dunkeln wandelt, sieht ein großes Licht» (Jes. 9,1).

Im alten israelitischen Volk war die Erlösererwartung besonders stark und streng ausgebildet. Sie durchdrang das ganze Leben, bestimmte es bis in alle Einzelheiten. Der rechtgläubige

Jude verstieß nie gegen die Regel, daß er morgens früh beim Aufwachen zuerst durch das östliche Fenster nach dem Messias ausschaute, der in den Strahlen der aufgehenden Sonne kommen sollte. Es gab jahrhundertelang in Israel Prophetenschulen, in denen ständig die neuen Verkündigergenerationen ausgebildet wurden, die durch messianische Predigt und Krafttaten im Volk die große Endzeiterwartung wachhalten sollten. Es ist aufschlußreich und erschütternd, die äußeren und inneren Kämpfe zu sehen, die oft zwischen den Propheten und den herrschenden Fürstengeschlechtern ausgefochten wurden um das Einhalten des guten Weges, um die Bewahrung der Stammesseele in lebendiger Heilssehnsucht und in der Treue zur Erlöserweissagung.

Doch unser Bild von der Wirklichkeit der alten Welt bliebe einseitig, wenn wir die Messiashoffnung der jüdischen Überlieferung als einzigartige Besonderheit betrachten wollten. Wir müssen vielmehr Schicksalselend und Weissagungsglanz der alttestamentlichen Menschheit in eine weltweite Geschichtsbewegung hineingestellt sehen, um die planetarische Größe vorchristlicher Christusschau zu erfassen.

Durch die Fortschritte der historischen und archäologischen Wissenschaften gewinnen wir allmählich eine Überschau, die uns immer aufs neue erstaunen läßt. Der Titel eines Anfang dieses Jahrhunderts erschienenen Buches von Alfred Jeremias[14], dem Theologen und gründlichen Kenner des Alten Orients, kennzeichnet die Sichtfelderweiterung, die uns über die früheren eng-christlich verkündeten Auffassungen hinausgeführt hat: «Außerbiblische Erlösererwartung» ist ein Forschungsgebiet von fast unsagbarer Mannigfaltigkeit geworden, das den menschheitlichen Rahmen absteckt, in dem ein modern verstandenes Christentum im rechten erdumspannenden Licht erscheint.

Stellen wir nur neben die christliche Madonna das vorverkündende altägyptische Bild der Isis mit dem Horuskind oder die Jungfraumuttergestalt der vorchristlichen Druidenweihestätte am Ort des heutigen Chartres! [15] – so bemerken wir, wie der Gesichtskreis sich weitet.

Denken wir an die Lichtreligion der keltisch-germanischen Gruppen in Nordeuropa. Noch heute können wir viele ihrer geheimnisvollen Steinsetzungen unversehrt vorfinden. Sind wir auch im einzelnen des Gebrauchs der Steinkreise, Menhire, Dolmen und Alignements unkundig geworden, so läßt sich doch unschwer erkennen, daß alle diese Weihestätten eine innere oder äußere Sonnenbeziehung aufweisen. Die Verehrung des großen Gestirns war für die druidische Weisheit eine Quelle genauer geschichtlich-exakter Standortbestimmung. In der Bride-Sage ist festgehalten, daß im iro-schottischen Bereich die Einzelheiten der Jesus-Geburt von Bethlehem längst bekannt waren, als die ersten Berichte auf äußeren Wegen dorthin gelangten. Die nordischen Eingeweihten hatten in hellfühlender Gleichzeitigkeitswahrnehmung alle die eingreifenden Tatsachen, die sich in Palästina ereigneten, aus den kosmisch-irdischen Lichtverhältnissen abgelesen. Dolmen und andere Steinheiligtümer waren ihre Erkenntnistempel, wo sie im Geheimnis der Schatten die feineren geistigen Wirkungen des Lichtgangs aufsuchten. Hier erfuhren sie die rechten Zeiten. Und in dieser «Sonnenforschung» offenbarte sich ihnen auch die historische Stunde, da der Sonnenlichtgeist leiblich auf der Erde erschien. (Als später die römischen Missionare in jene Gegenden kamen, verstanden sie das urtümliche Sonnen-Christentum der Iro-Schotten nicht und gingen mit kriegerischer Gewalt gegen die vermeintlichen «heidnischen» Elemente vor. Dieser brutale Eingriff hat die Entwicklung des Christentums in Europa weit zurückgeworfen.)

14 Legananny-Dolmen aus Irland, 2. bis 3. Jahrhundert v. Chr.

Vergessen wir hier nicht die Externsteine im Teutoburger Wald! An jenem zentralen Heiligtum der germanischen Stämme wurde eine Sonnenverehrung gepflegt, deren Spuren noch heute, nach aller jammervollen Ruinierung der Stätte, unsere Bewunderung herausfordern. Das erhaltene runde Fenster ist ja weithin bekannt, das genau nach dem Sonnenaufgangspunkt zur Sommersonnenwende ausgerichtet war. Weniger geläufig ist im allgemeinen, daß an derselben Felsengruppe eine gewaltige vorchristliche Skulptur des ans Holz gehefteten

15 Großrelief am Fels 4 der Externsteine im Teutoburger Wald

Gottes zu sehen ist. Nach der Kunstsitte der alten Zeit, die bis in weite vorgeschichtliche Fernen zurückreicht, wurden natürliche Gegebenheiten, wie Risse und Zerklüftungen des Steins, ausgenutzt und nur durch geringe geschickt angebrachte Bearbeitung derart ergänzt, daß das beabsichtigte – oder von der lebendigen Einbildungskraft des Künstlers im Naturspiel geschaute – Bildwerk heraussprang. Der Germanengott Odhin, von dem es in der Edda heißt, daß er «hing am windigen Baum», erscheint hier als eine der vielen «an dem Pfahl emporgerichteten» mystischen Vorverkündungen des christlichen Grundmysteriums vom Gott am Kreuz auf Golgatha. Karl der Große, der als «Sachsenschlächter» in die Geschichte eingegangen ist, hat den Weiheort im Teutoburger Wald barbarisch zerstört, um damit die gewachsene Religion der sächsischen Einheimischen im Herz zu treffen. Seinen mehrtägigen Sprengmaßnahmen fiel neben vielen anderen unersetzlichen Weihezeichen und -einrichtungen die hochgelegene Sonnenbeobachtungszelle zum Opfer. Völlig unversehrt blieb erstaunlicherweise die wunderbare Großplastik des Gekreuzigten.

In unseren Tagen scheint es der Forschung zu gelingen, die vielschichtigen Hintergründe jener Missionierungsfeldzüge aufzudecken. Dabei kommt ans Licht, daß das große Kreuzabnahmerelief, das sich an einem anderen Felsen derselben Gruppe findet und das bisher fälschlich ins 12. Jahrhundert datiert worden ist, in unmittelbarem geistigen Zusammenhang mit der vorchristlichen Skulptur gesehen werden muß. In der Umgebung Karls des Großen gab es nicht nur die kriegerische Linie der gewaltsamen Bekehrer, sondern auch Vertreter einer Strömung von Wissenden, die auf stille Weise soviel wie möglich die verheerenden Auswirkungen der «Mission mit dem Schwert» zu dämpfen und auszugleichen suchten. Von solchen

16 Relief der Kreuzabnahme am Fels 1 der Externsteine

Verstehenden muß die Anregung zur Herstellung des ungewöhnlichen Bildwerks von der Kreuzabnahme ausgegangen sein. Denn es stellt sich neben das vorchristliche Kunstwerk als Zeichen, daß die uralte vorverkündende Christusbotschaft von wahren Christen geistig aufgegriffen worden ist. Der, den ihr prophetisch gesehen habt in der Gestalt des ans Weltenholz gehefteten Sonnensohnes, ist wirklich auf die Erde gekommen; er hat das vorgezeichnete Schicksal erfüllt; indem er durch die Kreuztragung schritt, hat er, auferstehend vom Todesleiden, ein neues Weltalter eingeleitet. So spricht die Karolingische Großplastik zu dem Betrachter der Externsteine, des verwüsteten und doch bis heute lebendigen Heiligtums. Es ist die bejahende Antwort auf den Ruf der Sehnsucht, den eine erwartende Menschheit dem kommenden Heilsgeschehen entgegensandte.

Wir begnügen uns mit den wenigen Andeutungen, weil es hier nur darauf ankommt, eine Blickrichtung zu gewinnen und an den Beispielen das Gefühl zu erwecken, daß die Sehstrahlen der vorchristlichen Christusschau sich im Brennpunkt der Hoffnung auf das Menschwerden des göttlichen Sonnensohnes sammeln.

Erwartung und Erfüllung

Überall, wo das Christentum begreift, daß es mit seiner Botschaft an die allgemeine vorchristliche Christuserwartung anknüpfen kann, wird es so wirken, daß es den Völkern die *Erfüllung* der großen Zukunftshoffnungen ihrer Religionen bringt. Es kommt nicht als Fremdwesen in eine feindliche «Heidenwelt»; vielmehr ist das «Heidentum» der vorbereitete Gottesgrund, in dem der Christuskeim wurzeln und aufwachsen soll. Denn «das Evangelium ist in seiner geschichtlichen Wirklichkeit nicht ein neuer Mythos neben dem alten, sondern der erfüllte Mythos». (Dieses Wort stammt von dem berühmten protestantischen Theologen Adolf Harnack, in dessen Mund es besonderes Gewicht erlangt, weil dieser Blitzstrahl der Wahrheit bei ihm, inmitten seiner sonst bewiesenen Christusblindheit, wie ein nicht zu unterdrückendes Flammenzeichen aufleuchtet.)

Viel und grausam ist im Lauf der ersten zwei Jahrtausende gegen die Grundwahrheit von Erwartung und Erfüllung verstoßen worden – obschon doch Jesus Christus selbst gleich zu Anfang seines Wirkens mit der Verkündigungsrede in der Synagoge von Nazareth (nach dem Lukasbericht) der rechten Meinungsbildung die Richtung wies: «*Heute* ist diese Schriftwort-Verheißung *erfüllt* ...» (4, 21). Zu oft wurde den missionarischen Unternehmungen in allen Erdteilen das Kreuz als todkündendes Schreckenszeichen vorangetragen. Furchtbare

17 Irisches Kreuz mit Sonnenring. Ahenny, Co. Tipperary, 8. Jahrhundert

Szenen tauchen vor dem Blick auf, der in die Ausbreitungsgeschichte des Christentums dringt: Plündernde und metzelnde Horden bahnen sich unter dem Banner der herben Dunkelfigur ihren Weg zur Verwüstung weihevoller Lebensformen und ihrer feierlichen Denkmäler. Langsam nur werden wir dafür wach, daß die übereinandergefügten Balken nur die halbe Wahrheit verkörpern. Zum Segenszeichen wird das Kreuz erst, wenn es sich mit dem Sonnenrund verbindet. *Die Todesrune – umsonnt*: darin verbildlicht sich die ganze neue Wirklichkeit. Erwartung und Erfüllung. Der durch Schwerkraft und Erdfläche festgelegten Ordnung unseres Planeten wird durch das umkreisgeborene Lichtwesen Christus eine zusätzliche Kraftquelle und ein neuer Freiheitsgrad zugemessen. Im altasiatischen wie auch germanischen vierspeichigen Rad- oder Sonnenkreuz gehen vorchristliche Licht-Erlösersehnsucht und vollergriffene Christuswahrheit lückenlos ineinander über.

Wie sich die alte und die neue Weltzeit erfüllend begegnen und verstehen können, hat Raphael auf seinem Fresko «Die Schule von Athen» einprägsam ins Bild gebracht. Wenn wir uns an Herman Grimm[16] anschließen, sehen wir in den beiden mittleren Hauptfiguren Dionysios Areopagita als Vertreter der hohen griechischen Weisheit und Paulus, den Apostel, der die neue Botschaft von Christus bringt, nebeneinanderstehen.

Dionysios weist mit der Hand nach oben: Er kennt als Eingeweihter die Geheimnisse der Götterwelt. Paulus weist nach vorne unten: Er kann verkünden, daß die ganze Fülle der Gottheit jetzt herabgestiegen ist zu den Erdenmenschen. Er beruft sich auf das griechische Philosophenwort, das wir früher schon einmal anführten, von der Gottheit, in deren umfassender Größe wir selbst leben, uns bewegen und unseren Daseinsgrund finden. Das sonnenhaft allerfüllende Gotteswesen kann

18 Raphael «Die Schule von Athen», Ausschnitt. Fresko aus der Camera della Segnatura im Vatikan

man nicht von außen betrachten und gegenständlich einordnen unter andere Geister; es bleibt deshalb im letzten immer «unbekannt». Paulus nimmt in seiner für alle Zeiten vorbildhaften Missionsverkündung Bezug auf den Altar, der dem «Unbekannten Gott» in Athen errichtet ist. So baut er auf dem Vorhandenen auf und führt die Hörenden von da aus zu der neuen Erkenntnis, daß der verborgene Gott jetzt leiblich und menschenbrüderlich mitwandelnd unter uns offenbar geworden ist.

Eine der überraschendsten Vorverkündungen des Kommenden begegnet uns in der altpersischen Religion. Hymnisch wird da in der klarsten Schönheit die Erwartung laut, daß der göttliche Geist des Sonnengestirns übergehen wird auf einen Menschen, der dadurch für alle anderen zum «Heiland» wird, der die Kranken gesund macht und den Tod überwinden hilft:

> Die mächtige, die königliche Verheißung tragende
> Sonnen-Äther-Aura, die gottgeschaffene,
> verehren wir im Gebet,
> die übergehen wird auf den siegreichsten der Heilande
> und die anderen, seine Apostel,
> die die Welt vorwärtsbringt,
> die sie überwinden läßt Alter und Tod,
> Verwesung und Fäulnis,
> die ihr verhilft zu ewigem Leben,
> zu ewigem Gedeihen,
> zu freiem Willen,
> wenn die Toten wieder auferstehen,
> wenn der lebende Überwinder des Todes kommt,
> und durch den Willen die Welt vorwärts gebracht wird.

Der Übersetzer, Hermann Beckh, hat auch in der deutschen Sprache einen ebenbürtigen Ausdruck zu finden gewußt für das, was der persische Sonnenverehrer mit dem Namen Ahura Mazdao verband. Es war die Anschauung des weitausgebreiteten Strahlenglanzgebildes, das wir auch durch die exakte moderne Betrachtungsweise als wahre Gestalt der Sonne kennenlernen. Dieser Sonnen-Äther-Aura erwiesen die alten Anbeter göttliche Verehrung. Und indem sie den Sinn zu dem großen Gestirn erhoben, wurde ihnen zugleich die immerwährende Verheißung zuteil, daß sich das Sonnenwesen einst herabsenken und auf einen menschlichen Geistträger übergehen werde, um die Welt zu neuen Ordnungen der Zukunft vorwärtszuführen.

Kann man sich eine geistklarere Vorbereitung für das göttliche Menschwerden in Palästina denken als diese urweise Gebetsschau auf das künftige Sonnenankunftsgeheimnis? Gibt es einen erleuchtenderen Brückenschlag zwischen der alten Welt und der neuen Wirklichkeit für den, der die Tiefen der christlichen Religion erlernen soll? Kein Religionslehrer sollte sich das wunderbare Mittel entgehen lassen, das im Auswendiglernen dieses Hymnus liegt, um ein Gefühl für das Durchgängige, Gottgewollte in der Aufeinanderfolge von Erwartungs- und Erfüllungszeit wachsen zu lassen. Bis in alle Einzelheiten, bis zu den Krankenheilungen und Totenerwekkungen, und damit bis in die Sakramentenkunde, wird der Inhalt der Christusverkündung in den Evangelien erhellt von der durchscheinenden Sonnenstrahlkraft. Sie hebt das religiöse Leben aus der Enge innerlicher Gefühle ins Weltallweite hinauf.

Stellen wir jetzt noch zwei Fragen, die sich aus der genauen Auffassung des Hymnustextes ergeben und die in den folgenden Kapiteln sich von selbst beantworten werden:

Was kann damit gesagt sein, daß von dem «siegreichsten der Heilande» als einer höchsten Steigerungsform und damit als einem von vielen gesprochen wird? Und was meint die andere Mehrzahl, welche «die anderen, seine Apostel» mit in den Sonnenstrom, der ins Menschliche übergehen soll, einbezieht? Wo müssen wir die anderen «Heilande» suchen? Wer kann sich zu den «Aposteln» zählen? Finden wir uns durch diese Mehrheiten aus der Bannung ans Einmalig-Unbegreifliche erlöst, indem sie uns in eine zeitliche Folge hineinleiten? Weisen sie uns auf mögliche Entwicklungen, indem sie vergangene und zukünftige Stufen eines «Sonnenweges» aufzeigen?

Der Sonnenheld als Gast

Auf zweierlei Weise, in entgegengesetzten Richtungen, finden wir die Spuren des großen Eintauchungsgeschehens wieder, durch das sich der Sonnengenius dem Erdenleib vermählte.
So lichtvoll und erwartend die prophetischen Religionen auf das künftige Übergehen der Sonnen-Äther-Aura in menschliche Daseinsform hinblickten – es wurde ihnen vielfach doch schwer, den geistigen Umschwung wirklich zu vollziehen, der nötig war, um das ehedem im weiten Umkreis geschaute Göttliche durch die Leibes- und Seelengestalt eines irdischen Menschen hindurch wiederzuerkennen. Zu sehr waren die alten Sonnenanbeter auf die überirdische Geistesgröße des im All wohnenden Lichtwesens eingestellt. Sie blickten noch nach droben und draußen. Und so konnte es nicht anders sein: Während sich das allmähliche Niedersteigen der Aura vollzog, tasteten sie mit ihren Schauorganen immer mehr ins Leere. Je weiter die geistige Erdannäherung des Sonnenwesens gedieh, desto weniger konnte den unveränderten religiösen Übungen, die sich auf die kosmische Sonne richteten, ein Widerhall beschieden sein. «Der Sonnenthron ist leer.» In diesem Klageruf könnten wir die wirkliche Änderung der geistigen Weltlage um die Zeitenwende wiedergeben, die von der zu Ende gehenden vorchristlichen Epoche erlebt worden ist. «Wohin ist der Thronende aufgebrochen? Wie können wir ihn, den strahlenden Gotteshelden, wiederfinden?»
Auf der anderen Seite sehen wir den Kreis der geistoffenen

Seelen, die seine Ankunft im Erdgebiet wahrnahmen und sich um den lange Herbeigesehnten scharten. Sonnenleuchtend fanden sie ihn in ihrer Mitte, in der Gesprächs- und Tischgemeinschaft, und erfuhren, wie die weltbelebende Lichtmacht aus seinen Augen und Händen strahlte, heilend und verwandelnd.

Dostojewskij schildert in seinem großen Roman «Die Brüder Karamasow» als wunderbare Begebenheit das Aufblühen dieser neuen Geistesgegenwart. Im vierten Kapitel des sechsten Buches kommt Aljoscha im Kloster an, als der verehrte Starez schon gestorben ist. Man hat ihn aufgebahrt, und die Mönche halten abwechselnd die Totenwache, indem sie am Sarg fortlaufend aus dem Evangelium lesen. Als Aljoscha eintritt, ist der wachende Bruder gerade am zweiten Kapitel des Johannesevangeliums angelangt. Während der Kömmling niederkniet und den Blick auf das ehrwürdige Totenantlitz gerichtet hält, tönt die halblaute Stimme des Lesenden durch den kerzenerhellten Raum.

Im ergriffenen Sehen und Hören überschreitet Aljoscha unmerklich die Schwelle zu einem geistigen Raum: Er sieht sich wie durch herzensöffnende Entrückung mitten in die Szene, die sein Ohr vorlesen hört, hineinversetzt. Da ist die Hochzeitstafel mit den Gästen, alles in festlichem Glanz. «Und Jesus und seine Jünger waren daselbst gegenwärtig.» Mitten unter den Tischgenossen gewahrt er dann mit einem Mal den Starez. Der erhebt sich vom Mahl und kommt auf ihn zu ...

«Der Starez reichte Aljoscha die Hand, dieser erhob sich von den Knien.

‹Freuen wir uns ... trinken wir neuen Wein, den Wein der neuen großen Freude; siehst du, wie viele Gäste hier sind? Da ist der Bräutigam und auch die Braut, da ist der weise Speisemeister, der den neuen Wein kostet ...

Siehst du unsere Sonne, siehst du Ihn?›
‹Ich fürchte mich ... ich wage nicht hinzusehen ...›, flüsterte Aljoscha.
‹Fürchte Ihn nicht. Er ist schrecklich durch seine Größe, furchtbar durch seine Höhe, aber Er ist unendlich barmherzig, Er hat sich uns gleichgestellt aus Liebe und freut sich mit uns, verwandelt Wasser in Wein, damit die Freude der Gäste nicht versiege, wartet auf neue Gäste, ladet ununterbrochen neue, bis in die Ewigkeit. Da bringt man auch den neuen Wein, siehst du, man bringt die Gefäße ...› »
Dreitausend Jahre vor Christus hatte ein ägyptischer Sonnenhymnus den «horizontischen Horus» als umgreifendes Weltlicht angesungen:

> Denn du bist der, der über die Götter hinwegblickt.
> Kein Gott blickt über dich hinweg.

Damit war für die damalige Zeit genau das Verhältnis der Sonnengottheit zu den Planetengöttern umschrieben. Weil sie selbst in den Lichtleib des Zentralgestirns eingegliedert sind, können sie ihn nicht von außen anschauen. Die Trabanten sind der Übermacht und dem Überblick ihres kosmischen Führergeistes untergeordnet.
Jetzt erscheint uns im Evangelium-Geschehen die Sonne in die Menschennähe versetzt. Ihr Hoheitsglanz ist gemildert. Sie leuchtet aus dem reinen Seelenwesen Jesu als Liebe und Barmherzigkeit. Sie bewegt sich mitten durch unser Leben, ohne zu blenden und zu verbrennen.
Conrad Ferdinand Meyer hat dieses tiefste Geheimnis unserer Welt zu gestalten versucht, indem er durch das Gedicht «In der Sistina» den Meister Michelangelo mit der Gottheit, die seine Hand zuvor in die gewaltigen Deckengemälde der Sixtinischen Kapelle hineingeformt hat, Zwiesprache halten läßt.

Sieht er sie zuerst in ihrer makrokosmischen Schöpfertätigkeit «feurigwild» das All durchwalten, so verwandelt sich später der Eindruck:

Für deinen Menschen bist in meinem Bild
Entgegenschwebend und barmherzig du!

In der seltsam aufglühenden Doppelfarbigkeit, mit der die Schöpfungstaten sich in einer durchchristeten Seele spiegeln, erscheint die Sonnenwandlung wie ein alle Zeiten durchleuchtendes Urgeschehen: der Weg von der Naturgewalt zum Herzenslicht.

Auch durch die Erfahrung der seelenkräftigen russischen Frömmigkeit nimmt das Sonnenereignis bei der Hochzeitstafel zu Kana in Galiläa immerwährende Gegenwärtigkeit an. Der wahre Bräutigam lädt ununterbrochen neue Gäste. Er ist da, mitten unter uns, als Sonnenheld der Freude und der Menschenfreundlichkeit.

Wie sollte sich nicht in seiner Anwesenheit Wasser in Wein verwandeln! Was die Sonne sonst bewirkt, während sie mit der Erde den gemeinsamen Jahresumschwung vollbringt und der Saft in den Reben steigt und zur Süße geglüht wird – das geschieht jetzt in der verdichteten und zugleich ins Menschenmaß gedämpften Strahlkraft Christi. In ihr erfahren die Gäste des Mahles die Geistberührung, die ihnen früher durch das Getränk des dionysischen Gottes vermittelt werden mußte.

Fort den Wein! Wer noch nicht flammt,
Ist nicht seines Kusses wert!

Wir brauchen heute nicht mehr die Stoßwirkung der Gärungsdroge oder anderer Zauberstoffe, die in alten Zeiten den Seelen halfen, die «große Reise» zu makrokosmischer Göttererfahrung anzutreten. Wir finden die sonnenhelle Gottesmacht des Christus, weil sie sich selbst auf die Erdenfahrt begeben hat, hier in der Mitte und in der Nähe, jetzt und jederzeit. Wir begegnen ihr im mitmenschlichen Handeln und Wandeln – dort, wo es nicht um mehr Weisheit geht, sondern um mehr Liebe.

Sonnenzeugung

Nachdem wir uns von verschiedenen Seiten den Sonnenhintergrund der Christuserscheinung vergegenwärtigt haben, können wir noch einmal auf die Taufschilderung der Evangelien zurückblicken.

Wenn wir zunächst im *Matthäus*bericht erfahren, daß die Untertauchung des Jesus von Nazareth sich im Kern von allen anderen Taufhandlungen des Johannes unterschied – daß nämlich Jesus der eigentlich Handelnde war, der nur der einleitenden Hilfe durch Johannes bedurfte, dann aber sogleich (euthýs sagt der griechische Text, und darin liegt eine innere energische Schnelligkeit, ähnlich wie in unserem Wort «plötzlich») sich aufrichtete und den weiteren Vollzug selbst in die Hand nahm –, so sind wir erwartungsvoll dafür offen, daß jetzt einzigartige Ereignisse eintreten werden und in der weiteren Schilderung mit besonderen Mitteln gearbeitet werden muß. Die Verhaltenheit, die den Evangelienerzählungen eigen ist und die auch an Höhepunkten niemals aufgegeben wird, fordert von uns, daß wir weniges gezielt Eingesetzte bemerken.

So finden wir beim Weiterlesen im *Markus*buch durch eine schlichte Wortkunst die gleichgewichtige Entsprechung zwischen dem Emporsteigen des Täuflings und dem Herabsteigen dessen, was von oben entgegenkommt, hervorgeholt. Alsbald wird auch, wo Matthäus noch wie von ferne und von einem Wunder kündet, hier der Bericht leidenschaftlich gesteigert und damit zugleich sachlich verschärft: Nicht mehr von einem bloßen Auftun des Himmels ist die Rede; nein, die kosmischen Hüllen *zerreißen*! – welche genauere stilistische Wendung könnte angewandt werden, um an die ganze Heftigkeit der Bruchzone zwischen Raum und Gegenraum zu rühren, von der wir früher gelernt haben, daß dort wirklich das Materiegefüge unter dramatischen Begleiterscheinungen aufbricht?! Durch den Riß, den Markus vor uns aufklaffen läßt, kann wirklich der Inhalt einer ganz andersartigen Welt sich in den irdischen Bereich hereinergießen. – Wenn dann die Taube aus der Höhe herabtaucht, so ist uns die Beziehung zur Flügelsonne unmittelbar deutlich. Doch Markus weiß auch hier dem Geschehen noch eine neue Schattierung zu geben. Durch eine Kleinigkeit in der griechischen Wortstellung scheint er die Aufmerksamkeit des Hörenden sachte umzulenken, daß sie von der Bannung an das äußere Bild des Taubenvogels frei wird und sich der lebendigen Bewegung des Schwingenschlags zuwendet. Es ist ein Unterschied, ob wir etwas «wie eine Taube» oder gar «als eine Taube» herabsteigen sehen oder ob wir in der Art des Schwebens einfühlend den Flügelschwung des Tauben*fluges* wiedererkennen. Einmal geht es um die Gestalt, das andere Mal um den bewegten Ablauf des Geschehens. (Auch im Alten Testament, wo bei der Schöpfung die Taube über den Urgewässern schwebt, meint, wie Alfred Jeremias[17] stark betont, der hebräische Ausdruck ganz eindeutig das Schweben als Tätigkeit; die gestalthafte Auffassung bezeichnet Jeremias direkt als «Mißverständnis».)

Lukas indessen bringt durch die Erwähnung einer geheimnisvollen «Leibhaftigkeit», die übersetzerisch kaum wiederzugeben ist, noch einmal eine neue Note hinein. Auf einer höheren Ebene, und nachdem wir von der plump-äußerlichen Dinghaftigkeit bereits Abstand genommen haben, ist doch eine Bekräftigung der leiblichen Seite des Vorgangs angebracht. Und das hängt damit zusammen, daß sich das Taufgeschehen anhand der Lukasdarstellung auf der Wirklichkeitsstufe der Zeugung offenbart. Was hier aus geistigen Bereichen ins irdische Wesen eindringt, das bringt bis in die Bildekräfte des körperlichen Lebens eine Umbildung und Neubildung zuwege. Dazu gehört als Entsprechung die betende Seele des Jesus, die als wohlzubereiteter Wurzelgrund den Sonnensamen aufnehmen kann und so die Brücke bildet, über die das göttliche Leben den Weg findet in die Tiefen stofflichen Seins.

In der Bildersprache alter und neuerer Religionen aus aller Welt finden sich viele Ausdrucksformen für die schöpferische Zeugungskraft der Sonne. C. G. Jung bringt dazu in seinem Buch «Symbole der Wandlung»[18] reiches Material. Dort finden wir z. B. erwähnt, daß in der Liturgie des Mithrasdienstes[19] der zeugende Geisthauch von der Sonne ausgehe; und zwar wird das bildhaft deutlich so vorgestellt, daß er aus einer Art von «Sonnenröhre» dringt. Stellt man daneben das indische Rigvedawort, das die Sonne den «Einfüßer» nennt, oder ein armenisches Gebet, daß die Sonne ihren Fuß auf dem Angesicht des Betenden ruhen lassen möge, so sieht man bis zu welchem Grad der Wirklichkeit die Alten in diesem Zusammenhang zu gehen bereit waren. Man kann auch an ein Teppichbild aus dem 15. Jahrhundert denken, auf dem dargestellt ist, wie vom Himmel eine Röhre oder ein Schlauch sich zu Maria herabstreckt, worin der heilige Geist in Gestalt der Taube herunterkommt zur Befruchtung der Gottesmutter. Freilich handelt es sich dort um die Empfängnis des Jesuskindes. Doch die Verwandtschaft ist ohne weiteres klar: Bei der Taufe geht es nun um eine zweite himmlische Zeugung, die die herangewachsene Jesusseele mit dem sonnenentstammten Christusleben schwängern soll.

Liegt es da nicht auf der Hand, sich an den «Weltall-Wirbel» zu erinnern? Die Vorstellung aus der Strömungslehre brauchen wir nur beweglich weiterzubilden. Von dem Hohlraum in der Weltenmitte streckt sich jetzt fühlerartig ein Wirbelschlauch aus, durch den die Sonnen-Geistsubstanz herabgeleitet wird und in den auserwählten Menschen sich befruchtend einsenken kann.

So schließt sich alles zu einem großen Ganzen zusammen. Es ist, als faßten die knappen Hinweise der Evangelien den ganzen Reichtum mythischer Bilder und moderner wissenschaftlicher Vorstellungen in sich. Ihre Worte sind so gewählt, daß sie in der aufnahmebereiten Seele ein selbständiges Wachstum entfalten und so, je länger wir sie in uns leben lassen, desto reicher uns mit Erkenntnis und vielseitiger Welterfahrung beschenken.

Johannes fügt den durch die anderen drei Evangelien bekanntgemachten Tatsachen noch die wichtige Bemerkung an, daß der Gottesgeist sich mit dem Menschen Jesus *bleibend* verbunden hat. Die Geistberührung ist also keine flüchtige, verschwebende, sondern eine dauerhafte, auf die sich zuverlässige Hoffnung begründen läßt für eine tiefgreifende und anhaltende Zukunftsauswirkung. Und dafür, daß dies alles so war und ist, haftet im vierten Evangelium ein lebendiger Mensch als Zeuge und Gewährsmann, Johannes der Täufer, den wir in seiner geschichtlichen Größe und Echtheit kennengelernt haben. Damit ist der Anschluß an die gesellschaftlich-rechtliche Seite des Lebens hergestellt und so zwischen dem kosmischen Ausmaß des Geschehens und seiner menschlichen Nähe eine echte Verbindlichkeit geschaffen.

Wer hier ganz einsteigt und alle Wendungen und Wandlungen des Gedankens mitvollzieht, der kommt ohne Schwierigkeit neu zu der Erkenntnis, die für die frühe christliche Zeit selbst-

verständlich war und erst später verschüttet wurde: nämlich, daß der aus der Taufzeugung Hervorgegangene, Christus, der «Sol novus», der neugeborene Sonnengeist selbst ist. «O sol salutis» (Sonne des Heils), Ἥλιος ἀνατολῆς (Sonne des Aufgangs) waren gebräuchliche Anrufungen für Christus; und dem Propheten Maleachi folgend wird von ihm als «Sonne der Gerechtigkeit» auch gesagt, daß er bei seinem Aufgehen Heilung bringe «unter seinen Flügeln». Dieses Bild hat sich sogar bis in das leicht frömmelnde jüngere Liedgut, das uns als Kinder komisch anmutete, erhalten, indem dort Jesus angesprochen wird: «Breit aus die Flügel beide, und nimm dein Küchlein ein.»
Wir wissen jetzt, daß es der Sonnengott Christus ist, der seit der Sonnenzeugung im Jordan dem Menschen Jesus von Nazareth einwohnte und daß ihm in Wahrheit alle die Kennzeichen beigelegt werden müssen, die für frühere Zeiten dem Sol oder Helios oder Athon, der Sonnengottheit, gebührten.

Dreifache Erprobung

Es wäre verwunderlich, gäbe es nicht Auseinandersetzungen, Widerstreit, ja Kämpfe, wenn «das ganz andersartige» Wesen in den Erdbereich eintritt. Rufen wir uns in Erinnerung, welche heftigen Reibungsvorgänge an der Sonnenhaut ständig stattfinden, also dort, wo die letzte entscheidende Übergangszone vom räumlichen Gebiet in den gegenräumlichen Sogbereich ist. Was wir dort als äußere Erregung von Naturgewalten wahrnehmen, das können wir nunmehr im zwischenmenschlichen Raum erwarten als seelische Gewitterstürme, die durch die Gegenwart der Geistessonne hervorgerufen werden.
Betrachten wir unter diesem Leitstern einmal die zahllosen Streitgespräche, die Jesus mit den «Pharisäern und Schriftgelehrten» führt, denken wir an die herben Kampf-, Wehe- und Weckrufe, die er seinen engstirnig erdverkrampften Gegnern ins Gesicht schleudern muß, sehen wir von dieser Warte auch ein solches Vorkommnis wie die sogenannte Tempelreinigung, endlich auch die wütenden Angriffe der Gegenseite, die sich bis zum Vernichtungskrieg der eigentlichen Passionsgeschehnisse steigern – so fallen auf alle diese Evangelienberichte ganz neue klärende Lichter.
Dorothee Sölle, die als moderne protestantische Theologin viel von sich reden gemacht hat, untersucht in ihrem köstlichen Büchlein «Phantasie und Gehorsam»[20] die Art, wie Jesus Christus seiner Umwelt gegenübertritt. Sie kommt, indem sie alles,

was damals war, zugleich in eine anregende Beziehung zur Gegenwart bringt, zu einem scharfsinnigen Lobpreis der unerschöpflichen moralischen Phantasie, die sich in allem Handeln Jesu ausspricht. Immer tut er das Unerwartete, besiegt durch nie vorhersehbare Wendungen im Denken und Tun die Angriffe oder Arglisten seiner Feinde. Er entgeht ihren hinterhältig gestellten Fallen, er lebt ihnen eine reine, von gesetzesstarrer Erdverkettung unbeschwerte Menschlichkeit vor und heilt gar noch mit der wunderbaren Güte seines offenen Wortes die krankhafte Beschränktheit seiner Gegenspieler. «Phantasie» ist für Frau Sölle «in Wirklichkeit eine Form der Freiheit», das erkennt sie aus dem unbefangen angepackten Studium des Christuslebens.

Wo aber kann eine solche voranleuchtende Freiheitsfülle entspringen? Wenn wir die Sonnenherkunft Christi ins Auge fassen, erscheint uns die Größe und Schönheit seiner erdverjüngenden «Phantasie» nicht unerklärlich. Wer aus einem grundsätzlich anderen Weltbereich stammt, der kann als ein «Freier» kommen. Sonnenkraft ist es, mit der Christus wirkt, sei es, daß er erstarrte Formen aufbricht, Krebsgeschwülste des irdischen Daseins zerstrahlt, sei es, daß er verkrampften Seelen sich lösen hilft und die Denkkraft befreit, indem er «ganz andersartige» Blickrichtungen auftut, den erdgeborenen Bewußtseinsformen kosmische Erweiterung schenkt.

Bewundernswert ist bei der dramatischen Begegnung von Sonnen- und Erdenleben, daß die widerstrebenden Kraftströme doch, wie von einem versöhnlichen Willen gehalten, nicht zerstörerisch gegeneinanderbranden, sondern sich zu einer allmählichen Durchdringung finden. Je weiter das Erdenleben Christi fortschreitet, desto stärker erscheint uns dieser Wille zur Zurückhaltung, zur Aufopferung des sonnenhaften Wesens in eine unlösbare Amalgamierung mit dem irdischen und menschlichen Dasein am Werk. Dabei erfühlen wir etwas von der tiefinneren göttlichen Eigenart des Sonnenwesens: Es kann eine über alles Maß hinausreichende Verzichtleistung entfalten, es entäußert sich, von einem gewaltigen Hingabewillen beherrscht, indem es sich auf die Erdenmenschheit zubewegt, seiner sengenden und blendenden Übergewalt und verwandelt alle drohende Göttergröße in einem opfergewaltigen Umschmelzungsprozeß in die Weltenkräfte, die wir Barmherzigkeit und Liebe nennen können.

Von dieser Fähigkeit der Wandlung alles Übermenschlich-Gewalttätigen in menschengemäße Werdekraft legt Jesus Christus gleich am ersten Anfang seines Erdenweges im Aufeinandertreffen mit den Widersachermächten eine dreifache Probe ab (Matthäus 4).

Die versucherische Anfechtung setzt dort an, wo der des Körperlebens ungewohnte Geist durch die Gesetze des Erdenraumes selbst schon Prüfungen zu bestehen hat. Diese Bedrängnisse sind von dreierlei Art:

Einem geistigen Wesen ist die Erfahrung des *Hungers* neu und unbekannt. Daß der irdische Leib zu seiner Erhaltung des ständigen Stoffwechsels bedarf, das muß der Himmelssohn erst lernen. Hier glaubt der Versucher ihn anfällig: «Wenn du Gottes Sohn bist, so bewirke durch dein Wort, daß diese Steine zu Broten werden.» – Aber Jesus weist das Ansinnen von sich, als Ernährungsbeglücker aufzutreten. «Der Mensch lebt nicht vom Brot allein ...» – ja, es ist sogar so, daß die körperliche Sättigung zu seelischer Trägheit und Abstumpfung führt. (Diese Erfahrung kann jeder täglich machen; sie ist uns in dem volkstümlichen Sprichwort «Ein voller Bauch studiert nicht gern» geläufig.) – Christus führt seine Jünger einen anderen Weg. Über die Zwischenstufe «Speisung der Fünftausend» geleitet er sie bis zur Einsetzung des Abendmahls am

Gründonnerstag und zeigt ihnen damit eine Entwicklungsrichtung, in der die Nahrung immer mehr zum Träger und Vermittler von Geistkräften wird. So pflanzt er dem Erdenleben den ersten Sonnenkeim ein.

Einem geistigen Wesen sind auch die Regeln der *Schwerkraft* ungewohnt. Daß alle Materie unter dem Zwang des Gewichts steht und dem Erdmittelpunkt zugerissen wird, ist dem sonnenhaften Empfinden fremd. Der Verführer stellt Jesus auf die höchste Zinne des Tempels und spricht zu ihm: «Wenn du Gottes Sohn bist, so stürze dich hinab . . .» – Aber Jesus verfällt nicht der Versuchung, durch magische Wirkung Naturgesetze aufzuheben. Er weiß, daß die größten Zauberschauspiele die Menschen nicht wirklich fördern, sondern sie in ihrem Seelenwesen nur gelähmt und entmutigt zurücklassen würden. – Christus verwandelt die Anfechtung und senkt einen zweiten Sonnenkeim dem Erdenwesen ein. Er geht voran auf dem Weg der Todesüberwindung, über die Auferwekkung von Gestorbenen, bis zum eigenen Sterben auf Golgatha. So wird er den Menschen zum Vorbild, wie im Tode das geistige Wesen des Ich sich dem Zerfall des Körpers entreißen kann. Da, wo die Erde die Stoffe des Leibes zurückfordert, wird es für jeden einzelnen wesentlich, die Kraft zum Auferstehen im Geist zu gewinnen.

Ein geistiges Wesen muß auch die Bedingungen des irdischen *Besitzes* erst kennenlernen. Daß «wahrnehmen» und «haben» nicht in jedem Augenblick zur Deckung kommen können, ist und bleibt dem Menschen schwer begreiflich; beim kleinen Kind beobachten wir, wie es sich an diese harte Erdenregel nur unter Schmerzen gewöhnen läßt, und auch im Erwachsenenalter fällt es uns oft nicht leicht, unsere Wünsche und das tatsächlich Mögliche auseinanderzuhalten. Die Versuchermacht steigert sich zu einem letzten Anlauf. Vom Bergesgipfel gewährt sich dem Aufnahmebereiten eine rauschende Symphonie von Sinnesreizen, in deren verwirrendem Schönheitsspiel die Grenzen von Illusion und Wirklichkeit sich zu verwischen drohen. «Dies alles will ich dir geben, wenn du dich vor mir niederwirfst ...» – Doch Jesus fällt nicht der Verlockung zum Opfer, alles, was seine Augen erblicken, mit einem Schlag in seine Macht zu bringen. Solche gewalttätige Plötzlichkeit könnte nicht in Einklang sein mit der Selbstbestimmung, die den Menschen für die Zukunft zugedacht ist. – Christus beginnt sein Reich so aufzubauen, daß es langsam wächst und endlich doch die ganze Welt ergreift. Nur so konnte er die Freiheit der Menschen bewahren: Dem Christusreich gehört niemand an durch äußeren Zwang oder durch Abstempelung, sondern jeder allein dadurch, daß er sein Herz erwärmen läßt von der Sonnenkraft, die durch Christus aus den Herzen anderer Menschen zu ihm strahlt.

Der Blick auf das Handeln Christi, auf die Art, wie er in drei grundlegenden Bereichen Entscheidungssiege erringt – nicht durch Überwältigung, sondern indem der sonnenhafte Geist seine Strahlgewalt dämpft und umbildet zur milden Wandlungsmacht –, fordert unsere höchste Verehrung für die unergründliche Größe und Güte, die dieser Gotteshoheit innewohnen, heraus.

Kosmisches Bewußtsein

Im Grunde würde ein einziger Satz aus dem Evangelium genügen, um uns den ganzen Sinn und Gehalt des Christus-Sonnengeheimnisses zum Bewußtsein zu bringen: das Wort, in dem der menschgewordene Gott selbst sein Wesen ausspricht: *«Ich bin das Licht der Welt.»* Es ist eindeutig, daß dieser Ausspruch nur in dem einen Falle wahr und echt sein kann, nämlich wenn er aus dem Munde der Sonne selbst erklingt. Hier wird der vollkommene Einklang, die Identität dessen, was wir im Großen draußen als Weltallwirklichkeit, und dessen, was wir menschlich nahe als Seelenleuchten Christi erleben, schlagartig klar. Prüfen wir deshalb die Umgebung dieses Satzes (das 8. Kapitel des Johannesbuches) auf ihren erweiterten Aussagewert.

Zunächst erscheint das Licht-Wort selbst in seinem durchschaubaren Aufbau als Ordnungskristall, von dem klärende Sichtfeldlinien ringsum ausstrahlen. «Ich bin das Licht» – da tritt uns das kosmische Bewußtsein entgegen, in dem das Ichwesen Christi sich mit dem Lichtwesen der Welt gleichweiß. Aber «kosmisches Bewußtsein» im Sonnensinn hat nicht nur die Eigenschaft des Weltweiten, Übermäßigen; es faßt zugleich eine starke, warme Hinwendung zur Erdenwelt (denn diese gezielte Bedeutung kommt dem griechischen Wort *κόσμος* zu) in sich: «Das Licht *der Welt* bin ich.» Wir werden hier zu der selbstverständlichen Urweisheit der alten Welt zurückgeführt, die nie daran zweifelte, daß Sonne und Erde einst eine Einheit waren, die erst allmählich sich lockerte, als der Erdplanet im Laufe zunehmender Verhärtungsprozesse mehr und mehr herausfiel, wie eine Steinbildung im lebendigen Organ (in der Galle oder Niere oder Blase) aus dem lebendig fließenden Lebensstrom sich absondert. Das war es, was ursprünglich mit «Sündenfall», Fall in die Sonderheit, bezeichnet wurde. Man denkt vielleicht an das Herbstgedicht von Rilke, der mit einer Weltwehmut das überall bemerkliche Schwerwerden vor sich sieht:

Die Blätter fallen ...
Sie fallen mit verneinender Gebärde.
Und in den Nächten fällt die schwere Erde
Aus allen Sternen in die Einsamkeit.
Wir alle fallen ...

Nun aber ist durch die Herabkunft des Sonnenwesens eine neue Anknüpfung hergestellt, eine Wiederannäherung von Sonne und Erde eingeleitet. Das ist in dem rückbezüglichen Doppelsinn «Ich bin – das Licht – der Erdenwelt» mitenthalten.

Warum also löst es eine so allgemeine Freude aus, wenn ein Tag mit Sonnenschein beginnt, wenn das strahlende Tagesgestirn aus wolkenlosem Himmel der irdischen Landschaft von Angesicht zu Angesicht gegenübertritt? Und weshalb stimmt es uns verdrießlich, niedergeschlagen und lähmt unsere Schaffenskraft, wenn eine Nebeldecke die Sonne anhaltend unseren Blicken verbirgt?

Eben weil Sonne und Erde zusammengehören, weil sie ursprünglich eine Einheit waren, die erst später auseinandergebrochen ist. Deshalb empfinden wir jedesmal den Trennungsschmerz neu, wenn sich uns ein Hindernis zwischen die verschwisterten Gestirne schiebt. Deshalb ergreift uns Sehnsucht nach der Wiederherstellung jener Urverbundenheit und Freude, wenn ein klares Zusammenspiel der beiden erscheint.

Eine ähnliche freudige Helligkeit kennen wir von einem ganz anderen Erfahrungsgebiet. Sie ergreift unsere Seele, wenn wir sehen, wie zwei Menschen sich gefunden haben und sich zum Lebensbund zusammenschließen. Wir nennen das «Hochzeit», hohe Zeit des Lebens. – Und lähmende Niedergeschlagenheit bemächtigt sich des Gemüts, wenn wir erleben, wie Menschen auseinandergehen, wie unter verdüsternden Einflüssen Gemeinsamkeit zerbricht und Lebenswege sich trennen.

Warum diese Freude, dieser Schmerz – wenn Schicksale sich verbinden, wenn Treuebande zerrissen werden?

Weil in jedem Menschenbund im Kleinen sich etwas spiegelt von der kosmischen Urverbundenheit der Gestirne.

Deshalb war auch in früheren Zeiten die Strafe für solche, die die Ehe brachen, gräßlich. Man hatte das Bewußtsein, daß es hierbei um einen Weltprozeß geht, daß das menschliche Verhalten entweder zur verschärften Trennung oder zur allmählichen Überbrückung des klaffenden Risses im Kosmos beitragen kann. Das Gesetz des Moses ordnete an, daß Ehebrecher gesteinigt werden sollten. Von einer wütenden Volksmenge beworfen und endlich unter einem Haufen von Steinbrocken begraben, mußten sie ihr Leben lassen. Als müßte man ihnen, die nicht genügend Festigkeit und Durchhaltekraft bewiesen hatten, von außen durch die harten Steine aufzwingen, was ihnen innerlich fehlte: das Gerüst, die Härte gegen sich selbst – verabreicht in Anwendung einer fürchterlichen Arznei.

Eine ganz andere Art der Heilung desselben Menschheitsleidens begegnet uns durch die Schilderung des 8. Johanneskapitels. Die Pharisäer und Schriftgelehrten führen Jesus eine

Ehebrecherin vor und fordern ihn heraus, Stellung zu beziehen. Jesus verhält sich diesem Versagen gegenüber in unerwarteter Weise. Er bückt sich nieder und schreibt mit dem Finger in die Erde. Den Vollzug der Steinigung weiß er, als sie mit ihren Fragen in ihn dringen, durch einen einzigen Verweis zu verhindern. Und wieder bückt er sich und schreibt weiter in die Erde.

Was mag er in die Erde geschrieben haben? Ein besonderes Wort oder ein Satz ist nicht überliefert. Wir können nur sagen: Er schrieb sich selbst auf die Erdentafel ein. Denn auch wenn es nicht direkt um einen Namenszug geht, ist es bei jedem Schreiben so, daß der Schreibende etwas von seinem Eigenen hergibt und dem Material einprägt. (Wer genügend genau beobachten kann, der vermag bekanntlich aus den Schriftzügen eines Menschen seine Wesenseigenart herauszulesen.)

Hat Christus vielleicht geschrieben: «Ich bin das Licht der Welt»? Jedenfalls zeichnete er, wo er überhaupt die Erde berührte, ihr die Sonnenrune seines göttlichen Wesens ein. Und damit war eine neue Verbundenheit von Erde und Sonne begründet. Ein kosmischer Ehebund besiegelt. Dem sich steigernden Auseinanderklaffen der Welten ist durch diese Handlung sichtbar Einhalt geboten und ein künftiges Aufeinanderzubewegen eingeleitet. Das ist das Heilmittel, das Christus dem Zerbrechen irdischer Bindungen entgegenbringt. Er hält sich nicht bei einzelnen Verfehlungen auf, sondern geht in klarer göttlicher Größe auf das Grundübel zu. In seiner Gegenwart und seinem Tun liegt schon die Überbrückung des Weltrisses und von daher die Kraft zum Überwinden aller menschentrennenden Dämonie.

Mit diesem Geschehen ist ein Grundstein gelegt für alle Zukunft. Mögen die Menschenwege im einzelnen auch noch durch viele notvolle Schicksale gehen – durch entbehrungsvolle Öde, wo alle Liebesbindungen sich zerstören; und durch verzehrende Sehnsucht nach dem Wiederfinden – eine grundsätzliche Entscheidung ist erkämpft: Der Gott, der von sich sagen kann «Ich bin das Licht der Welt», ist auf der Erde gewesen und hat unserem Planeten sein Sonnensiegel aufgeprägt. Damit ist jedes gemeinsame Schicksal neu in das Zusammenleuchten der Gestirne aufgenommen.

Der einzigartige Sonnensatz aus dem Johannesevangelium zeigt durch die sinngebende Kraft, die er auf seine Textumgebung ausübt, daß er nicht nur für die Christuserkenntnis bedeutungsvoll, sondern auch für das tägliche Leben von heute unabsehbar wirkkräftig ist.

Der Sonnenweg

Und die anderen, seine «Apostel»?

Das Leben des Sonnengenius in der Menschennähe ist selbst eine Verheißung: «Wer die Kraft in sich erweckt, die ihn mit mir verbindet, der wird dieselben Taten vollbringen, die ich vollbringe ...» (Joh. 14, 12). Das ist das Anliegen und der tiefe Sinne des Gottesopfers, mit dem der Weltallgeist sich in die Menschenebenbildlichkeit begibt, daß ein *Sonnenweg* gebahnt werde, der für alle offensteht. «Nachfolge Christi».

In alter Zeit hat es niemals Zweifel darüber gegeben, daß es für die Seele einen Weg in den Makrokosmos gibt. Doch war der innere Stufengang stets nur von wenigen Auserwählten zu bewältigen. In den Tempeln und Mysterienschulen der Völker wurde eine sorgfältige Auslese getroffen, um die Besten zu finden und zu fördern und für die höchstmöglichen Einweihungsgrade vorzubreiten. Je nach den Fortschritten aufs Gottmäßige zu, die der einzelne vollbringen konnte, verlieh man ihm dann Würdetitel, die seine Weihevollendung kundtun sollten. Da gab es «Boten» (ángeloi) oder «Raben», «Geheimnisträger» (occulti), «Geisteskämpfer» oder «Streiter»; da gab es «Sonnenhelden» und «Sonnenläufer» (hēliodromos); es gab den «Heiland» (sotēr) und den «Gesalbten» (Messias oder Christos).

Alle diese wunderbaren von Menschen erreichten Größen aber waren zugleich etwas wie weissagungsvolle Vorwegnahmen eines Künftigen. Und eine geheime Schwermut überschattete dies ganze vorchristliche Einweihungswesen, weil man fühlen konnte, daß die Höherentwicklung von überragenden Seelen nur auf Kosten des Zurückbleibens einer weit überwiegenden Zahl «minderbemittelter» Menschenbrüder erreichbar war. Immer war deshalb die seufzend-sehnsüchtige Erwartung der Besten darauf gerichtet, daß einst der «siegreichste der Heilande», der «verus Christus», kommen würde, der den Durchbruch erkämpfe für einen Sonnenweg, der nicht mehr exklusiv, sondern für die Gesamtheit und damit für jeden einzelnen gangbar ist.

Von den frühen Christen wurde die Wegweisung, die Christus der Menschheit geschenkt hatte, mit freudiger, mutvoller Begeisterung aufgenommen, und so war es in den ersten Zeiten üblich, jeden, der mit ganzer Seele zur Gemeinde gehörte, als «Heiligen» anzusprechen und ihn damit in selbstverständliche Nähe der Engel zu versetzen. Beide, Engel und Heilige, tragen als Zeichen ihres übermenschlichen Geistesadels den sonnenhaften Schein um das Haupt, der davon kündet, daß hier ein Wesen lichte Seelengröße ausstrahlt. (Es ist ähnlich wie mit der Königskrone, die ebenfalls eine Bewußtseinserweiterung bildlich wahrnehmbar macht: daß ihr Träger nicht nur mit seinem eigenen persönlichen Schicksal befaßt ist, sondern die Sorge für Wohl und Wehe einer ganzen Volksgemeinschaft verantwortlich auf sich nimmt.)

Die Glieder der urchristlichen Gemeinden fühlten sich voll eingesetzt als Ausgesandte, als «Missionare», als «Apostel», die sich dem Auftrag zur Heilung und Neugestaltung der Welt für ihre gesamte Mitmenschheit verpflichtet hatten. Sie waren als Verkünder der neuen Frohbotschaft «Engel», d. h. Boten; sie waren als Schüler ihres Sonnenmeisters selbst «Sonnenläufer»; sie waren als Heiler der kranken Welt «Heilige» oder «Heilande». Ja, man konnte das ungeheuer Große und Neue, das sie erfuhren, nicht anders fassen, als daß man jeden wahrhaftigen Bekenner einen «Christen», also selber einen «Christus» nannte.

Wie verläuft der Sonnenweg?

Wenn wir zunächst eine ganz einfache Beschreibung davon geben wollen, so können wir sie in der schlichten Anweisung finden, die, wie erinnerlich, in Christian Morgensterns kleinem Kinderlied die Sonne selbst ausspricht:

> Tu auf dein Herz wie ein Becherlein;
> denn ich will leuchten auch dort hinein!
> Tu auf dein Herzlein, liebes Kind,
> daß wir *ein* Licht zusammen sind!

Würden wir Menschen nur stärker fühlen, welche Verarmung wir erleiden, wenn wir das Reich der Kindheit verlassen! Wir würden dann nicht nur uns viel mehr hüten, die Kinder zu früh und zu schnell in unsere trockene Erwachsenenwelt, die sich gern den Anschein der Reife gibt, hineinzuziehen und -zuzwängen. Wir würden für uns selbst auch, eingedenk der Einbußen an reicher, lebendiger, an möglicher Welt, die wir im Altern erlitten haben, viel mehr bemüht sein, den Weg des Jüngerwerdens zu entdecken. Dieser Weg ist zugleich der Christusweg: «Wenn ihr nicht eure Lebensrichtung umkehrt und werdet, wie die Kinder sind, so werdet ihr nicht den Eingang ins Reich des Geistes finden» (Matth. 18,3). In seiner Übereinstimmung mit dieser grundlegenden Christus-Wegweisung ist das Kindersprüchlein der «Mutter Sonne» also eine gültige Jüngerregel, die dem Sucher, welcher den Sonnenweg begehen will, vollauf genügen könnte.

Doch wir wollen die Wegmarken noch etwas deutlicher und tiefenschärfer setzen.

Wer sich *in* der Sonne lebend weiß, der braucht das Ziel seiner Geistesfahrt nicht als fernes Fremdland anzusteuern; vielmehr kommt es nur darauf an, die Organe zu öffnen, die ihn wahrnehmen lassen, wovon er bereits rings umgeben ist – eben dies besagt ja das «Auftun des Becherleins».

Jacques Lusseyran[5], dem wir hier schon einmal als einem Eingeweihten des Lichtes das Wort gaben, beschreibt das Entfalten neuer hellfühlender Organe für die Wirklichkeit, in der wir leben, faszinierend modern und erlebnisnah. Er spricht von sich selbst, betont aber, daß der Weg, den er gefunden hat, von jedem anderen auch begangen werden kann.

Durch die physische Erblindung war Lusseyran schon in früher Jugend darauf angewiesen, andere Quellen der Lichterfahrung zu erschließen. Sein unnachgiebiges Suchen und Üben war auch nicht vergebens. Als er es erst einmal aufgegeben hatte, sich an die frühere Art des Schauens – nach außen und auf die Oberfläche der Dinge – zu klammern, und eine ganz neue Blickrichtung einzuhalten lernte, die mehr einem innerlichen Nachlauschen gleichkam, da war mit einem Mal das Licht für ihn wieder da. «Ich badete im Licht, einem Element, dem mich die Blindheit plötzlich nähergebracht hatte.» Ja, er war dem Licht jetzt näher und enger verbunden als vorher. «Niemals gab es für mich ein Gegenteil des Lichts. Die Sehenden sprechen immer von der Nacht der Blindheit, und das ist von ihrem Standpunkt aus ganz natürlich. Aber diese Nacht existiert nicht. Zu keiner Stunde meines Lebens riß die Kontinuität des Lichtes ab. Ohne Augen war das Licht weit beständiger, als es mit ihnen gewesen war.»

Welche Wirklichkeit war es, die der solcherart «hellsichtige» Blinde mit seinen neuen Organen erfaßte? Keineswegs eine träumerische. Jacques Lusseyran war unter seinen Kameraden dafür bekannt, daß er den genauesten Orientierungssinn besaß. Hatten sich die Knaben im Labyrinth der Großstadt Paris verlaufen, so erkundigten sie sich bei dem blinden Freund, welche Richtung einzuschlagen sei, um nach Hause zu kommen. Auch später im Leben geschah es ihm oft, daß er, wenn er ein Taxi benutzte, dem Fahrer unvermittelt angab, wo er einzubiegen hatte. Ging er eine Allee entlang, so konnte er sich selbst oder anderen eine Probe seiner «Scharfsichtigkeit» geben: Er war unfehlbar imstande, auf die einzelnen Bäume am Wegrand genau hinzudeuten. Im Jugendalter machte er mit einem sehenden Freund weite Wanderungen im Gebirge. Dabei hielt der Freund eine Hand auf seine Schulter gelegt; und sie hatten eine Reihe vereinbarter Zeichen, durch die ihn der Freund über Steine, Gräben oder andere Hindernisse leiten konnte, ohne daß sie die Stille durch unnötige Worte zu stören brauchten. So lenkte der Sehende den Blinden über die kleinen Unebenheiten. Der Blinde aber war es, der beim Wandern den Sehenden auf die großen Schönheiten der Landschaft aufmerksam machte: wie dort drüben eine Felsengruppe vorsprang, wie hier ein Waldstück sich heraufzog, wie weit unten im Tal ein Dorf lag oder der Fluß eine anmutige Biegung beschrieb.

Sehen wir den Menschen, wie er die Grenzen seines Leibes sprengt? Wie er übertritt in eine strahlende Umkreisverbundenheit. Dürften wir einem, der so den Weg zu sonnenhafter Allgegenwärtigkeit zu gehen beginnt, nicht ohne weiteres – in sachlich nüchternem Sinn – den Goldschein ums Haupt verleihen als Abzeichen seiner wesenhaften Radiuserweiterung?

«Dennoch gab es Zeiten, in denen das Licht nachließ, ja fast verschwand. Das war immer dann der Fall, wenn ich Angst hatte.

Dieselbe Wirkung hatten Zorn und Ungeduld, sie brachten alles in Verwirrung. Eine Minute zuvor kannte ich noch genau den Platz, den alle Gegenstände im Zimmer einnahmen, doch wenn mich der Zorn überkam, zürnten die Dinge mehr noch als ich; sie verkrochen sich in ganz unerwartete Winkel, verwirrten sich, kippten um ... Dieser Mechanismus funktionierte so gut, daß ich vorsichtig wurde.

Die schlimmsten Folgen aber hatte die Boshaftigkeit. Ich konnte es mir nicht mehr leisten, mißgünstig und gereizt zu sein, denn sofort legte sich eine Binde über meine Augen, ich war gefesselt, geknebelt, außer Gefecht gesetzt; augenblicklich tat sich um mich ein schwarzes Loch auf, und ich war hilflos. Wenn ich dagegen glücklich und friedlich war, wenn ich den Menschen Vertrauen entgegenbrachte und von ihnen Gutes dachte, dann wurde ich mit Licht belohnt. Was brauchte ich einen Moralkodex, wo ich doch in mir ein solches Instrument besaß, das ‹Rotlicht› und ‹Grünlicht› gab: ich wußte immer, wo man gehen durfte und wo nicht. Ich hatte nur auf das große Lichtsignal zu achten, das mich lehrte zu leben.»

Auf dem Sonnenweg des Christus werden dem Menschen die Maßstäbe seines Handelns mehr und mehr ins eigene Ermessen übergeben. «Zu den Alten ist gesagt: Du sollst nicht ... Die von mir ausstrahlende Ichkraft aber sagt in euch selbst ...» Und diese Lehre von der königlichen freien Selbstverfügbarkeit aus der Mitverantwortung für alle anderen gipfelt in dem Satz: «Liebe den dir jeweils Nächsten als dir Gleichgestellten wie dich selbst – darin faßt sich alle Gesetzesstrenge der Vergangenheit wie auch alle Zukunftshoffnung zusammen» (Matth. 5).

Welche Kraft also ist es letztlich, die die Wesenserweiterung

bewirkt? «... nicht mehr vor den Dingen zu leben, sondern zu beginnen, mit ihnen zu leben, ... heißt – so schockierend das Wort auch scheinen mag –: zu *lieben.*»
Und wie üben wir diese verwandelnde und augenöffnende Kraft in unserem Leben? «Vollkommener Ausdruck für dieses ständige Wunder der Genesung war für mich das ‹Vater unser›, das ich jeden Abend vor dem Einschlafen aufsagte» (Lusseyran).
Im Verlauf des Sonnenweges erscheint die Übung des Gebetes in einem neuen Licht. Wer im Inneren des großen, weltumspannenden Leuchtens lebt, der braucht nicht einen fernen Gott ohnmächtig anzurufen. Wieder geht es nur um das Öffnen von Türen oder Fenstern, damit das allgegenwärtig flutende Licht einströmen kann. Es geht darum, Hindernisse zu beseitigen, Schranken aufzuheben, denn

Um uns glühet Gottes Segen,
Und wir stehen mitten drin.

Beten tut Tore auf, macht stumpfe Scheiben neu lichtdurchlässig, bildet feinere, weiterreichende Wahrnehm-Organe. «Euer Vater weiß ja, was euch nottut, ehe ihr ihn bittet. So sollt ihr beten: Vater Unser ...» (Matth. 6). Es geht um das Einschwingen in den großen Weltenschwung des farbigen tönenden, lebenspendenden Lichtgrundes, der alles Dasein trägt.

Wohin führt der Sonnenweg?

Das Ziel wird uns unmißverständlich klar an jener Stelle des Christuslebens, an der, auch nach dem kargen Bericht des Evangeliums, das Sonnenhafte am unverhülltesten hervortritt: in der «Verklärung auf dem Berge». Da sehen wir den Christus Jesus am Wendepunkt seiner Erdensendung. «Sein Angesicht leuchtete wie die Sonne, und bis in die äußeren Hüllen des Leibes erschien er durchstrahlt von der ihm einwohnenden Lichtgewalt.» Er war an dem höchsten Gipfelpunkt angelangt, der innerhalb der irdischen Lebensform erreichbar ist: Sonnendurchdrungen leuchtet der physische Erdenstoff auf.

Für einen Menschen müßte ohne die Christuskraft dieser Höhepunkt der Vervollkommnung zugleich ein Endpunkt sein; er wäre mit dem Sterben verbunden. Für den Gottessohn ist jetzt erst der Beginn seiner eigentlichen übermenschlichen Sendung erreicht.

Die Verklärten der vorchristlichen Zeit zeigten der alten Menschheit das Vorbild der Vergeistigung, die zur Loslösung von der Erde führt. Am deutlichsten sehen wir das bei Gautama Buddha, der den «Durst nach Dasein» besiegen lehrte, um so die ihm Folgenden vor der Verstrickung ins Irdische zu bewahren.

Der Weg des Christus führt über die persönliche Vollendung und Erlösung hinaus. Seine Richtung weist zur Erde hin. Er ist der Weg der Verwandlung. Wunderbar hat dies Geheimnis Raphael in seinem Verklärungsbild «La Trasfigurazione» dargestellt: Christus schwebt. Er wird von Moses und Elias – als Vertretern der großen verklärten Menschheitsführer – in ihrem Bereich empfangen. Man könnte meinen, er wolle die Erde verlassen und sich zu ihnen gesellen. Aber das Gegenteil ist sein Wille. Er entschwebt nicht. Auch will er nicht, wie Petrus meint, auf der Höhe verweilen, um sich in eigens erbauten Weihezelten als ferner fremder Wundergott verehren zu lassen.

Er steigt hinab ins Tal. Und seine im Verzicht erhöhte Kraft

19 Raphael «Verklärung», Rom, Vatikan

wird jetzt offenbar bei der Heilung des mondsüchtigen Knaben. Die Jünger hatten das nicht vermocht. Christus setzt der Mondgewalt, die in dem Knaben wirkt, die Sonnenmacht seines Wesens entgegen. Damit beginnt das große Werk der Erd-Verwandlung, das mit Tod und Auferstehung entscheidend unserem Planeten eingeprägt wird und von da an durch die Menschen, die es aufgreifen, fortgesetzt werden soll.

Christentum ist der Glaube, der die Erde liebt.

II.

Gegenwelten

Gehen Sie zum Teufel mit Ihrem Grafen, und lassen Sie mich ruhig die von ihrer eigenen Sonne beleuchtete Gottheit betrachten.

Joseph von Auffenberg

Die Gegenspieler

Oft im Leben dient ein Gegenbeispiel am besten zur Klärung. Gegensätze heben sich scharf voneinander ab und machen dadurch wechselseitig ihre Eigenart deutlich. So ist es auch mit Sonne und Erde.

Die beiden Gestirne sind von so widersprüchlichem Wesen, daß wir uns vom einen die Beschaffenheit des anderen erklären lassen können, indem wir für jede Aussage das Gegenteil einsetzen. Auf diese Weise tritt eine eigentümliche enge Verbundenheit der beiden in Erscheinung. Ist es bei Zwillingen so, daß sie untrennbar verknüpft sind, indem sie sich in jeder Einzelheit gleichen, so haben wir hier eine Art von Verschwisterung vor uns, die umgekehrt die Partner dadurch aneinander bindet, daß sie in allen Stücken diametral verschieden sind. Eine solche Beziehung bezeichnet man als «Polarität». Wie die Pole der Erde räumlich entgegengesetzt sind, so bieten sich die «polaren» Enden eines Spannungsfeldes im Kräfteverhältnis Widerpart. Das trifft z. B. für die elektrischen oder Magnetpole zu; hier wollen wir es an der Weltraumpolarität «Sonne-Erde» studieren.

Beschreiben wir zunächst die Gestalt der Erde. Wo wir uns auch befinden, stets können wir sagen, daß wir den Riesenleib des Planeten in seiner geballten Masse unter unseren Füßen haben. Wären wir gerade in einem tiefen Tal, wo zu beiden Seiten die Berghänge steil ansteigen, so wüßten wir doch, daß jenseits der Gipfelhöhe das Gelände wieder fällt. Und selbst

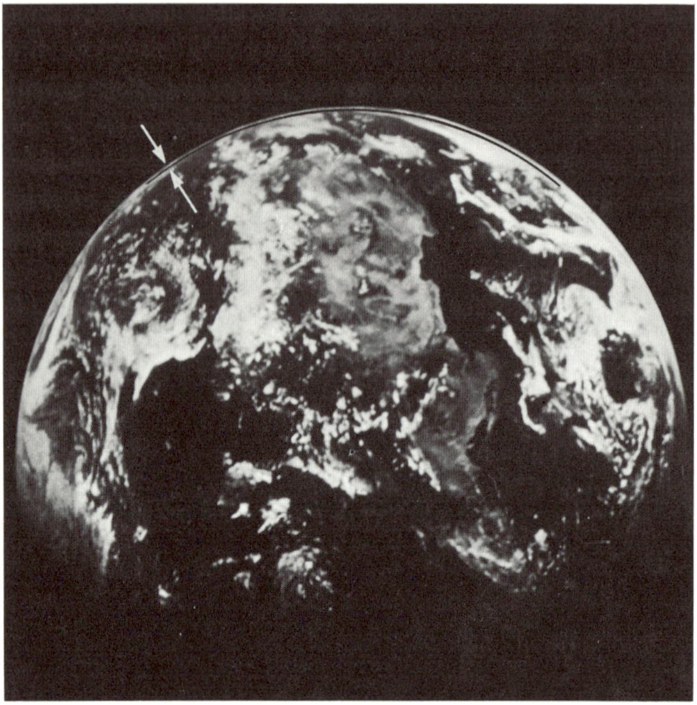

20 Weltraumbild der Erde, aufgenommen von Apollo 11. Der dünne Film außerhalb der eingezeichneten Linie ist die Lufthülle.

wenn sich viele weitere Höhenzüge anschließen – auch das gewaltigste Gebirge stellt im Vergleich zum ganzen Erdball eine so geringe Unebenheit dar, daß wir uns nicht darüber täuschen lassen: Grundsätzlich sind wir an jedem Ort «oben» auf der Erde, sozusagen auf einer Kuppe, und der Globus rundet sich ringsum nach unten. In der kugelig gekrümmten Schale der Erdoberfläche ist der ganze wuchtige schwere Festkörper beschlossen. Außerhalb sind zwar noch Spuren von erdhafter Substanz vorhanden, doch verflüchtigen sie sich bald. Man ist überrascht, wenn man auf einem Schaubild oder

Modell einmal sieht, wie dünn das Häutchen ist, das sich als Lufthülle um die Erde legt.

Umgekehrt ist es, wie wir sahen, bei der Sonne. Ihr Wesen läßt sich so wenig in Grenzen einschließen, wie es der Erde gelingt, sich über Grenzen hinwegzusetzen. Eine Entsprechung zu der Oberfläche der Erde gibt es für die Sonne überhaupt nicht. Die Glanzhaut des Sonnenballs ist etwas ganz anderes. Zunächst müssen wir nach unseren Beobachtungen sagen, daß die Sonnenfülle unabsehbar weit ausgebreitet ist, so grenzenlos verteilt ringsum, daß wir gar nicht einen bestimmten Raum, den sie einnimmt, angeben können. Für die Erde läßt sich leicht aus dem Umfang des Globus ein Rauminhalt errechnen. Was sollen wir aber bei der Sonne ansetzen? Wir können zwar sagen, sie sei so groß wie das ganze Planetensystem. Aber wie groß ist das System? Früher glaubte man, Saturn sei der äußerste der Wandelsterne. In neuerer Zeit wurden Uranus und Neptun entdeckt und als Glieder der Planetenfamilie erkannt, die den großen Umschwung mitvollziehen. Heute gilt Pluto als der fernste Bruder unter den Himmelswandlern. Doch wir kennen Kometen, die mit ihren langgestreckten Bahnen viel weiter in den Weltenraum hinausgreifen und die wir doch nach ihrem Umlaufverhalten zur Gemeinschaft der Sonnenverbundenen zählen müssen. Aber was ist damit gesagt? Selbst wenn wir den äußersten Kometen kennen würden und die Erstreckung seines Umlaufweges genau in Zahlen nennen könnten – wäre damit gewiß, daß der Einflußbereich des Systems nicht weiter reicht als bis zur Bahnlinie dieses letzten Läufers? Wo sollte denn die Scheidewand sein, die dem Glanz und der Fülle des Sonnensterns, der flutend die Welt durchdringt, Einhalt gebietet?

Wir sehen, daß wir mit unseren Vorstellungen aus dem üblichen Raumgefühl herausgetrieben werden, wenn wir uns mit der Eigenart der Sonnenstruktur verbinden. So ist schon die allereinfachste räumliche Bestimmung, nämlich die Entfernungsangabe gegenüber der Sonne, im Grunde nicht möglich. Wir können zwar in Gedanken den Zollstock sehr gut auf der Erde aufsetzen. Da ist ein eindeutiger Fußpunkt vorhanden. Aber bis wohin sollen wir nun messen? Die Sonne stellt keinerlei entsprechende Auflage für die Meßlatte zur Verfügung. Es ist eine unlösbare Aufgabe. Etwa so, wie wenn verlangt wäre, die Entfernung zwischen Berlin und Europa festzustellen. Wie soll man messen, wenn das eine im anderen enthalten ist? Zwischen einem Planeten und dem ihn umhüllenden Sonnen-Mutterleib gibt es keinen Abstand, der sich in einem Längenmaß ausdrücken läßt.

Man könnte die Ausflucht suchen, den Abstand vom Erdball zum «Sonnenball» zu vermessen. Aber haben wir nicht früher gefunden, daß das Rund in der Mitte des Sonnensterns gar nicht «die Sonne» und daß die glänzende Haut, auf die unser Blick prallt, gerade die Grenze zum Uneigentlichen, zum Außerhalb ist? Wir können zwar so für die Entfernungsmessung ein Ergebnis erzwingen. Doch was die erhaltene Größe mit der Sonnenwirklichkeit zu tun hat, bleibt zweifelhaft.

Die «Gegenspieler» zeigen sich also in folgendem Bild: Die Sonne unmeßbar ausgebreitet über das All. In dem wirbelnd bewegten Strahlenleib kreist (neben den anderen Planeten) die Erde als fester Materieball. Sonne im Umkreis, Erde in sich. Diese verschließt ihr massig geballtes Inneres ebenso dem Zutritt des Lichts, wie jene die Höhlung draußen am Wirbelzentrum dem Zugriff schweregebundener Intelligenz entzieht.

Der Mensch lebt *auf* der Erde *in* der Sonne. Er findet sich in das Doppelkraftfeld der kosmischen Gegenspieler mitten hineingestellt. Wie bewegt er sich darin?

Mensch Mittler

Aufrecht stehend drückt der Mensch durch seine Gestalt schon aus, daß er zu einer Verknüpfung von Erden- und Sonnenfeld berufen ist. Dabei ist die menschliche Gebärde des Brükkenschlags eigentümlich und ganz verschieden von der anderen Beziehung, die sich im aufstrebenden Wachstum der Pflanze herstellt. Der Pflanzenstengel zieht wie die menschliche Wirbelsäule eine klare Richtlinie in den Raum. Blüte und Wurzel erscheinen als polare Organe. Doch indem die Wurzel zum Schwerkraftzentrum im Erdinnern zeigt und die Krone hinausgehoben wird in einen von Licht, Wärme und Bewegtheit bestimmten Umraum, offenbart sich eine Zweiheit, die die Gefahr der Auflösung in sich trägt. Meint man nicht manchmal, eine duftige Blüte wolle im nächsten Augenblick abheben und als Schmetterling entfliegen? Im Menschenbild wird die Begegnung von oben und unten verschränkt und zur wechselseitigen Durchdringung gesteigert. Sehen wir uns die Polarität von Haupt und Gliedern näher an!

Im Schädel trägt der menschliche Leib ein Stück feste mineralische Erde an sich. Der Kopf enthält die härtesten Knochen des Skeletts, und seine Form macht ihn zum Abbild des Erdballs selbst. Er ist der Körperteil, dem von der Anlage her Versteinerung, Undurchdringlichkeit, Selbstgenügsamkeit eigen sind.

Ganz anders die Gliedmaßen. Während man vom Haupt

sagen kann, daß es alles, was zu ihm gehört, in geballter Form innerhalb seiner Kapsel birgt, erscheinen die Glieder des Leibes nur wie Ansätze zu etwas, das in seiner Vollkommenheit gar nicht fertig vorhanden ist. Arme und Beine deuten durch ihre Gestalt in verschiedenste Richtungen, sie weisen von der Mitte weg, sie entfalten eine Lebhaftigkeit, die auf den Umkreis zielt. Die Art, wie die Skelettformen sich auflockern, je weiter sie sich von der Ansatzstelle am Rumpf hinauserstrecken – erst ein Knochen in Oberarm und Oberschenkel, dann zwei als Elle und Speiche bzw. Schienbein und Wadenbein, dann die Vielheit der Mittelhand- und Mittelfußknöchelchen, die in die fünfstrahlige Finger- und Zehenfigur einmündet –, macht das eindringliche Bestreben sichtbar, in die weite Welt zu wirken. Mit der Verästelung will sich die Körperform in die Umgebung hinein auflösen, sich einschmiegen bis zur einswerdenden Ununterscheidbarkeit. Unmißverständlich tragen die aufgefächerten Gliederenden ihre Verwandtschaft zum sonnenhaften Strahlenraum zur Schau. (Sollte man nicht sogar umgekehrt sagen, die Gebärde der Glieder strahle eigentlich vom unendlich Fernen her ein, indem sie sich mehr und mehr verengt und verdinglicht, bis sie auf den Rumpf auftrifft?)

Die polaren Eigenschaften teilen sich klar und deutlich auf. Was überrascht, ist, wie sie in der Menschengestalt eine merkwürdige Vertauschung erleiden: Indem der Kopf nach oben gehoben und die Gliedmaßen dem Erdboden zugewandt werden, bildet sich eine Überkreuzung und Verschmelzung der Weltgegensätze aus.

Es ist nicht selbstverständlich, daß der Mensch «hocherhobenen Hauptes» durchs Leben geht. Wenn er zur Geburt antritt, liegen die Verhältnisse auch zunächst umgekehrt. Kopfüber wird das Kind im Mutterleib getragen und fällt so gleichsam in das Schwerefeld der Erde. Müßte man diese Haltung nicht sogar als die natürliche betrachten, da der Kopf doch am schwersten und erdenähnlichsten ist? Aber alsbald beginnt sich im kindlichen Leben eine Gegenkraft zu regen. Manche Neugeborenen versuchen schon in den ersten Stunden oder Tagen das Köpfchen zu heben. Der Vorgang indessen, der damit eingeleitet wird, zieht sich über Monate, ja viele Jahre hin. Es ist ein erregendes Ringen, ein Anstemmen gegen die Naturgewalt mit dem Ziel, die aufrechte Gestalt dem Zwang des niederziehenden Gesetzes zu entwinden. Unbeirrbar und unaufhaltsam verwirklicht sich das tiefeingeborene Streben, den Kopf – die eigene kleine Erdkugel – dem Sonnenraum entgegenzutragen. Dabei wird in den Sinnesorganen, die gerade im Haupt auffällig sich versammeln, der irdische Stoff so durchlässig und lichtempfindlich, daß er zur Brücke für die Seele wird, die sehnsüchtig in die Weite der Welt strebt. Wieviel feste, dumpfe Materieballung wird da über die ganze Erde hin und durch Generationenfolgen unablässig im menschheitlichen Aufrichteprozeß der Schwereverkettung entrungen und so vom Fall «erlöst»!

Nicht weniger wunderbar ist, was durch die andere Bewegung hervorgerufen wird, die der ersten begegnet und sich mit ihr durchdringt. Und keineswegs «natürlicher» ist das, was sich hier ereignet.

Auch den Gebrauch seiner Glieder hat der Mensch im frühen Kindesalter erst mühsam zu erlernen. Sie scheinen zu Anfang nichts weiter als eine Art Anhängsel zu sein, etwas wie die Schwanzfedern des Pfeiles, die nach rückwärts gewandt der Flugrichtung folgen. Auch hier muß ein Umkehrvorgang stattfinden. Man kann ihn ganz deutlich verfolgen, indem man beobachtet, wie das kleine Kind die Arme beim Schlafen nach oben ausgebreitet hält – diese Stellung ist für die ganz frühe Zeit geradezu ein Zeichen der Gesundheit – und sie dann eines Tages herabnimmt und unter die Decke steckt. Mit dieser Richtungswende geht das Geschickterwerden in irdischen Verrichtungen einher.

Immer mehr werden die Glieder zu Werkzeugen, die man sich dienstbar macht: die Beine, um sich fortzubewegen und jedes gewünschte Ziel zu erreichen; die Arme, Hände und Finger, um durch alle möglichen erworbenen Fertigkeiten technisch und künstlerisch die Umwelt zum Lebensraum zu formen. So geht die Entwicklung dahin, daß die strahlig kosmosverbundenen Glieder ihre Schwungkraft der Erde zuwenden, daß durch sie Lichtstrukturen in den Erdenstoff eingewirkt werden. Wieviel menschlich vermittelter Lichtreichtum ist in die dunkle Scholle eingeflossen, wenn ein Landwirt ein Leben lang treu das Feld bestellt hat; wieviel gestalterische Geistfülle der Materie aufgeprägt, wenn ein Handwerker sachgemäß und kunstfertig seine Werkstoffe bearbeitete! Wieviel sonnenhafte Verwandlungskraft strömt unausgesetzt durch das Handeln und Wandeln der Menschheit ins Leben unseres Planeten ein!

Das Gestaltwerden des Menschen zeichnet ihm eine Mittler-Stellung in der Welt vor. Indem er erdenschwere Kräfteballung dem Licht entgegenhebt und sonnenhaftes Flügelspreiten in seinen Strahlenhänden auf die Erde trägt, verknoten sich in seinem Wesen die auseinandergefallenen Welthälften neu.

Nimmt der Mensch seine ihm vorgezeichnete Aufgabe im Weltall wahr? Greift er die in ihm veranlagte Mittlerfähigkeit auf – oder reißt ihn die gesteigerte Doppelrolle selbst entzwei? Wo findet er einen Beistand, der ihm hilft, die Spannweite des eigenen Wesens zu meistern und als beherrschte Heilermacht weltverbindlich anzuwenden?

Vom Sonnenursprung der Liebe

Es ist für das Selbstverständnis des Menschen nützlich, die Einflußbereiche der gegensätzlichen Weltkraftfelder in seinem eigenen Leben klar abschätzen zu können. Wenn ich weiß, welchen Einwirkungen ich unterliege, brauche ich ihnen vielleicht nicht zu erliegen. Manche Neigungen, Triebe, Verhaltensweisen, die sonst unverständlich bleiben, erhalten dann ihren guten Sinn. Und was dem Unaufgeklärten als Stachel, als Verführung durch die eigenen Organe erscheinen müßte, das kann, richtig erkannt, zur günstigen Gelegenheit, zum Werkzeug oder Fahrzeug werden. Eine Einseitigkeit muß dann auch nicht gleich als «abartig» oder gar «sündig» gelten, sondern kann als Gleichgewichtsstörung gesehen werden, die durch eine richtige Lebenskunst des Ab- und Zugebens wieder ins Lot gebracht werden kann.

Schauen wir das Menschenleben daraufhin an. Wie oft muß ein kleines Kind sich den Kopf an allen möglichen Kanten und Ecken und am Erdboden stoßen, bis es endlich lernt, mit diesem harten «Gegenstand» umzugehen, seine Größe und Trägheit in alle Bewegungen richtig einzurechnen. Es ist ein Zeichen, wie ungewohnt der Seele das Gesetz von der Undurchdringlichkeit ist, das im körperlichen Bereich gilt. In dem Geistesreich, dem sie entstammt, gibt es solche Unverträglichkeit, solches gegenseitige Ausschließen nicht. Im Geiste durchdringen sich alle Wesen, ohne sich zu stoßen. Und auch die ersten irdischen Erfahrungen zeigen noch, wie im Abbild, durchaus dem geistigen Leben verwandte Züge. Findet sich doch das Kind während der Embryonalzeit *im* Leib der Mutter: ein Wesen, das dem andern einwohnt. Für irdische Begriffe ein merkwürdiger Sonderfall, fast einem Wunder gleichend – für die aus Geisteshöhen kommende Seele die selbstverständliche Fortsetzung der gewohnten Formen des Zusammenlebens. Erst mit der Ausstoßung aus dem Mutterleib ist der scharfe Schnitt gesetzt, der von der Seele eine gründliche Umstellung auf ganz andere, gegensätzliche Umstände verlangt. Plötzlich herrscht nicht mehr das Gesetz der «Einwohnung», sondern das der Ausschließung und des harten, unversöhnlichen Aneinanderprallens im dreidimensionalen Körperraum. Das muß ein Kömmling aus dem Geisterland erst mühsam lernen. Und der Schädel spielt dabei die Rolle des Lernwerkzeugs. Er ist das von Anfang am meisten mit irdischer Festigkeit ausgestattete Organ. An ihm kann das Umgehen mit der Erdenschwere und der Materiedichte eingeübt werden.

Ganz anders liegen die Erfahrungen, die wir mit den Gliedmaßen machen. Hände und Füße erinnern uns durch ihre Veranlagung lebenslang daran, daß wir nicht ausschließlich Erdenbürger sind. Zeigen sie doch mitten im Geltungsbereich der Körpergesetze stets noch die Möglichkeit, anders zu handeln, als es der sturen Undurchdringlichkeit der stofflichen Masse entspricht. Wir müssen uns also gar nicht in rein inneres Gebiet zurückziehen, wenn wir der Erdgebundenheit entgehen wollen, wie es der Schillersche Zweizeiler aus «Wallenstein»

> Leicht beieinander wohnen die Gedanken,
> Doch hart im Raume stoßen sich die Sachen

anzudeuten scheint. Vielmehr haben wir im äußeren Leben selbst ein Übungsfeld, auf dem wir die Regeln der Verträglichkeit und des «Leicht-beieinander-Wohnens» jederzeit erproben können.

«Hart stoßen sich die Sachen» – das gilt für Köpfe unausweichlich. Die Glieder aber gebrauchen wir gerade dafür, Abstoßung und Ausschließlichkeit zu überwinden und Verbindungen herzustellen. *Anschmiegen,* schmeicheln, trennende Grenzen überbrücken – das sind Kennworte für Gliedmaßenverhalten.

Wir grüßen einander von ferne, indem wir winken. Kommen wir näher, so gibt einer dem andern die Hand. Im Handschlag verbinden sich die beiden Körper für einen Moment zu einer einheitlichen Gestalt. Entgegenkommen und Aufeinandereingehen drückt sich in der zusammenschließenden Gebärde aus. Freundliche Verbindlichkeit, Einigung suchen wir durch die gegenseitige Berührung herbeizuführen. Ein Zeichen besonderer Nähe ist es, wenn zwei Menschen ihre Glieder ineinander verschränken und lange Zeit so bewahren. Liebespaare gehen Arm in Arm und doppelt umschlungen. Ineinandergefaltete Hände sind ein besonderes Liebeszeichen. Die äußerste Steigerungsmöglichkeit finden wir in der Umarmung, die sich schließlich noch zur geschlechtlichen Vereinigung ausweiten kann. Hier spricht man von «Beiwohnen». Das ist bemerkenswert. Das Urbild der «Einwohnung», das der große Sonnenmutterleib mit den in ihm kreisenden Planeten uns vor Augen führt, kann auf der Erde niemals vollkommen erreicht werden. Aber Annäherungen, mannigfach abgestuft, gibt es doch. Sie leben – vom zarten Berühren bis zum innigsten Ineinanderschmiegen – in allen Bewegungen, zu denen uns unsere Gliedmaßen anleiten. Als Sonnenstrahlen-Organe tragen diese in sich den Reichtum aller Liebeszuwendungen, die aus dem Urort des liebenden Umfangens hervorgehen.

Seid umschlungen, Millionen!
Diesen Kuß der ganzen Welt!

Wir dürfen den Kuß nicht vergessen! Er ist eine der wirksamsten Sprachformen der Liebe. Gerade weil er auf einem geheimnisvollen Umweg wirkt, bringt er das Feuer der Liebesbeziehung desto spürbarer zum Ausdruck. Man könnte meinen, der Mund, mit dem wir küssen, gehört doch zum Haupt... Aber sind nicht die Lippen «Gliedmaßen» des Kopforgans? Im kleinen spiegelt sich das Ganze wieder: oben die eigentliche Schädelkapsel, beinern geballt; unten die beweglichen Kiefer, die mit Zähnen, Zunge und Lippen dem sprechenden Mitteilen sowohl, als auch dem Stoffwechsel in der Nahrungsaufnahme dienen. Wir küssen mit dem Mund und entbinden so selbst dem Pol der Erdenfestigkeit noch glühende Liebesregung.

Wenn wir sagen, daß einer «dickköpfig» ist oder gar «mit dem Kopf durch die Wand» will, so stellen wir uns das harte Knochengehäuse vor, mit dem er solchen Eigensinn durchsetzen will. Umgekehrt kann man einen Menschen, dem man «etwas auf den Kopf zusagt», grob «vor den Kopf stoßen» oder «kopfscheu» machen. Dasselbe meint das Fremdwort «konfrontieren»; es besagt, daß die Begegnung einem Stoß vor die Stirn gleichkommt. Überall treffen wir auf Hemmnisse und Grenzen der Verständigung, wenn wir vom Kopf ausgehen, denn jeder will schließlich sich selbst «behaupten».

Entgegengesetzt verhalten wir uns, wenn wir aufeinander «eingehen». Wir «tasten ab», was an uns herankommt, um es zu «begreifen». Dann können wir etwas «Entsprechendes» erwidern und so Brücken des Verstehens bauen. Auch das «Verstehen» selbst ist aus dem Gliedmaßenwortschatz hergenommen. Und wenn gar einer den anderen «vertritt», so

21 Il sole – der Sonnengott – mit den ihm zugeordneten «Sonnenkindern», die in den für sie typischen Tätigkeiten gezeigt sind, 15. Jahrhundert

muß er ihm schon so nahegekommen sein, daß er sich ganz in seine Lage «hineinversetzen» kann. Für die höchste Stufe der Verbindung finden wir dann den sprachlichen Ausdruck im Mundbereich (und es wird deutlich, daß wir zu dem Gliedmaßenleben die Stoffwechselvorgänge hinzuzählen müssen, um das ganze bewegte Gegenstück zum ruhenden Haupt zu haben): Gemeinsames Essen schließt zusammen wie kaum etwas anderes; deshalb kann das Wort «vermählen» wirklich für das stehen, was die Einswerdung zweier Wesen bewirken soll.

Auf mancherlei alten Bildern finden wir die Zugehörigkeit von Gliedmaßen- und Stoffwechselleben zur Sonne bezeugt. Die weltüberglänzende Strahlenkraft des Muttergestirns zeigt sich da so, daß ihr Mittelpunkt und Quellort mit dem unteren Pol des Menschenbildes zusammenfällt. Da, wo Stoffe vernichtet werden und Kräfte neu erzeugt, wo Vermählung und Geburt, Beiwohnung und Einwohnung ihren kosmischen Ort haben, wo nichts Beharrendes mehr Raum findet, wo alles in feuriges Wechselleben und welterneuerndes Schöpfungsgeschehen übergeht – da ist der *Sonnenursprung der Liebe.*

(Es gehört sachgemäß zu dieser Darstellung, daß im unteren Teil des Bildes vielfältige Weisen der Gliederbewegung gezeigt werden. Das ist eine Zusammenstellung, die immer wiederkehrt, zuweilen auch ergänzt durch Liebende und Andachtübende. Sportliche Betätigung kann eine bereichernde Einübung in Gliedmaßenerfahrung sein. Doch gibt es Grenzen, die in der Sache selber liegen. Wie ist es z. B. mit dem Boxen? Ist nicht das Ballen der feinstgefächerten, anschmiegsamsten Glieder und das Stoßen mit der Faust eine Entartung, die die Eigenart der Leibesglieder ins brutale Gegenteil verkehrt?)

Weitere Gegensinnigkeit

Kehren wir zur Betrachtung der kosmischen Gegenspieler selbst zurück. Wenn wir unser Augenmerk diesmal nicht auf die Gestalt, sondern auf die Bewegung richten, so fällt uns ein neues Merkmal ihrer grundsätzlichen Verschiedenartigkeit auf.

Die *Erde* schleppt bei der Drehung um ihre Achse einen Wirbel von Luft- und Wassermassen hinter sich drein. So jedenfalls erklären wir uns manche Strömungserscheinungen in den Weltmeeren und in der Lufthülle. Die leichteren und in sich beweglichen Hüllen bleiben gegenüber der Drehschnelle des festen Erdkörpers zurück, und es entstehen Winde und Wasserströme, deren Richtung entgegengesetzt zur West-Ost-Rotation des Planeten verläuft. In der Nähe des Äquators, also dort, wo der Globus am dicksten ist, muß diese Erscheinung des Nachschleppens am stärksten sein. Und so finden wir dort die großen äquatorialen Meeresströme sowie gewaltige Luftumlagerungen, die wir als Passatwinde kennen.

Jeder kann die Entstehung einer derartigen Drehströmung gut an sich selbst ausprobieren, wenn er versucht, in fülligen, weichen Kleidern oder mit Schleiern behängt einen schnellen Wirbeltanz auszuführen. Man kann sich auch auf einem Klavierstuhl in Drehung versetzen lassen. Dann wird man bemerken, wie die lockeren Stoffe dem Schwung nachhängen und sich verdrillen. Diese Eigenschaft der natürlichen Trägheit ist uns aus dem täglichen Leben sehr geläufig, z. B. auch daher, daß eine schnelle Wendung des Hauptes uns die Haare um den Kopf fliegen läßt.

Vermuten wir schon, daß bei der *Sonne* ganz andere Verhältnisse anzutreffen sind? In der Tat, wieder ist dort alles umgekehrt. Auch der Sonnenball dreht sich um eine Achse, wie man aus der Ortsveränderung der Sonnenflecken entnehmen kann. Aber wie ist es hier mit der Beweglichkeit der Hüllenschichten bestellt? Am Äquatorgürtel – also in der «Sonnen-Tropenzone» – gewahren wir das schnellste Kreisen! Es ist also dort kein Zurückbleiben an der dicksten Stelle zu verzeichnen, sondern ein Vorauseilen.

Stellen wir uns noch einmal in Gedanken auf den Klavierstuhl und versuchen zu spüren, wie es sich anfühlte, würden wir in eine Drehung versetzt, bei der die Schleier, die wir umgelegt haben, vorausfliegen, uns also gewissermaßen mit in den Wirbelschwung hineinziehen! Oder wie würden wir es finden, wenn unsere Haare, von einem plötzlichen Drall erfaßt, so in drehende Bewegung gerieten, daß wir den Kopf nicht mehr stillhalten könnten, sondern ihn mitwirbeln lassen und so mit der ganzen Gestalt in eine rasende Tanzbewegung geraten müßten? Es würde uns schwindlig werden; wir würden fürchten, «den Kopf zu verlieren». – Nicht anders ergeht es uns, wenn wir uns in die Sonnenrotation hineinfühlen wollen. Was sich da abspielt, macht uns wirklich schwindelig. «Trägheit», Widerstand gegen die Drehung im gewohnten Sinn nehmen wir dort nicht wahr. Im Gegenteil. Wenn bei der Erde die Drehkraft sich wie in der Achse versammelt zeigt und nach außen hin je weiter je mehr nachläßt, so kehrt sich dieses Verhältnis bei der Sonne augenscheinlich um. Der Bewegungsantrieb greift hier am ungestümsten draußen am Tropengürtel an. Die Sonnenachse hingegen spielt keine aktive Rolle; sie

macht die Wirbelbewegung, die von ihr nicht ausgeht, letztlich erleidend und verzögert mit.
Müßte es uns denn wundern, wenn die Triebkraft zur Sonnenrotation von dem umgebenden Raum ausginge? – da uns doch seit langem klargeworden ist, daß dort draußen, im weiten Planetenall, das eigentliche Feld des Sonnenlebens ist. Und bei welchem echten Wirbelgebilde wäre es anders? Sei es der Malstrom des Meeres oder die Windhose, der Hurrikan, die Zyklone – stets urständet die Drehung in der Ganzheit des bewegten Mediums, und das Auge in der Mitte, der Hohlraum ist letzten Endes *Ergebnis* der Drehbewegung.
Wir kommen hier aus einer neuen Sicht wieder zu der alten Erkenntnis zurück. Die Sonne ist ein Wesen des Ringsum, des «allround». Wir haben die Wahl, entweder die Begriffe «innen» und «außen» zu vertauschen, wenn wir uns zutreffend in der Sonnensprache verständigen wollen – oder der Redewendung zuzustimmen: die Sonne sei regelrecht und gegenständlich *«außer sich»*.

Außer-sich-Sein

Viele suchen heute das Außer-sich-Sein, die Ekstase. Immer allgemeiner setzt sich das Gefühl durch, daß wir Menschen der Gegenwart durch unsere leibliche Veranlagung allzusehr beengt sind. Wenn wir bei den normalen Fähigkeiten stehenbleiben, lassen wir uns das Beste, was die Welt zu bieten hat, entgehen. Unser eigentliches Wesen verkümmert in der geistlosen, beschränkten Zivilisation mit ihren brutalen Auswüchsen. Wir müssen heraus. Aus unserer Haut schlüpfen, Grenzen überschreiten, das Bewußtsein erweitern, andere Seelenzustände erlangen. Wir müssen dahin kommen, «high» zu sein, oder «in», d. h. in das große Ganze einschwingen zu können, teilhaftig zu werden des totalen Lebens.

> Daß ich erkenne, was die Welt
> Im Innersten zusammenhält,
> Schau alle Wirkenskraft und Samen ...

Die Besten fühlen so – heute wie schon seit Beginn unserer Neuzeit.

Innewerden heißt zugleich aus sich herausgehen. Wir gelangen nicht in die Tiefe der Welt *hinein*, wenn wir nicht über uns selbst hinauswachsen. Weil wir das wissen, suchen wir die *Ek*-Stase. Und wir suchen sie, obwohl wir das Gefährliche des Ekstatischen kennen. Alle Mittel werden heute eingesetzt, bedenkenlos, um nur das eine Ziel zu erreichen: auszubrechen aus dem «verfluchten dumpfen Mauerloch» und zu fliehen, auf, hinaus ins weite Land.

Jeder fühlt das Berechtigte dieses Hinausdrängens und Hineintauchens ... Aber wir wissen auch alle, was es heißt, wenn man von einem Menschen sagen muß, er sei «aus dem Häuschen» geraten und also «nicht mehr bei sich». Bekanntlich kann eine einzige Dosis LSD eine krankhafte Verschiebung im Seelenleben bewirken, die nicht wieder rückgängig zu machen ist. Es mag harmlosere Gifte geben, die nicht aufs erste Mal so unwiderruflich eingreifen. Aber wer weiß seine eigene Anfälligkeit vorher genau abzuschätzen? Es mag robuste Naturen geben, die viel aushalten. Doch gerade sie werden mit kleinen und seltenen Gaben nichts erreichen. Und wenn erst einmal die Suchtgrenze erreicht ist, gibt es kaum mehr ein Zurück vor der Zerstörung der Persönlichkeit. Man mag sich der Hoffnung hingeben, daß in Zukunft tauglichere Mittel erfunden werden, die ohne üble Nebenwirkungen das Land der Sehnsüchte eröffnen – klar bleibt in jedem Fall, daß der Weg der Drogen letztlich ein vergeblicher, ein Weg der Versklavung ist. Denn wer sich abhängig macht im Seelenleben von Erdenstoffen, der erreicht ja am Ende gerade das Gegenteil dessen, was er sucht. Er vertauscht das dumpfe Mauerloch nur mit einem prächtigen, vielleicht zauberhaft schönen, von Wohlgeruch und Gaukelspiel erfüllten Gefängnis, das ihn desto unentrinnbarer in seinen nur getarnten Materiewänden festhält. Der Süchtige oder der, welcher nicht mehr ohne Medikamente leben kann, hat sich selbst betrogen. Er findet nicht hinaus aus dem Bannkreis der irdischen Substanz; er findet nicht die *Freiheit*. Dem Fesselnden, dem er sich entziehen will, liefert er sich selbst immer willenloser aus. Es ist ein Hexenkreis. Der Pfad, der ihn hinauszuführen verspricht, läßt ihn sich tiefer ins Labyrinth der Stoffverhaftung verstricken.

Und die brennendste Frage ist: Gibt es einen Weg über die Grenze, der nicht von vornherein und grundsätzlich gefährdend ist für das Menschenwesen? Ist es möglich, die Seelengröße zu steigern, ohne ins Haltlose abzuirren oder der Unfreiheit zur verfallen?

Es gibt *eine* Kraft in der Welt, durch die der Mensch über sich hinauswächst, ohne sich zu verlieren. Das ist *die Liebe.*

Wer *liebt*, erfährt ein Außer-sich-Sein, das gesund ist. Es ist ein Vorgang grundstürzender Verwandlung des Selbstgefühls. Sich Aufgeben und Hinfinden zugleich: eine Änderung des Bewußtseins, die vom engen Ich befreit und doch nicht fremd werden läßt, sondern erst voll heimisch in sich und in der Welt.

Dies offenbare Geheimnis kennt jeder, und doch ist es uns unerschöpflich neu und begehrenswert. Der Liebende ist mehr bei dem Geliebten als bei sich selbst. Und das Gefühl für den Geliebten überträgt sich in immer größere Weite.

Mädchen, wardst die Welt du?
Welt, wardst du mein – Weib?

Das Ich findet sich erst in seiner vollen Wirklichkeit in dieser Spannweite zeitlosen Mitschwingens im Weltenverband.

Bist, urewig Zelt, du –
mein – der Gottheit – Leib?

Im besten und klarsten Sinne «außer sich», fühlt der Liebende sein eigenes Sein *erhöht.* Radiuserweiterung der Seele und *weltzugewandte Innigkeit* – das ist Liebe. Wer jemals liebte, der weiß, wie berechtigt und treffend die Worte «high» und «in» geprägt sind.

Die Liebe ist der Weg, der weiterführt als jeder andere (1. Korinther, 13):

«Die Liebe währet immer. Die Liebe ist gütig, die Liebe kennt nicht den Neid, die Liebe kennt nicht die Prahlerei, kennt nicht den Hochmut ... Die Liebe umkleidet alles, durchströmt allen Glauben, darf auf alles hoffen, darf allüberall Duldung üben. Die Liebe kann nie, wenn sie ist, verlorengehen.»
Niemals verliert ein wirklich Liebender die Herrschaft über sich. Vielmehr gewinnt er durch sein Lieben erst die wahre königliche Selbstverfügbarkeit. – Niemals auch macht sich der Liebende abhängig von irgendwelcher äußeren Zutat aus der Rüst- oder Giftkammer des Erdenhauses. Denn das Liebesfeuer kann sich nur selbsttätig von innen her entzünden.

Deshalb macht Liebe und nur Liebe den Menschen *frei.*

Radiuserweiterung, Seelen- und Bewußtseinswachstum. Auf diesem Weg der Liebe sind unabsehbare Stufen vorstellbar: bis hin zur weltallweiten Sonnengröße, die ein Sternsystem überschauen und erhalten kann. Und damit sind wir eben dort angelangt, wo wir schon einmal (im ersten Teil des Buches) standen – und hörten, wie Christus in dem Jesus von Nazareth spricht: «Ich bin das Licht der Welt.» In diesem «Ich» klingt das sonnengroße Zentralbewußtsein einer weltumspannenden Führermacht mit. Wir sind an dem Ort, wo Seelen- und Sonnenwirklichkeit sich decken.
Was das Muttergestirn unseres Weltsystems physisch darstellt und was aus dem liebeleuchtenden weltweiten Herzen Jesu spricht, ist wesensgleich. «Das Wort ist Fleisch geworden und hat sein Zelt in unserer Nähe aufgeschlagen.» Der Sonnen-Logos, der die Weltdinge als Glieder seines Wesens werden und wachsen ließ – «alles ist durch denselben geworden» –, er hat sich menschenförmig verkörpert (Johannes 1). Und die alte Wahrheit, daß das ganze System der Himmelssphären

sein gewaltig-göttlicher Sonnenleib ist, tönt jetzt verwandelt aus Menschenmund:

Bist, urewig Zelt, du –
mein – der Gottheit – Leib.

Lichtflammende kosmische Strahlenfülle, verseligt zum Liebesleuchten, das aus der Nähe berührt, ohne zu blenden. Durch diese Kraft führt Christus und nur Christus den Menschen in *Freiheit* auf den Weg zum Geist.

Die Geisterwelt ist nicht verschlossen;
Dein Sinn ist zu, dein Herz ist tot!
Auf! bade, Schüler, unverdrossen
Die irdische Brust im Morgenrot!

Raum und Gegenraum

Wir haben das Kapitel über Seelengröße eingeschoben, um sicherzustellen, daß unser Thema jederzeit da verankert bleibt, wo es jeden einzelnen unmittelbar angeht. Denn wir wollen, wenn jetzt die weitere gegenständliche Betrachtung ins geometrische Beschreiben der Kraftfelder von Erde und Sonne einmündet, doch niemals «akademisch» werden, sondern stets den Bezug zum Leben im Auge behalten. – Während also nun einige Tatsachen der mathematischen Wissenschaften berichtweise angeführt werden, möge sich der Leser dafür wachhalten, wie er diese ihm vielleicht neuen Züge jederzeit in Beziehung zu seinem eigenen Erfahrungsbereich – *Leib* und *Liebe* als Wirkensfelder von Erdenenge und Weltallweite – setzen kann.

Den Mathematikern ist der Gedanke, daß es zweierlei Weltansichten gibt, nicht ungeläufig. Sie bringen ihre diesbezüglichen Vorstellungen nicht gerade mit Sonne und Erde in Zusammenhang, ja sie bringen sie, wenn sie nach ihrem Geschmack «reine Mathematik» treiben, überhaupt nicht mit irgendeiner äußeren Wirklichkeit in Verbindung; denn die reine Gedankenwelt hat ihnen innere Wirklichkeit genug. Oftmals aber finden sie hinterher, nachdem sie ihre Vorstellungen lange und gründlich nach allen Richtungen ausgebildet und durchdacht haben, plötzlich den Bezug zur äußerlich sichtbaren Welt. Es zeigt sich dann, daß das rein innerlich Erschaute eine äußere Entsprechung hat, eine Widerspiegelung, ein Abbild im Gegenständlichen. Ein solches Entdecken löst Freude aus und Verwunderung: über das durchgreifende Zusammenstimmen von geistig erfaßtem und physisch erfahrenem Weltinhalt, die wie Stempel und Matrize aufeinanderpassen. So geht es uns auch bezüglich der Sonne-Erde-Wahrheit mit den Denkmustern, die wir bei den Mathematikern dazu vorgefertigt finden.

Seit 150 bis 200 Jahren hat es die mathematischen Forscher immer von neuem gefesselt, daß man in der Geometrie ständig auf Gegensätze stößt, Figuren und Regeln, die paarweise einander entsprechen wie Bild und Gegenbild. Eine merkwürdige Eigenschaft von Punkten und Linien, daß sie sich derart doppelgestaltig ordnen! Stets kehrten die Denker staunend zu diesem seltsamen Verhalten ihrer Gebilde zurück, und bis heute ist die sogenannte projektive Geometrie, in der sich die ganze Lehre vom zwiefachen Aufbau der Figurenwelt zusammenfaßt, eines der Lieblingskinder der Mathematiker geblieben. Dabei bewegen sich die versonnenen Gedankenkünstler, wie gesagt, in ihrem Reich der exakten Phantasie am liebsten ganz unbehelligt von der Frage, ob ihre Erfindungen zur dinglichen Realität Beziehung haben oder nicht. So unterlag es zwar keinem Zweifel, daß die gewöhnliche «euklidische» Geometrie* (die man üblicherweise in der Schule lernt) Gestalten und Bewegungen der Gegenstände in unserer Erdenwelt zutreffend beschreiben kann. Ob jedoch die erweiterte, die doppelgestaltige projektive Geometrie so wirklichkeitsbezogen sei, daß auch die zweite Hälfte ihr zugehöriges Weltgebiet habe, in dem sie anwendbar sei, das kümmerte die Entdecker

* Von dem bedeutenden griechischen Geometer *Euklid*, der ihre Grundsätze als erster in einem großen Lehrwerk zusammenstellte (um 300 v. Chr.).

wenig. Sie war schön, reizvoller als jede andere Art der Figurenkunst – das war ihnen Grund genug, sich ihr leidenschaftlich zu widmen.

Es hat bis zum Anfang unseres Jahrhunderts gedauert, ehe Wissenschaftler ernstgemeint davon zu sprechen anfingen, daß zu der geometrisch anschaubaren Vorstellungswelt eine erfahrbare und erforschbare Wirklichkeit gehöre, die man aufsuchen sollte. Der Schweizer Mathematiker *Louis Locher-Ernst* hat in seinem 1940 erschienenen Buch «Projektive Geometrie»[21] eine besonders klare neue Art der Darstellung von der Doppelgestaltigkeit der Geometrie angewandt und es dadurch vermocht, die Tatsachen so einleuchtend aufzureihen, daß man förmlich mit Augen sehen kann, inwiefern unsere bisherige «euklidisch» geprägte Weltansicht nur eine Hälfte der Wirklichkeit erfaßt. Locher-Ernst gelingt es, dem, was die Forscher seit langem als schönes Spiel erfreute und was sie die «duale» (d. h. zweifache, zwiegesichtige) Eigenschaft der geometrischen Formen nannten, eine eindeutige und durchsichtige Grundlage zu geben und so den Weg für die praktische Anwendbarkeit der mathematischen Gedanken freizulegen. Statt «dual» gebraucht Locher lieber den Ausdruck «polar», um anzudeuten, daß es sich bei den Doppelfiguren nicht um eine zufällige Zweizahl handelt, sondern um zusammengehörende und einander bedingende Gegensatzpaare, also um das, was man eine echte Polarität nennt. So begründet der Schweizer Forscher die «Polareuklidische Geometrie», d. h. man kann mit dem Handwerkszeug, das er zur Verfügung stellt, nun zu dem berühmten «Euklid» und allem, was sich in 2000 Jahren auf ihn aufgebaut hat, ein Gegen-Lehrwerk schreiben, indem man zu jedem Satz, zu jeder Figur, zu jedem Sachverhalt das polare Gegenstück fertigstellt. Locher-Ernst hat selbst damit begonnen und in seinem Buch eine Schreibweise gewählt, die dieses

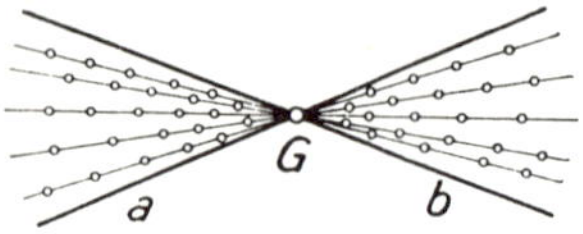

130

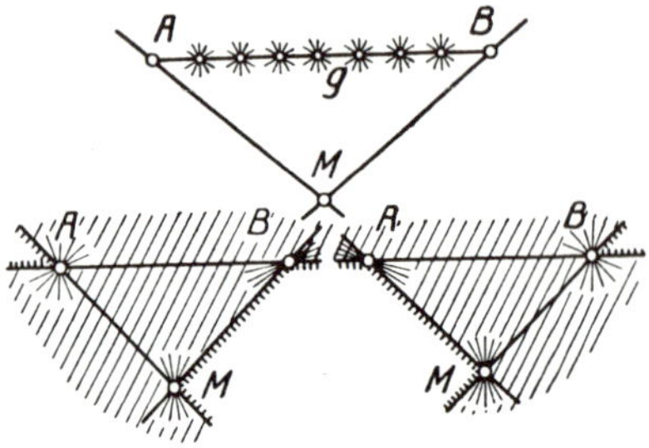

131

Winkel; deren Begrenzung wird gebildet von einem Segment der u. G. und zwei „*Halbstrahlen*". Ein Halbstrahl besteht aus den Punkten eines Segmentes. Wenn Verwechslungen naheliegen, sprechen wir ausführlicher vom *vollständigen Winkelfeld* und vom *gewöhnlichen Winkel*. Ein Winkelfeld besteht aus zwei Winkeln, solche Winkel heißen *Scheitelwinkel*.

Das Parallelogramm. Ein Vierseit, dessen Gegenseiten parallel sind, nennen wir Parallelogramm (Fig. **132**).

Strecken; deren Begrenzung wird gebildet von einem Winkelfeld des a.M. und zwei „*Halbpunkten*". Ein Halbpunkt besteht aus den Geraden eines Winkelfeldes. Ein Segment besteht aus zwei Strecken, solche Strecken heißen *Scheitelstrecken*. Selbstverständlich verwenden wir das Wort Strecke auch im gewöhnlichen Sinne, wenn keine Verwechslungen möglich sind.

Das Zentrigramm. Ein Viereck, dessen Gegenecken zentriert sind, nennen wir Zentrigramm (Fig. **133**).

22 Seite aus dem Buch «Projektive Geometrie» von Louis Locher-Ernst. Bild und Text zweispaltig angeordnet

Bestreben schlagkräftig deutlich macht: Jede Druckseite ist durch einen Mittelstrich in zwei schmale Spalten aufgeteilt, die dazu auffordern, gleichzeitig gelesen zu werden, und in denen man jeweils genau gegenüberstehend die Zwillingssätze und -figuren findet.[22]

Locher gesteht zu, daß das, was sich in der zweiten Spalte findet, zunächst sehr ungewohnt und fremdartig erscheint. (Wir sind eben 2000 Jahre lang einseitig auf bloß euklidische Vorstellungen trainiert worden und müssen uns die ergänzenden Bilder erst mühsam hinzugewinnen.) Aber er fordert die Naturwissenschaftler auf, sich das polareuklidische Handwerkszeug zu eigen zu machen und selbst herauszufinden, wo der bisher unbeachtete Geltungsbereich der neuentdeckten Gesetze – die übersehene Welthälfte! – liegt und wie darinnen die neuen Ideen erfolgreich angewendet werden können.

1957 gab Locher-Ernst dann selbst noch ein gründlich zusammenfassendes Buch heraus, das vermächtnishaften Charakter trägt, denn der Forscher ist 1962 in den Schweizer Bergen tödlich verunglückt. Er überschrieb das Werk mit dem Titel «Raum und Gegenraum»[23] und gab damit eindeutig das Signal zur Erforschung eines Weltkraftfeldes, das dem geläufigen räumlichen entgegengesetzt geartet ist, das aber der Gesamtheit der Erscheinungen gleichberechtigt mit zugrunde liegt, so daß die ganze Wahrheit der Welt nur erkannt werden kann, wenn wir die Wirkungen von «Raum» und «Gegenraum» zusammenzuschauen lernen. Dabei zitiert er den berühmten französischen Mathematiker M. Chasles, der von einem «dualisme universel» spricht, in dem er «la grande loi de la nature» (das große Gesetz der Natur) sieht, und der dann die Frage stellt: «Peut-on prévoir même où s'arrêteraient les conséquences d'un tel principe de dualité? ... Et peut-on dire alors qu'à la loi de la gravitation ne correspondrait point une autre loi qui jouerait la même rôle que celle de Newton, et servirait comme elle à l'explication des phénomènes celestes?» (Kann man überhaupt voraussehen, wo die Folgen eines solchen Doppelheitsprinzips ihre Grenzen haben? Und kann man deshalb sagen, ob nicht etwa dem Gravitationsgesetz ein anderes Gesetz entspräche, das dieselbe Rolle spielte wie das von Newton und wie dieses dazu dienen könnte, die himmlischen Erscheinungen zu erklären?)

Wir wollen hier noch anmerken, daß Locher-Ernst einen Vorläufer und späteren Weggenossen gehabt hat in dem englischen Mathematiker *George Adams* († 1963), der in seinem 1933 erschienenen Buch «Strahlende Weltgestaltung»[24] bereits Ausblicke auf eine naturwissenschaftliche Schau des gegenräumlichen Kraftfeldes gibt, durch die es uns sofort in Übereinstimmung mit dem erscheint, was wir als das sonnenhafte Wirken im Weltall erkannten. Auf Adams' weitere Arbeiten kommen wir in einem späteren Kapitel zurück.

Wie sieht nun der Gegenraum aus? Schauen wir uns die Grundzüge an!

Ein Ausflug in die Geometrie

Hier wollen wir so einfach reden, daß jeder mitdenken kann. Wir können dann freilich nicht erwarten, daß wir alle Tiefen der schönen Wissenschaft Geometrie ausschöpfen. Aber wir werden uns an ein paar kleinen Feinheiten Erlebnisse verschaffen, die unser Weltgefühl anfangen, gründlich zu verändern.

Was ist das einfachste Gebilde in der Geometrie?

Natürlich der Punkt! wird da jedermann sagen. Denn er denkt: Aus Punkten läßt sich alles andere zusammensetzen; also sind sie die Bausteine, die Grundbestandteile, die «Elemente».

Stimmt das wirklich? Ist das die alleinige Wahrheit?

Die Mathematiker wissen, daß dem nicht so ist. Daß man aus Punkten vieles zusammenbauen kann, ist zwar nicht falsch. Doch es hat nur eine sehr bedingte Richtigkeit. Es ist nur *eine* mögliche Weltansicht. Welche andere kann man sich sonst noch denken?

Am besten erzählen wir eine kleine Geschichte. Sie mag anfangs ein wenig phantastisch klingen; doch wird sie uns die gestellte Frage beantworten helfen.

Zwei Reisende begegnen sich im Eisenbahnabteil und kommen ins Gespräch. Sie entdecken schnell ihre gemeinsame Freude an der Figurenkunst und verkürzen sich die Reisezeit durch geometrische Unterhaltungen. Dabei stellt sich bald heraus, daß die beiden sehr verschieden an die Sache herangehen. Der eine ist offensichtlich ein ganz normaler Erdenbürger. Er hat brav in der Schule sein Pensum gelernt, und das sucht er nun an den Mann zu bringen. Sein Gegenüber scheint aus einem ganz anderen Reich zu stammen und von dort fremdartige Gedankenformen mitzubringen, die sich jedoch als in sich schlüssig und letztlich ebenso triftig erweisen wie die des «Normalverbrauchers». Und so geht aus den Gegensätzen, die sich im Gespräch auftun, eine überraschende wechselseitige Belehrung und Ergänzung hervor.

Da die beiden, um ihren Worten anschauliche Kraft zu verleihen, sich gern mit einigen schnell hingeworfenen Zeichnungen helfen, beschränken sie sich auf die ebenen Figuren, die sich auf kleine Papierblätter flüchtig skizzieren lassen.

Hatte nun der erste (der Normaldenker, wir wollen ihn kurz N nennen) gemeint, mit dem Satz: Der Punkt ist der Baustein für alles Weitere, einen sicheren gemeinsamen Ausgangsort für das Gespräch zu schaffen, so sah er alsbald, daß er sich damit im Irrtum befand. Denn der andere (geben wir ihm wegen seiner Andersartigkeit den Namen A) erwiderte:

Ein Punkt entsteht doch überhaupt erst, wenn zwei Strahlen sich kreuzen. Die geraden Linien sind für mich das Ursprüngliche; das ganze ebene Feld ist von ihnen erfüllt, wie das Weltall vom Strahlenweben der Sonne und aller Gestirne; und überall, wo Geraden sich schneiden, entstehen als Ergebnis «Schnitt-Punkte».

Nach dieser Klarstellung entwickelt sich das Gespräch so, daß die beiden Partner das, was sie zu sagen haben, sachlich nebeneinanderstellen, und so ergibt sich das folgende Bild:

N: Für mich ist – noch einmal sei es gesagt – der Punkt das Grundelement. Nehme ich *zwei* Punkte, so kann man durch sie eine Gerade ziehen, die sie *verbindet.*

A: Ich sehe schon, das entspricht in deiner Sprechweise genau dem, was sich vorhin schon umgekehrt für mich so ausdrückte: Nehme ich *zwei* Geraden, so wird durch sie ein Punkt bestimmt, in dem sie sich *schneiden.* Jeder Punkt ist also für mich ein *Schnittpunkt,* wie für dich jede Gerade eine *Verbindungsgerade.*

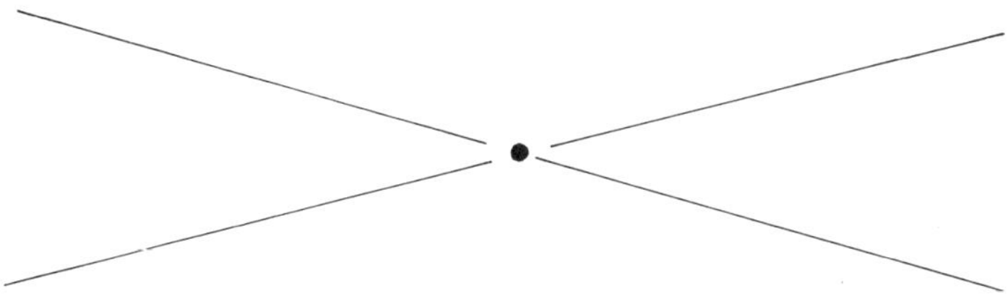

N: Wenn ich genauer zusehe, ist die Gerade aus lauter Punkten aufgebaut. Wie Perlen aufgereiht bilden die Punkte eine *Punktreihe.*

A: Wenn ich die Umgebung in Betracht ziehe, so sind es nicht nur die beiden erstgenannten Geraden (oder «Strahlen», wie ich lieber sage), die sich in dem Schnittpunkt kreuzen, sondern eine ganze Fülle von solchen. Einem Rad mit vielen Speichen gleich, stellt sich der Punkt als *Strahlenbüschel* dar.

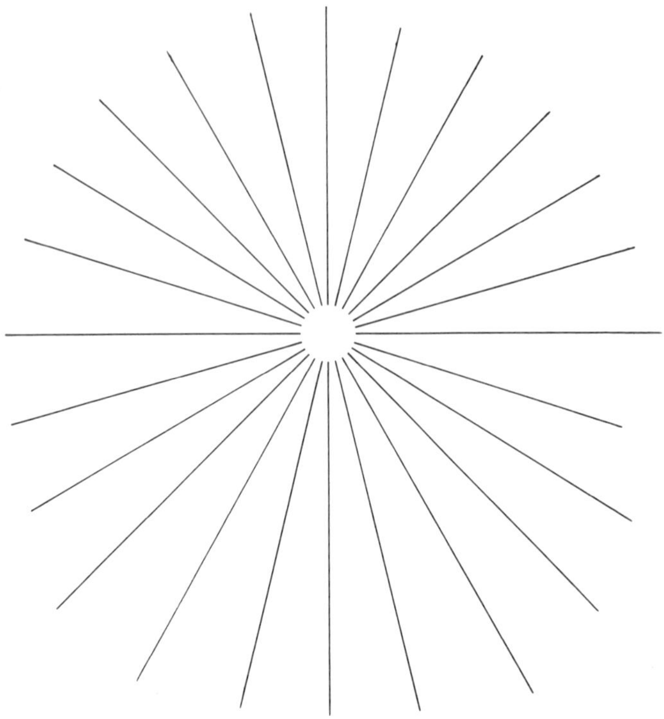

N: Bringen wir nun einmal die Sache in Bewegung: Ich stelle mir vor, daß die Perlen nicht auf der Schnur festsitzen (wie bei einer Halskette), sondern daß sie auf dem Faden *entlanggeschoben* werden . . .

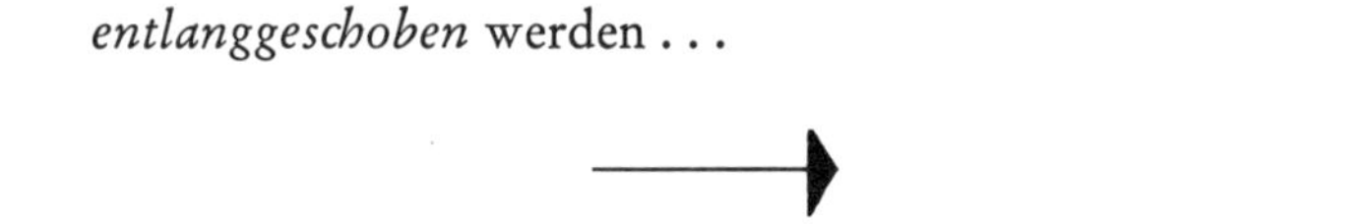

A. . . . entsprechend könnte mein Speichenrad sich *drehen!*

N: Meine Punkte *laufen* also im Gänsemarsch hintereinander her.

A: Und meine Strahlen *tanzen* wie Speichen um die Nabe.

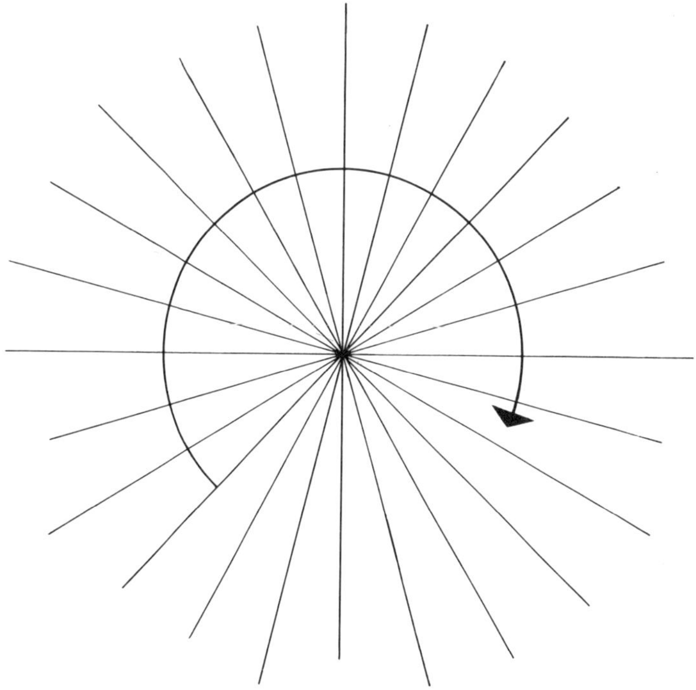

N: Ich sehe schon, du gelangst hier, wenn wir es nun mit einem Fremdwort bezeichnen dürfen, zum Bild der *Rotation,* wie ich zu dem der Verschiebung oder *Translation.*

Dies Gegenüberstellen ist wirklich unterhaltsam. Und es ist verblüffend, wie wir, aus so gegensätzlichen Richtungen kommend, doch in unserem Sprachschatz eine gleichartige Fülle von Begriffen zu besitzen scheinen, so daß zu allem, was einer aussagt, vom andern eine Entsprechung gegeben werden kann.

A: Wahrhaftig, eine seltsame Art von Verwandtschaft im Gegensinn! Laß sie uns nun noch ein wenig weiter erproben.

Ich möchte einmal sehen, was sich ergibt, wenn wir die Beweglichkeit unserer Elemente einschränken. Es sollen also zunächst meine Strahlen nicht unaufhaltsam um die Achse wirbeln, sondern ich nehme einen einzelnen heraus und lasse ihn sich ein Stück weit drehen – dann halte ich ihn an. Was ist nun sichtbar geworden?

N: Ein begrenzter Ausschnitt des vollen Büschels ... denn das Rad hat sich ein wenig gedreht ... ich sehe schon: Der Strahl hat einen *Winkel* überstrichen. – Nun will ich dir die entsprechende Aufgabe aus meinem Gebiet stellen ...

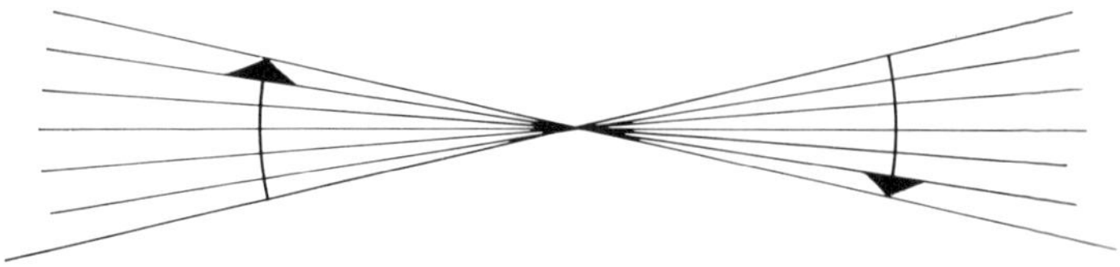

A: Laß mich versuchen, ob ich sie selbst ausdenken kann. Es müßte also ein Punkt nicht endlos die Gerade entlanglaufen, sondern nach kurzem angehalten werden. Er hat dann, zwischen Ausgangsort und Ziel ein Stück der Geraden durchmessen. Du nennst dies wohl eine *Strecke*!

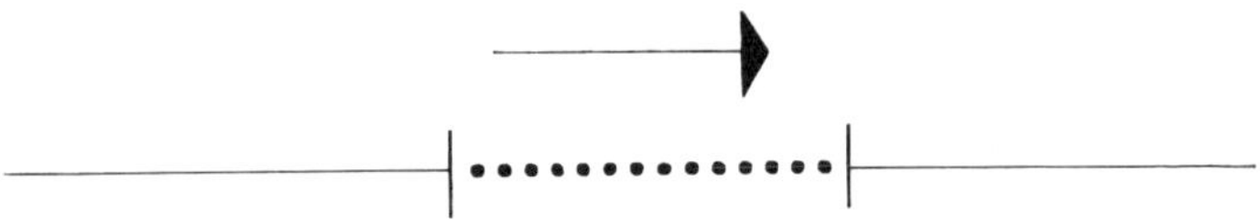

N: Ganz genau. Du hast erstaunlich schnell die Übersetzungskunst erlernt! Doch ist auch alles bisher so einleuchtend klar, daß ich mir ebenfalls zutrauen würde, eine ähnliche Aufgabe zu lösen; bitte, prüfe mich.

A: So will ich dir eine Frage vorlegen, die etwas schwieriger ist. Sieh, mein Strahl hat, indem er sich drehte, einen Winkel überstrichen. Der übrige Bereich des Büschels aber, den er nicht berührte – was stellt er dar?

N: Ebenfalls einen Winkel! Das ist doch, denke ich, deutlich.

A: Ganz gewiß. Aber nun stell dir folgendes vor: Der Strahl könnte sich weiter drehen und so den restlichen Winkelraum überstreichen (2) – bis er in der Ausgangsrichtung wieder angekommen wäre. (Strenggenommen müßte er sich sogar noch weiter drehen, um die genaue Ausgangslage wieder zu erreichen: Er müßte noch einmal eine Halbdrehung (um 180°) machen ([3] und [4]), d. h. er hätte dann jeden von den beiden Winkelräumen zweimal überstrichen.) Was würde in deiner Sicht diesem ganzen Bewegungsablauf entsprechen?

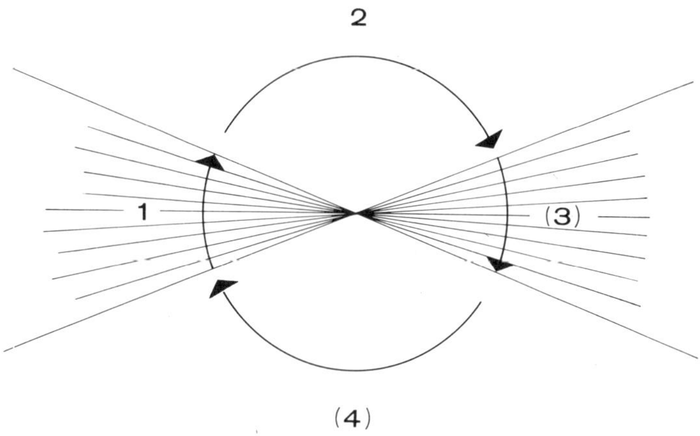

N: Das ist allerdings eine sehr eigentümliche Sache. In deiner Sicht auf die Winkelverhältnisse liegt sie ganz klar. Doch wie soll ich das auf meine Streckenbetrachtung übertragen?

Wenn ein Punkt die ganze Strecke durchmessen hätte, dann sollte er weiterlaufen – sagen wir nach rechts hin – und sollte nach einer gewissen Laufzeit an der anderen Grenze der Strecke ankommen? Aber die liegt doch links! Wie soll er von rechts außen auf die linke Seite überwechseln? (Und dann noch das weitere: eigentlich sei er auch dann noch nicht richtig am Ausgangsort angelangt, sondern müßte ein zweites Mal die ganze Gerade durcheilen?)

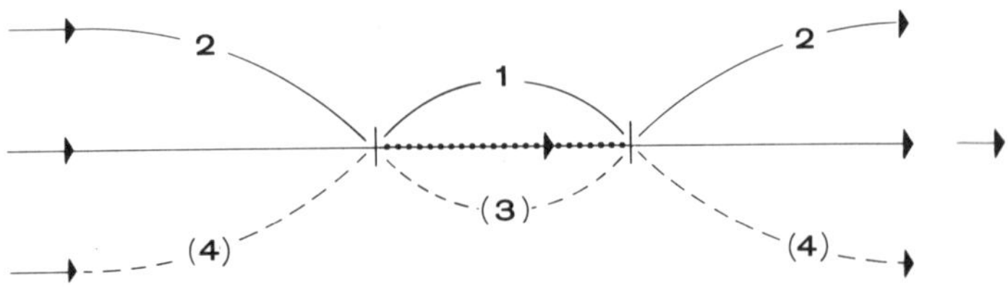

A: In der Tat tut sich da eine Rätselfrage auf; du mußt sie ja nicht in diesem Augenblick lösen, sondern kannst sie besser für Augenblicke des beschaulichen Nachsinnens aufsparen. Jedenfalls siehst du, daß die einseitige Art, in der du bisher die Figurenwelt betrachtet hast, nicht nur bewirkt, daß dir eine volle Hälfte der Welt verborgen bleibt – nein, sogar in der *einen* Hälfte, die du als dein eigenes Gebiet zu beherrschen glaubst, kennst du dich nur mangelhaft aus, solange dir die Beleuchtung von der Gegenseite fehlt.

Nun laß uns lieber noch ein paar Schritte weiter gemeinsam gehen. Merke dir nur für spätere Überlegung vielleicht die folgenden Fragen an: Wenn die ganze Strahlenfülle eines Punktes (der volle Speichenkranz) durch zwei Strahlen in zwei Winkelbereiche aufgeteilt wird – sollte man dann nicht auch den Sprachgebrauch einführen, daß eine gerade Linie durch zwei Punkte in zwei Streckenabschnitte gegliedert wird? Den einen Abschnitt würde man niemals ganz sehen können, denn er verläuft nach rechts und nach links ins unendlich Ferne ... Aber man könnte gerade dabei lernen, die Gerade als geschlossene Linie – geschlossen über das Unendliche! – anzusehen. Was das übrige betrifft vom doppelten Durchlaufen, das möchte ich nun wirklich ganz deinen eigenen weiteren Nachforschungen überlassen. Du siehst, die Welt ist voller Neuigkeiten, und es lohnt sich, selbst in den einfachsten Dingen alles rastlos von vorn zu überdenken und neu anzupacken. «Wenn ihr nicht werdet wie die Kinder ...»

N: Ich weiß, mit dem unbefangenen Staunen beginnt alle wahre Wissenschaft. Und ich habe das Staunen schon recht emsig üben müssen, seit ich mit dir ins Gespräch gekommen bin. Nun bin ich neugierig, ob du mir auf die einfachste Figur aus meinem Schulgeometriebuch auch unerwartete Lichter werfen willst.

Ich nehme drei Punkte. Je zwei von ihnen kann ich durch einen Strahl verbinden. Diese Verbindungsgeraden lassen eine dreieckige Fläche sichtbar werden. Genaugenommen, muß ich sie als «*Dreiseit*» bezeichnen ...

A: ... Ich würde, du weißt es schon, von drei Strahlen ausgehen. Je zwei von ihnen schneiden sich in einem Punkt. Die von diesen Punkten ausstrahlenden Winkelfelder heben entsprechend eine Figur hervor, die ich folgerichtig als «*Dreieck*» ansprechen will. Aber laß dich nicht unterbrechen ...

N: ... Mein Dreiseit schneidet mit seinem Linienzug ein geschlossenes Flächengebiet aus der Ebene aus. Dies ist ein

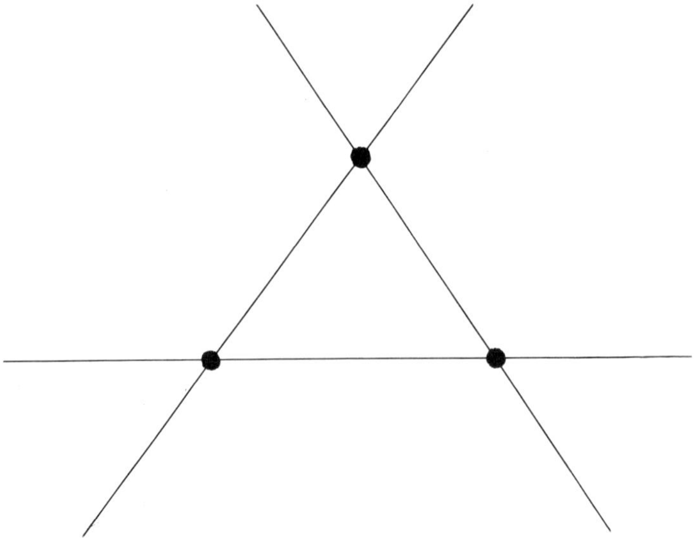

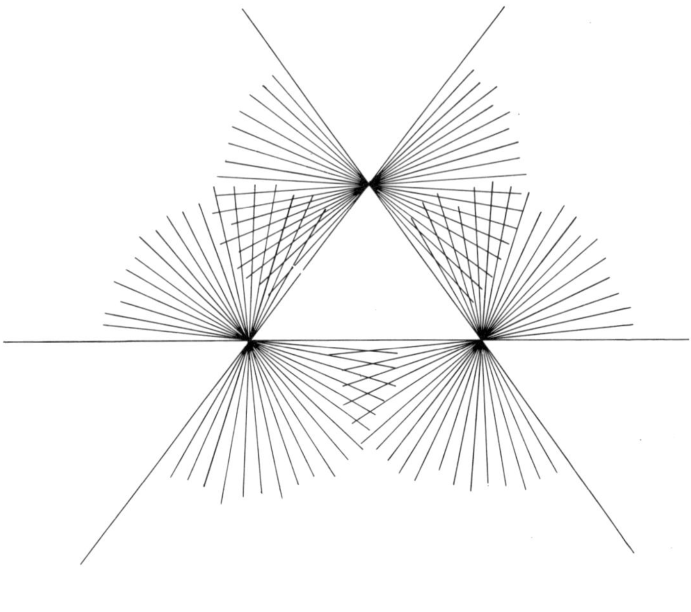

Inneres, das gegen die äußere Umgebung eindeutig abgegrenzt ist.

A: Erkläre mir näher, was du das «Innere» nennst!

N: Um deiner Vorliebe für Strahlen entgegenzukommen, will ich eine Gerade (t) zu Hilfe nehmen: Denke dir durch irgendeinen Punkt der «Innenfläche» eine beliebige Gerade gelegt, so kann man von ihr mit Sicherheit sagen, daß sie *zwei* von den Dreiseitkanten schneidet. (Man sieht es bei einiger Überlegung bald: Eine Seite allein zu schneiden, ist ebenso unmöglich wie alle drei zugleich.) Das ist wohl eine klare Sache!

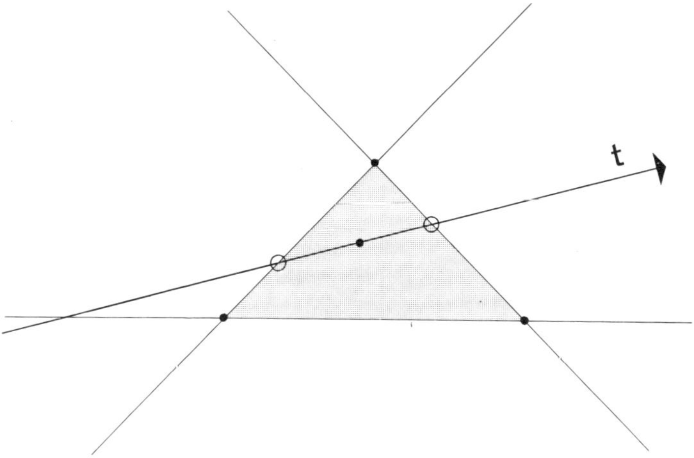

Doch du fragtest so herausfordernd, was ich das «Innere» nenne – vermutlich hast du hier wieder ganz andersartige Anschauungen. Bitte, rück damit heraus!

A: Allerdings komme ich aus meiner Blickrichtung zur genau entgegengesetzten Auffassung.
Auch mein Dreieck gliedert die Ebene in zwei eindeutig voneinander getrennte Bereiche, denen man entsprechend

die Begriffe «innen» und «außen» zulegen kann. Wenn ich nun versuche, ganz entsprechend deiner Erklärung, aufzuweisen, welches der «Innenbereich» ist, so ergibt sich – bitte, folge mir jetzt peinlich genau! – folgendes:

Ich nehme als Hilfsmittel (um auf deine Hinneigung zu den Punkten einzugehen) einen Punkt. Dieser Punkt – als Strahlenbüschel angesehen, du weißt! – enthält dann und nur dann Geraden des «Innenbereichs», wenn er in genau *zwei* Winkelfelder, die das Dreiseit umschließen, zu liegen kommt.

N: Das fällt mir schwer!

A: Noch einmal: bei dir war es so: Die Testgerade t konnte nur durch Punkte (Perlen) des Innengebietes gehen, wenn sie unterwegs *zwei* Seiten des Dreiseits kreuzte. So kann man von dem Testpunkt T, wenn er unter seinen Strahlen (Speichen) auch solche hat, die dem «Innenbereich» des Dreiecks angehören, mit Sicherheit sagen, daß er in den

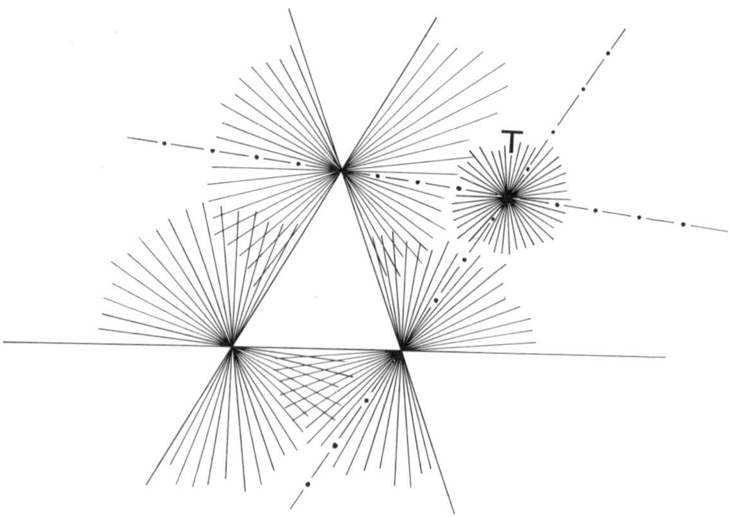

Winkeln *zweier* Dreieckspunkte liegt. Die Eckpunkte sind wie Leuchtfeuer, die einen bestimmten Winkelraum ausleuchten. Der Testpunkt wird dann von genau zweien (also weder nur von einem noch von allen dreien) der Leuchtfeuer angestrahlt. Die kleine Skizze wird dir das leicht vollends anschaulich machen.

N: Ja, denken kann man das bei einiger Anstrengung schon. Aber, um es von der angeschauten Zeichnung richtig ins Lebensgefühl zu übertragen – dazu müßte ich alle meine Vorstellungen gänzlich umkrempeln. Tatsächlich ist ja das, was du «innen» nennst, für mich das Äußere – und meinen so klar umschlossenen Innenraum würdest du als jenseitiges «Äußeres» ansehen. Die Welt steht kopf!

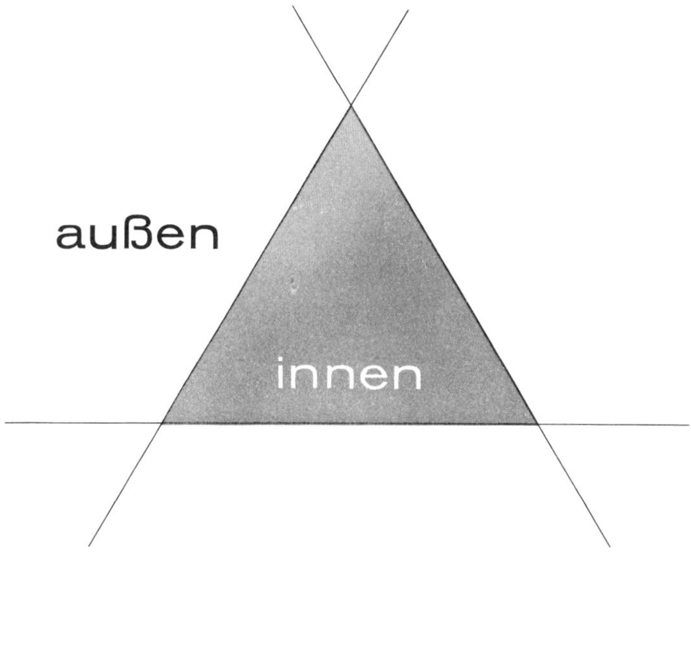

Hier verlassen wir die beiden geometrisierenden Reisenden. Man kann sich denken, daß sie, wenn sie ausdauernd am Thema bleiben, noch viele bemerkenswerte und merkwürdige Gegen-Verhältnisse zutage fördern.
Am meisten aber konnte wohl der neutrale Beobachter lernen, der beiden in ihren verschiedenen Blickrichtungen folgen und dabei erkennen mochte, daß erst das Zusammenfassen *beider* Weltansichten zur ganzen Wirklichkeit hinführt.
Und der ahnungsvolle Leser hat sicher bald vermutet, daß

die Doppelheit in der Geometrie uns hier als Werkzeug zum exakten mathematischen Behandeln der Polarität «Erde – Sonne» dienstbar werden kann.

Das wollen wir noch etwas näher betrachten.

Kern und Hülle

Wer das Gespräch von N und A aufmerksam verfolgte, hat vielleicht bemerkt, daß die beiden ihre Ansichten weitgehend in die gleichen Satzformen kleideten; immer waren es nur gewisse herausgehobene Wörter und Begriffe, in denen sie sich unterschieden.

Wenn N sagt …	… so wählt A den Gegenausdruck:
Punkt	Strahl (Gerade)
zwei Punkte verbinden	zwei Strahlen schneiden
Verbindungsgerade	Schnittpunkt
Punktreihe	Strahlenbüschel
Perlenkette	Speichenrad
verschieben	drehen
laufen	tanzen
Translation	Rotation
Strecke	Winkel
Dreiseit	Dreieck
innen	außen
außen	innen
Punktgebiet	Strahlenbereich

Der listige Beobachter könnte sich sagen: Wenn ich mir nur merke, welchen Ausdruck jeweils der zweite dem des ersten entgegensetzt, so kann ich mit dieser Übersetzungstabelle die

«normale» Geometrie von N leicht in die «andersartige» von A überführen. Man muß nur z. B. statt *Punkt* stets *Gerade* sagen; statt *verbinden* kann man *schneiden* einsetzen usw.
Es ist schon eine beachtliche Anzahl von Wortpaaren, die wir dem Gesprächsprotokoll entnommen haben. Und mit Hilfe dieser Tabelle kann nun jedermann einen beliebigen geometrischen Satz, in dem keine weiteren Hauptbegriffe vorkommen als die hier verzeichneten, in seinen «Gegensatz» verwandeln, ohne daß er von der Geometrie eigentlich etwas zu verstehen braucht. Es ist eine einfache Sprachregelung.
Freilich wird auch gleich die Grenze dieses Verfahrens offenbar. Denn was geschieht, wenn es um Dinge geht, die in der Liste nicht enthalten sind? Dann – es ist ganz klar – reicht die listenreiche Übersetzungskunst nicht aus, sondern es muß die mathematische Phantasie neue Begriffspaare erdenken.
Lassen wir unseren Erfindungsgeist noch ein wenig weiterspielen! Es wird uns nicht schwerfallen, die am Dreieck gewonnene Erkenntnis, daß die Raumordnung von «innen» und «außen» ganz gegensätzlich aufgefaßt werden kann, auf andere Figuren zu übertragen. Nehmen wir statt der dreiseitigen Fläche eine runde! Wir können dann, ohne daß wir hier alle einzelnen Zwischenschritte einer Beweiskette ausführen, gleich kühn die Wahrheit ergreifen, daß es zu dem gewöhnlichen räumlichen Innengebiet eines Kreises einen entsprechenden gegenräumlichen «Innenbereich» gibt, der gerade das umfaßt, was der erstere ausgeschlossen läßt. Und dasselbe können wir uns auch kugelig-räumlich vorstellen: Ein, wie der Mathematiker sagt, «konvexes», d. h. ein ringsum buckelig-aufgewölbtes Punktgebiet erscheint, vom anderen Blickpunkt, als «konkaver», d. h. ringsum schalig-ausgehöhlter Strahlenbereich. Das zweite Gebilde umschließt einen Kugelraum von allen Seiten; das erste füllt ihn aus.

Hier kann sich die sprachschöpferische Phantasie betätigen und etwa, nach dem Vorbild von Locher-Ernst, das Begriffspaar «Kern und Hülle» einführen.

Unsere Tabelle läßt sich also noch ein wenig fortsetzen:

kreisförmiges Punktgebiet	kreisförmiger Strahlenbereich
kugeliges Punktgebiet	kugeliger Strahlenbereich
konvex, d. h. ringsum buckelig	konkav, d. h. ringsum schalig
ausfüllend	umschließend
Kern	Hülle

Die letzten bildhaften Worte legen uns das Weitere, was sich hier anschließen muß, schon in den Mund: Natürlich zeigt die Doppelform von Kern und Hülle eine Verwandtschaft mit dem Doppelwesen von Erde und Sonne.

Sagen wir es ganz klipp und klar:

> Die *Erde* ist ein *Kern*-Gebilde. Der im Kugelinnern zusammengeballte Stoff läßt sich wirklich als eine Anhäufung von Materie- und Massenpunkten auffassen, entsprechend dem Innenraum eines konvexen Punktgebiets.
> Die *Sonne* ist ein *Hüllen*-Gebilde. Die über den weiten kosmischen Umkreis ausgebreitete Licht- und Lebensfülle findet ihr geometrisches Bild im Strahlenweben eines (konkaven) Hüllbereichs.

Diese beiden Sätze stellen ein Forschungsprogramm dar, das von künftigen Astro- und Geophysikern zu behandeln wäre. Bisher mühen sich die Wissenschaftler ab, mit den einseitig an Punktmengen und Kernen geschulten Denkkräften das Wesen der Sonne zu begreifen. Sie werden dabei in die bekannten verkrampften, befremdenden Vorstellungen hineingetrieben.

Das ist verständlich. Denn es ist ein widernatürlicher Weg, den sie eingeschlagen haben. Jeder Gegenstand der Forschung braucht die ihm angemessene Methode. Und die ist, was die Sonne betrifft, nur zu finden, indem man sich ein zum irdisch geformten Begriffswerkzeug gegenbildliches Instrument schafft.

Wir haben in den letzten Kapiteln gesehen, wie die neuere Geometrie in wunderbar klarer und eindeutiger Art ein solches passendes Werkzeug für die exakte Behandlung der Sonnenerkenntnis zur Verfügung stellt. Die polareuklidische, gegenräumliche Vorstellungsweise bietet sich den Sonnenforschern als Methode der Wahl für eine neue Epoche ihrer Wissenschaft an. Und es stehen die aufschlußreichsten und weittragendsten Erkenntnisse zu erwarten, wenn diese neue Forschungsrichtung einmal in großem Stil ernstlich in Angriff genommen wird.

Wir müssen uns hier mit dem hoffnungsvollen Ausblick auf solche zukünftige Entwicklungen begnügen – der allgemeinverständliche Charakter des Buches verlangt es so. Denen, die sich für weitere Einzelheiten und ein genaueres Eindringen in die Geheimnisse der doppelten Raumanschauung interessieren, sei neben den schon genannten Büchern die «Projektive Geometrie» der englischen Mathematikerin und Mitarbeiterin von George Adams, Olive Whicher, 1971 in deutscher Sprache neu erschienen[25], als einführender Wegweiser empfohlen.

Die Sache mit den Salzgurken

Wer beschreibt das Erstaunen des Entdeckungsreisenden, der bei der Rückkehr von großer Weltfahrt in der altvertrauten heimatlichen Bucht plötzlich die Umrißlinien der fern geschauten Wunder im kleinen widergespiegelt findet? Wer die Überraschung dessen, der ein bekanntes Antlitz unvermutet an völlig entlegenem Ort auftauchen sieht?

Es war zur beginnenden Herbstzeit. Die Marktstände lagen voll kleiner Einmachgurken. Da besinnt man sich auf den zarten Laugegeschmack fein eingelegter Salzgurken, auf das altüberkommene geheimnisvolle Rezept und den gediegenen bauchigen Steinguttopf, der solch kostbares Gärgut aufnehmen kann. Im Gedanken an die Gaumenfreude des Vorjahres läuft schon das Wasser im Munde zusammen ...

Nun ruhen sie im würzigen Bad. Acht bis zehn Tage soll es dauern, bis sie ganz «durch» sind, bis das frische Fruchtfleisch unter dem Einwirken der Lösung glasig-weich geworden ist und die kleinen bekömmlichen Leckerbissen dem Dunkel des Hafens wieder entnommen werden dürfen. Dürfen? Sind zehn Tage nicht eine endlos sich dehnende Wartefrist? Ob man nicht schon einmal nachsehen müßte? Wer würde den lieblichen Gelüsten widerstehen? Einmal ist keinmal – und nur probieren ... Vielleicht ist doch schon eine gar und schmackhaft geworden?

Dann liegt die auserkorene Stibitzte auf dem Tisch. Hinter

der dunkelgrünen, glitschigen Haut verbirgt sich noch ihr Reifegeheimnis. Ein scharfes Messer soll es lüften helfen. Zwei glatte, schnelle Schnitte; an jedem Ende wird eine kleine Scheibe abgetrennt. Und was zeigt sich dem erwartungsvollen Blick? –

Die Gurke war noch nicht völlig vom Salzsaft durchzogen. An dem einen Abschnitt sah man es deutlich, wie die Lauge dabei war, allmählich ins Innere der Frucht einzudringen. Außen ringsum war alles schon glasig, in der Mitte des Scheibchens hatte sich noch ein Kerngebiet unberührten grünlichweißen Fruchtfleisches erhalten. So etwa konnte man es ja erwarten.

Doch was bot sich dem erstaunten Auge am anderen Ende? Auch hier zeigte sich klar, daß der Reifungsvorgang noch unvollständig war. Aber Weißliches und Glasiges waren anders verteilt. Ja, die Anordnung war genau entgegengesetzt! Das Mittelfeld war hier der Ort, wo das Fruchtfleisch ganz durchtränkt war – und in den Randbereichen waren feste, undurchzogene Stellen zurückgeblieben. Offensichtlich nahm hier der Prozeß die umgekehrte Richtung. Dort von außen nach innen; hier von innen nach außen. Das Ergebnis einmal der feste Kern inmitten des klaren, garen Runds, das andere Mal die hartgebliebene Hülle um das glasige Mittelfeld.

Der Leser, der sich durch die Gedankengänge dieses Buches hat schulen lassen, erkennt in den beiden polaren Bildern sofort «Kern» und «Hülle» wieder, beziehungsweise die Kraftfelder von Erde und Sonne.

Die Frucht birgt also geheimnisvoll eine Widerspiegelung des großen kosmischen Spannungsverhältnisses in sich, die bei der Durchsalzung offenbar wird: Am Stielende taucht das Bild einer festen, mittelpunktbezogenen Kerngestalt von erdhafter Art auf; am Blütenende die Erscheinung eines umkreisbestimmten sonnenhaften Hüllgebildes.

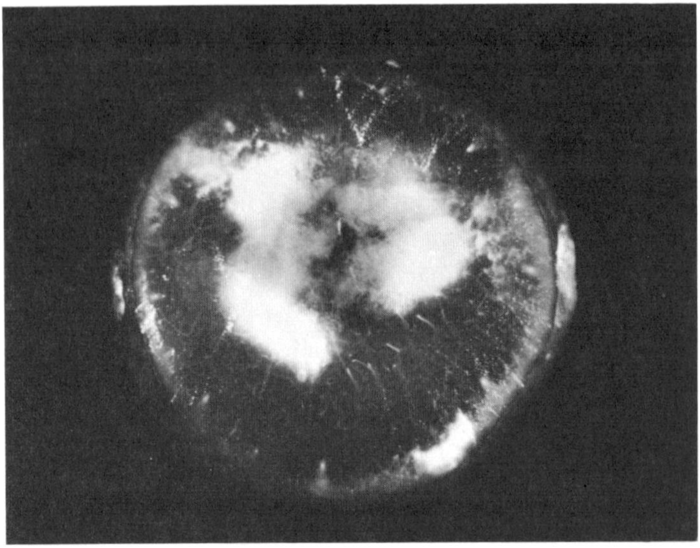

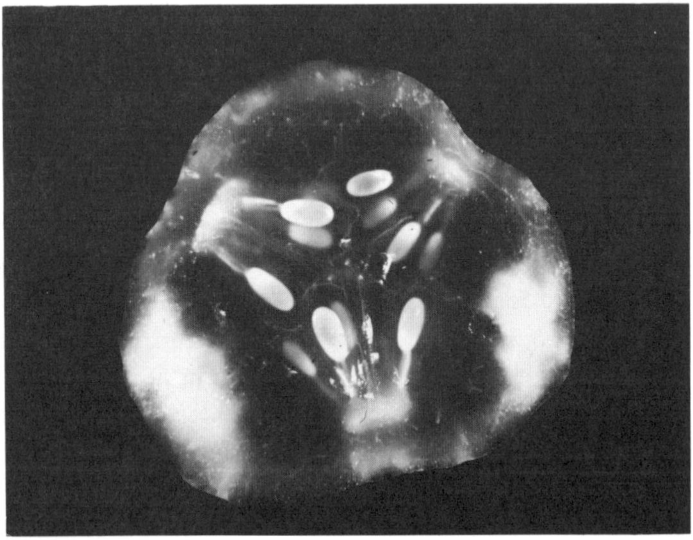

Berühren wir hier, an einem seltsam anmutenden Zipfel des Geschehens, ein allgemeingültiges Werdegesetz des Pflanzenwesens, dessen Leben zwischen die Gestirne Sonne und Erde hineingestellt ist?

◁ 23/24 Salzgurkenschnitte. Die hellen Stellen zeigen die verschiedene Lage der noch undurchsäuerten Stellen an Stiel- und Blütenende.

«The Plant between Sun and Earth»

Sonne – Erde – Pflanze. Das ist ein Dreiklang, der natürlich und notwendig so zusammengehört! Sein Wohllaut begegnet uns in unendlicher Wiederholung ringsum. Jedesmal, wenn wir ihn uns bewußt machen, lebt echte Andacht gegenüber allem Gewachsenen auf. Ein schlichter, kleiner Tischspruch von Christian Morgenstern bringt dies so ins Wort:

Erde, die uns dies gebracht,
Sonne, die es reif gemacht:
Liebe Sonne, liebe Erde,
Euer nie vergessen werde.

Das Dritte, das die großen kosmischen Polaritäten der Gestirne verbindend aufnimmt, ist das Wesen «Pflanze».
Die Pflanze weist sich in ihrer Verwurzelung, in Faserigkeit und Verholzung, in der Fähigkeit der Stoffanreicherung ganz als Erdengeschöpf aus. Zugleich ist sie aber in vollkommener Hingabestärke ein Sonnengeschöpf; die grünen Blätter sprechen davon ebenso deutlich wie die farbigen Blüten und die Süße der Früchte. Und gäbe es die Sonne nicht, so wäre die Erde pflanzenleer. So gehört dieses wundersame Lebewesen Pflanze ganz und ungeteilt gleichzeitig Sonnen- und Erdenwirkraum an. Nichts Hinderndes stellt sich in den Weg. Keine seelische Trübung oder Entfremdung, keine Abschnürung oder Abkapselung eigensinnigen Innenlebens tritt störend in das klare

Zweiwelten-Kräftespiel ein. Wo könnte sich also das Ineinandergreifen von Sonnen- und Erdenkräften klarer spiegeln als in dem bildsamen Material des pflanzlichen Wachstums? Der Mensch, dessen Mittlerstellung zwischen den Weltpolen uns eingangs beschäftigt hat, könnte an der Pflanze viel für sein eigenes Verhalten lernen. Wenn es ihm gelänge, ihr reines, unschuldsvolles, in sich vollkommenes Offensein aus eigener Kraft und bewußt zu erwerben, dann hätte er eine wahrhaft große Lebensleistung vollbracht.

Suchst du das Höchste, das Größte?
Die Pflanze kann es dich lehren.
Was sie willenlos ist, sei du es wollend – das ist's!

An dem Vergleich von Mensch und Pflanze lernen wir eine Grundtatsache der Welt verstehen. Der Mensch ist ursprünglich ebenfalls, sogar in gesteigertem Maß, zur Vermittlerrolle bestimmt. Doch er hat die erste Durchlässigkeit und Empfänglichkeit des Wesens verloren. Eigensucht und Eigenwille haben die Scheiben milchig werden lassen. Es ist eine Trennung entstanden, eine Sonderung. Dieser Vorgang zeigt, was «Sünde» ist. Gewöhnlich fassen wir den Sündenbegriff zu sehr moralisch und kleinlich zum Abwägen einzelner Vergehen auf. Nehmen wir «Sünde» in ihrem wirklichen Sinn, so erkennen wir darin das Absondernde, das aus der Selbstbetonung entspringt. *Alles, was den Menschen von der Pflanze unterscheidet,* – so könnte man es kurz sagen – *ist Sünde.* Dabei werden wir das Schattenhafte, Seelenverdunkelnde, das dem Menschenleben wie eine Krankheit anhaftet, ebenso gewahr wie das Vielversprechende, Zukunftreiche, das darin als Aufgabe und Freiheit gegeben ist. Beides liegt in der Sünde. Die Möglichkeit zur Abirrung drückt den Menschen verdüsternd herab – und erhebt ihn leuchtend über die Geschöpfe der Natur. Er leidet an der Sündenkrankheit und gewinnt in ihrer Überwindung die höchste auf Erden erreichbare Form des Heils. Er muß nur begreifen: Nachdem ich den unschuldsvollen Garten «Paradies» unwiderruflich hinter mir gelassen, gibt es keinen Weg «zurück zur Natur». Ich muß erst «die Reise um die Welt machen und sehen, ob es vielleicht von hinten irgendwo wieder offen ist» (Kleist im «Marionettentheater»). Was sie willenlos ist, sei du es wollend – das ist's!

Die Pflanze ist ein *Sonnen-Sinnesorgan* der Erde – oder sollten wir sagen: ein Erd-Sinnesorgan der Sonne? Ein Organ, das die Doppelheit der Weltkräfte wahrnimmt und in seinem eigenen prägewilligen Wesensbau abbildet.

Was für den Menschen wie eine Zielsetzung für sein bewußtes Streben erscheint, das liegt in den Gestalten des Pflanzenreichs bereits sichtbar, in unwillkürlicher Vollendung, vor Augen. Es kann zum Gegenstand naturwissenschaftlicher Forschung gemacht werden.

Die schon früher erwähnten englischen Mathematiker und Naturforscher George Adams und Olive Whicher haben 1952 ein Buch[26] herausgegeben mit dem Titel «The Plant between Sun and Earth». Wie die Überschrift sagt, behandelt dieses Werk genau den Dreiklang unseres hier angerissenen Themas. Viele schöne farbige Bilder veranschaulichen die erstaunlichsten Formentsprechungen zum doppelpoligen Sonne-Erde-Kraftfeld, die im Pflanzenwachstum zu entdecken sind.

1960 kam das Buch in erweiterter Gestalt und großenteils neu geschrieben in deutscher Sprache heraus.[27] Es heißt jetzt: «Die Pflanze in Raum und Gegenraum». Schon diese Verwandlung des Titels spricht klar aus, an welchen Fragestellungen die beiden Forscher arbeiten. Statt langatmig über ein Werk zu berichten, das Lernbegierige doch selbst studieren müssen, geben wir nur ein paar Kapitelüberschriften aus der deutschen Fassung wieder. An ihnen sieht jeder sofort, durch welche überraschenden, neuartigen Begriffsbildungen hier die Pflanzenkunde bereichert wird:

«Physische und ätherische Räume – Geometrie und Helioplastik. Positive und negative Räume. Die negative Raumerfüllung – ‹Sonnenhafter Raum›. Leichte und Schwere. Sonne und Erde. Sonne im kosmisch-ätherischen Raume. Ätherraum des Pflanzensprosses. ‹Sonnenhort› am Wachstumsscheitel. Der sonnenhafte Raum des Sprosses.» Usw.

Wenn derart die Pflanzenkunde «sonnenhaft» befruchtet werden kann – sollte dann nicht dieses neue Wissenschaftsgebiet «Pflanze zwischen Sonne und Erde» auch für die Sonnenforschung zur Quelle bahnbrechender neuer Erkenntnisse werden? Wer Adams/Whicher sprechen hört, der gewinnt diesen zukunftsfrohen Eindruck allerdings. Er erlebt, wie auseinandergefallene Spezialbereiche sich zu einer ganzheitlichen Wissenschaft vom Menschen und der Welt zu vereinigen beginnen. Es ist nicht zuviel gesagt: Der Leser findet sich mit dem angeschlagenen Dreiklang unversehens mitten in der Ouvertüre eines heiligen Weihespiels, das Himmel und Erde miteinander ins lebendige Zwiegespräch bringen wird.

Umschwung am Sonnenrand

Wenn die Pflanze uns soviel Interessantes erzählen kann über die Begegnung von Erden- und Sonnenkraftfeld, so wird unsere Neugier erweckt, ob an anderen Stellen des Raumes das polare Kräftespiel sich entsprechend lebhaft ausspricht. Zuerst denken wir vielleicht an den entgegengesetzten Ort: den Rand des Sonnenballs.

Auf der Erdhaut haben wir als Anzeiger für das, was sich abspielt, die Pflanzenwelt, eine Versammlung empfindlicher Spürorgane. Diese Zone ist ein erster Grenzbereich. Hier berühren sich das Erdinnere und der sonnerfüllte Umraum. Wie ist es nun «gegenüber», also dort, wo der «sonneninnere» Weltraum an der Haut der Sonne ins Jenseitige übergeht? Gibt es dort eine Entsprechung zur irdischen Pflanzenwelt? (Wir lassen hier diese Frage als Anregung zur weiteren Forschung offenstehen. Gewiß wäre es lohnend, die Vorgänge in den verschiedenen Grenzschichten der Sonne unter dem Gesichtspunkt der polaren Raumordnung mit Erscheinungen an der Erdoberfläche zu vergleichen; nicht nur mit dem Pflanzenwachstum, sondern z. B. auch mit den Wetterbildungsprozessen, mit Schmetterlings- und Vogelleben.)

Zunächst gewinnen wir über den fernen Ort des Sonnenrandes nur *Licht*-Erfahrungen. Diese zeigen uns allerdings eine bemerkenswerte Ordnung, von der wir bald entdecken, daß sie

in erwarteter Weise von der Gegensinnigkeit der Räume, die sich dort berühren, Kunde gibt.
Der Astronom Th. Schmidt beschreibt das, was da zu beobachten ist folgendermaßen:
«Gibt der Mond am Ende einer totalen Sonnenfinsternis die Sonnenscheibe frei, so erscheint zuerst für einen kurzen Moment als äußerste ‹Haut› der Sonne eine intensiv farbige, feine Sichel, die ‹Chromosphäre›, die sich durch das Prisma als reines Emissionslinienspektrum zeigt. Sofort danach tritt dann das volle, natürliche, weiße Sonnenlicht wieder hervor; dabei schlagen die vorher leuchtenden *Emissions*linien in ihr Gegenteil, die jetzt dunklen *Absorptions*linien um ... »[28]
Was heißt das?
Um in die Geheimnisse der Lichtbotschaften, die uns von den Gestirnen zukommen, tiefer einzudringen, hat man in der Astronomie schon seit langer Zeit einen Kunstgriff angewandt, die sogenannte Spektralanalyse. Man fügt bei dieser besonderen Art der Himmelsbeobachtung in das Fernrohr ein Prisma, also einen dreikantig geschliffenen Glasstab ein, der die Eigenschaft besitzt, das einfache Stern-Licht in einen Fächer von farbigen Bändern zu verwandeln. Jeder Stern erscheint demnach im Spektralfernrohr nicht länger als Lichtpunkt, sondern als ein buntes längliches Streifchen; so als hätte man aus dem Regenbogen ein ganz schmales Scheibchen quer herausgeschnitten. Dabei zeigt sich, daß verschiedene Sterne ganz verschiedene Musterungen in ihren «Spektren» (so nennt man die farbigen Streifenbildchen) zeigen. Und die Forscher haben bei dem Versuch, die Sterne nach den Eigentümlichkeiten ihrer Spektralfarben in Gruppen und Klassen einzuteilen, viele aufschlußreiche Erkenntnisse über das Wesen der Himmelslichter erhalten.
Was für uns hier wichtig wird, ist die Tatsache, daß alle Lichterscheinungen des Sternhimmels von einem universellen Gesetz

25 Sternspektren, Objektiv-Prismen-Aufnahme. In den schmalen Lichtbändern ist deutlich die verschiedenartige Musterung durch die querlaufenden Spektrallinien zu erkennen.

der Polarität beherrscht sind. Eben diesen merkwürdigen Sachverhalt behandelt Thomas Schmidt in dem angegebenen Aufsatz und zeigt, wie auch die Beobachtungen am Sonnenrand in die allgemeingültige Regelmäßigkeit einzuordnen sind. Es treten nämlich Spektralbilder von zwei gegensätzlichen Gestalten auf: Einmal findet man solche, aus denen einzelne farbige Linien hell hervorleuchten; zum andern beobachtet man solche, die an einzelnen Stellen von dunklen Linien unterbrochen erscheinen, durch welche gewisse Farbtöne im fortlaufenden Regenbogenband ausgelöscht werden. (Die ersten nennt man «Emissionsspektren», weil man entsprechende Erscheinungen auch auf der Erde im Laboratorium an glühenden Stoffen beobachtet hat, die farbige Lichter aussenden; für die letzteren hat man die Bezeichnung «Absorptionsspektren» gewählt, weil man derartige Bilder auch erhielt, wenn Licht durch neblig erfüllte Räume schien und dabei bestimmte Farben abgeschattet oder verschluckt wurden.)

Von den beiden Vorgängen der Aussendung (Emission) und der Verschluckung (Absorption) von Lichtlinien und dem Umschlagen der einen Erscheinung in die andere war in dem angeführten Bericht des Astronomen die Rede. Ersichtlich sind wir hier wieder einer Polarität auf der Spur. Ohne uns mit der physikalischen Seite der Sache näher zu befassen, fragen wir hier: Wie kennzeichnet das Erfahrene den Umschwung am Sonnenrand, an der Grenze zwischen Sonneninnerem und -äußerem?

Wir folgen dem nüchtern beobachtenden Wissenschaftler zu der Aussage, in die seine Darstellung bezüglich der Sonne mündet:

«In der Beschreibung der Phänomene bleibend, müssen wir also feststellen: die im Umkreis der Sonne, in der Chromosphäre, auftretende *positiv* stoffliche Lichtwirkung schlägt im

Sonnenlicht selbst (gemeint ist: im Licht, das von der Scheibe ausgeht) in eine *negativ* stoffliche Wirkung um.»

Vereinfacht ausgedrückt heißt das alles etwa soviel: Wenn der Beobachter sein Spektralfernrohr zur Sonne richtet und nun langsam vom Umkreis her auf die Scheibe schwenkt, so passiert in dem Augenblick, da die scharf gezeichnete Grenze überschritten wird, etwas Erstaunliches. Das Bild «schlägt um». Es ist, als ob sich eine Fotografie mit Zauberschlag in ihr eigenes Negativ verwandelte. Was hell war, wird dunkel; was dunkel war, wird hell. Anschaulich wird der Betrachter vom («positiven») Raum in den («negativen») Gegenraum hinübergeführt.

Erinnert dieser Umschlag von Licht in Schatten nicht an die Vertauschung von außen und innen, die in der Salzgurke sichtbar wurde? Handelt es sich bei beiden Vorgängen um dieselbe «Überkreuzung» der Kraftfelder – einmal im Lichtbereich und das andere Mal im Stoff der pflanzlichen Gestalt?

Der Achtundachtziger

Wenn das von außen umhüllende Rund des kosmischen Umkreises und das im Erdkern geballte Kugelige als Kraftstrahlungen aufeinandertreffen, so ergibt sich als die natürliche Begegnungsform eine Figur, die in ihrer Mitte das Kreuz zeigt.

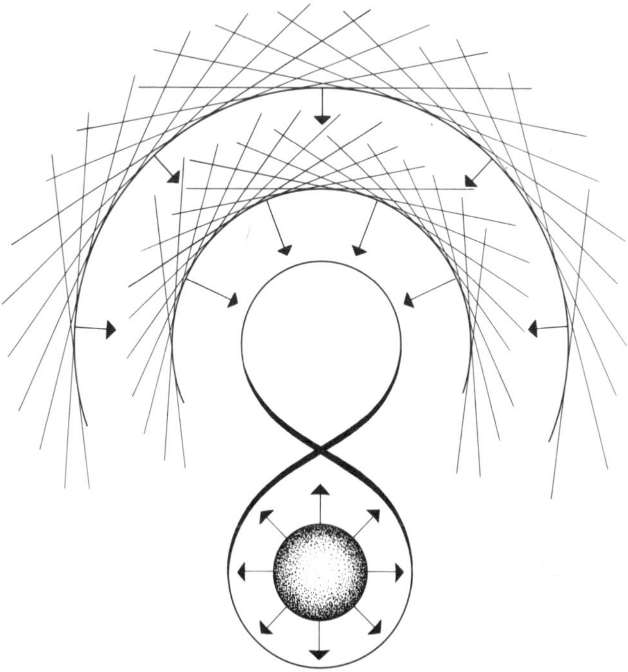

Die beiden Rundungen oben und unten verbinden sich durch den Kreuzungsschnitt zu einem Linienzug: der Achtkurve oder Lemniskate.

Der Bildgedanke von der «Überkreuzung» führt uns noch einmal zu George Adams und seiner wunderbaren Pflanzengeometrie[27] zurück, in der immer wieder das Kreuzen von Linien oder Flächen eine besondere Rolle spielt. Es tritt gerade dort zutage, wo Gegensätze sich berühren. Als Kennzeichen macht die Kreuzform im Pflanzenwachstum alle die Stellen deutlich, an denen Sonnen- und Erdenkraftfeld sich begegnen und durchdringen.

Die ganze Pflanzengestalt ist durchsetzt von lemniskatischen Bildungen. Man kann sagen, der Raum rund um die Erde, in dem Pflanzen wachsen, ist erfüllt von lebendiger «lemniskatischer Raumgestaltung». Darin drückt sich die Mittlerstellung des Pflanzenwesens zwischen Raum und Gegenraum bildhaft aus.

Am urtümlichsten tritt uns die kreuzweise Verschleifung der Wachstumslinien dort entgegen, wo Wurzel und Sproß aneinandergrenzen. Diese Stelle am Stengel, unterhalb der ersten Blätter – sie heißt in der Botanik «Hypokotyl» – befindet sich ja gerade an der Grenzfläche des festen Erdkernes selbst. Dort muß also eine erste grundsätzliche Begegnung und Auseinandersetzung zwischen Erden- und Sonnenwirksamkeit stattfinden. Und tatsächlich stellen die Botaniker in diesem Teil des Stengels eine vollständige Überkreuzung aller Fasern fest. Was in der Wurzel innen war (wir kennen es so gut vom hellen Kernstück der gelben Rübe), das tritt im Stiel nach außen; und was bei der Wurzel die Mantelschicht darstellte, bildet im Stengel das Innere. Eine Vertauschung von innen und außen rings um die Achse des Stiels! Vollkommener kann man sich kein lemniskatisches Kreuzungsgeschehen ausdenken. Hier

26 Löwenzahn. Lemniskatische Überkreuzung zwischen Wurzel und Sproß

vereinigen sich greifbar Raum und Gegenraum im Amalgam des plastischen Pflanzenmaterials.

Diesem ersten «Knoten», der am einprägsamsten die Ineinanderschlingung der Gegenkräfte vor Augen führt, folgen am aufsteigenden Pflanzenstengel viele weitere. Wenn sie es auch nicht so eindeutig auf den ersten Blick zeigen, so bringt doch

27 Potenzierte Lemniskatenbildung entlang dem Pflanzensproß

die eingehende Forschung ans Licht, daß diese Knotenpunkte in Wahrheit alle Lemniskatenkreuzungen sind. In ihrer sich übereinandertürmenden Reihe finden wir in stufenweise abgewandelter Art immer wieder das Ähnliche. Endlich beim Übergang zur Blüte schwingt sich das Bild der Raumverflechtung noch einmal zu augenfälliger Deutlichkeit auf. Doch auch an den zarteren Andeutungen innerhalb der Laubblatt- oder Blütenblattverwandlungsstufen lernen wir immer neu und niemals eintönig die lemniskatische Doppelschwingung des Sonne-Erde-Grundakkords kennen, der in allem lebendigen Wachstum erklingt. Das alles ist der Inhalt des feinsinnigen Adamsschen Buches, in dem Olive Whicher auch zeichnerisch die vielfachen Ausprägungen der Urraumbegegnung erlebbar zu machen sucht, was besonders gut in den Farbtafeln des englischen Originals gelungen ist. Bis in die Fruchtbildung hinein wird die Lemniskatenbildekraft verfolgt – und hier dürfen wir dem klassischen Werk mit Freude unser kleines Kapitel über «die Sache mit den Salzgurken» als Anhang zubringen; es fügt dem groß erfaßten Bild von der Pflanze in Raum und Gegenraum ein weiteres Mosaiksteinchen hinzu und ermutigt vielleicht manchen, auch auf eigene Entdeckungsreisen in dem weiten, eben erst erschlossenen Forschungsgebiet zu gehen.

Geht nicht überhaupt die Ermunterung zu mannigfacher weiterer Forschertätigkeit von dem Gesamtbereich des hier Aufgerollten aus? Die Pflanzenkunde zeigte sich uns als eine erste Leiter, auf deren Sprossen wir sicher und wirksam in die vielschichtigen Geheimnisse des Sonnen-Erden-Raumes einsteigen können. Von der anderen Seite kommt uns der Umschwung am Sonnenrand als Gegenbewegung. Sind wir damit nicht aufgefordert, auch im Zwischenbereich – d. h. auf der ganzen Linie vom Erdkern bis zum Sonnenzentrum – nach weiteren Erscheinungsformen und Spielarten des lemniskatischen Urgeschehens aller Raumgestaltung zu suchen? Welche Anregung könnte davon für die Meteorologie, die Stratosphärenkunde und sonstige Höhenforschung, nicht weniger für Zoologie und Anthropologie, endlich für die Astronomie und Heliophysik selbst ausgehen!

28 Der Achtundachtziger (Callicore-Art), Schmetterling aus Südamerika

Wie eine vielsagende Verheißung erscheint uns mitten im sonnerhellten Erdenraum ein Lebewesen, das auf zarten, empfindsam bewegten Schwingen uns prophetische Botschaft zuträgt: Einer aus dem Reich der Schmetterlinge hat sein zwischen Licht und Schwere pendelndes Leben in klare Symbolsprache zu fassen gewußt, indem er auf seinen Flügeln die Lemniskatenschleife uns vor das ungläubige Auge schwingt. Gleich zweimal hat er es aufgeschrieben, um es unwiderleglich zu bekräftigen, daß unsere ganze Welt von diesem wunderbaren Walten durchzogen ist – und das hat ihm den Namen «Achtundachtziger» eingebracht.

Die heilige Schleife

Was für eine geheimnisreiche Figur haben wir da kennengelernt? – Doppelt deutlich auf den Schmetterlingsflügeln; verborgen, doch anschaubar in den Stromlinien der pflanzlichen Faserbündel und Bildekräfte; in eine Lichtsprache übersetzt beim Hell-Dunkel-Austausch im Spektralbild des Sonnenrandes. Immer zeigt sich uns das Berühren, Verbinden, Durchdringen entgegengesetzter Kraftfelder im Bild der kreuzweis verschlungenen Linie. Ja, sie scheint *das* klassische Zeichen einer jeden solchen Begegnung von polaren Wirkungen zu sein.

In der Geometrie ist die *Lemniskate* und ihre hier beschriebene Eigenart nicht unbekannt. Wenn man die Vorgänge verfolgt, durch welche die Achtschleife als Kurvenzug entsteht, so trifft man auf ein Geschehen, das sogleich seine enge Verwandtschaft mit dem Kräftespiel unserer Sonne-Erde-Doppelwelt erkennen läßt. Um den geometrischen Sachverhalt leicht verständlich zu beschreiben, betrachten wir ihn einmal als Bewegungsablauf, für den wir uns aus dem Beobachten von Wasserströmungen Bilder ausleihen.

Denken wir uns mitten in einem See vom Grund her eine Quelle aufsteigen. Ihr Wasser verteilt sich gleichmäßig nach allen Seiten. Wir sehen die entstehende Strömung rund um den Quellursprung sich ausbreitend vor uns. (Mitunter kann man auch im Einkochtopf das gleiche Bild erblicken, wenn in der Mitte über der Flamme die kochende Marmelade aufwallt und von dem Flüssigkeitshügel, der sich dort bildet, ringsum abflutet.) Würde man in Momentaufnahmen festhalten, wie weit die strömende Bewegung zu verschiedenen Zeiten gekommen ist, so erhielte man eine Schar von Ringen um denselben Mittelpunkt («konzentrische Kreise»).

Den umgekehrten Vorgang gibt es auch: In der Mitte eines Sees kann eine Stelle sein, wo Wasser verschwindet. Durch einen Abfluß verläßt es das Becken des Sees, und es ergibt sich so eine Bewegung, die von ringsher das Wasser nachströmen läßt, der saugenden Mitte zu. Dort entsteht nun im Gegensatz zu dem Quellhügel eine Mulde; und man nennt die «Gegenquelle» deshalb treffend eine «Senke». Wieder würden Momentaufnahmen von dem Strömungsvorgang eine Schar konzentrischer Kreise ergeben. Das äußere Bild ist also völlig gleich. Nur wer verfolgt hat, wie es zustande kam, weiß, daß bei den zweierlei Kreisen verschiedene Kräfte wirken, daß sozusagen innen und außen vertauscht ist: Die Quellringe werden durch den Strömungsdruck von innen her ausgedehnt – bei der Senke zieht von der Mitte aus ein Sog die Ringe zusammen (oder, wenn man will, ein umgekehrter Druck treibt von außen her zur Verengung hin).

Haben wir die gegensätzlichen Strömungsfelder deutlich vor Augen, so können wir in durchschaubarer Weise die Frage stellen, was geschieht, wenn derartige polare Vorgänge sich durchdringen, d. h. wenn in ein und demselben See nebeneinander Quelle und Senke wirken. Welche Strömungslinien zaubert die Begegnung der Kraftfelder in den Raum? (Nur für den Mathematiker unter den Lesern sei vorausgeschickt, daß wir uns hier auf den Fall des «geometrischen Wachstumsmaßes» für beide Kreisscharen beschränken, um abzubilden,

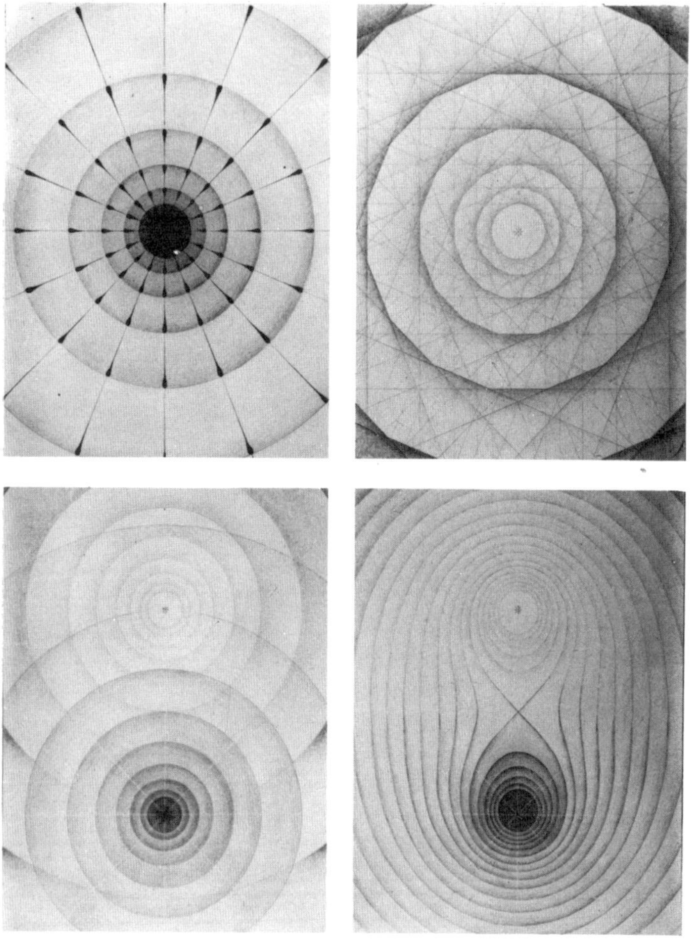

29 Quelle und Senke durchdringen sich.

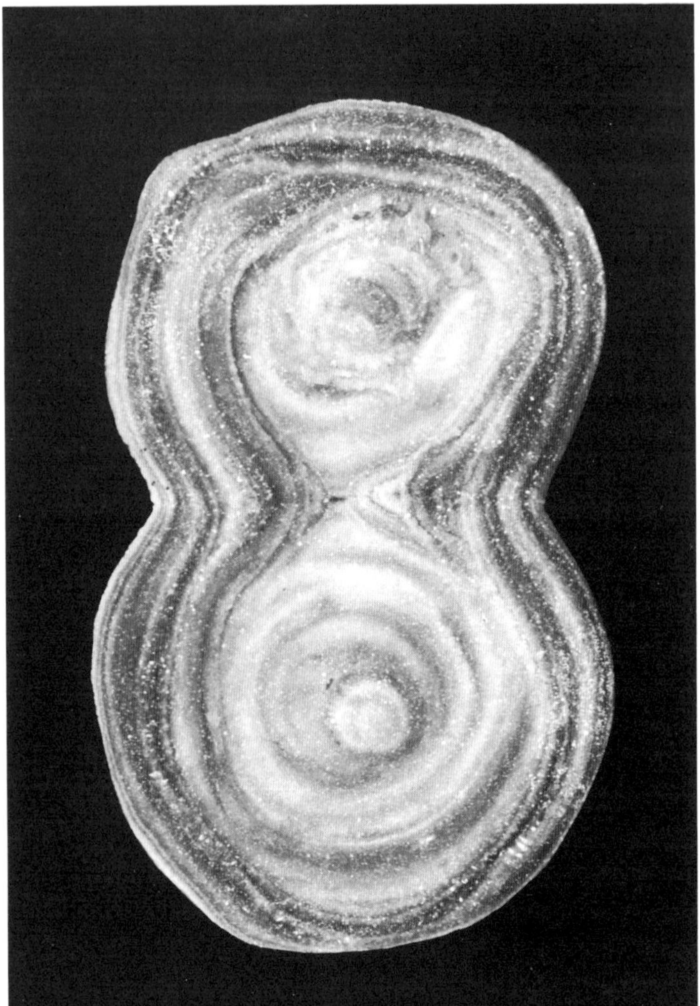

30 Sonnendruse aus Brasilien

daß von den Zentren der Bewegung eine gleichbleibende Kraftwirkung ausgeht.)

Je nachdem, ob die Quelle oder die Senke früher angefangen hat zu strömen, entstehen im einzelnen verschiedenartige Kurven, die alle Spuren von polaren Durchdringungsprozessen darstellen. Wie sehen sie aus?

Unter den seit einiger Zeit so modisch gewordenen Sonnendrusen aus Brasilien gibt es einige seltene Stücke, die die ganze Formenvielfalt solcher Strömungsverhältnisse im mineralisch erstarrten Abdruck festgehalten haben.

Dasselbe Bild erscheint uns, von den Jahresringen gezeichnet, wenn wir einen Baum genau an der Gabelung zweier Äste durchsägen.

Die äußersten Linien sind ovale, ellipsenähnliche Formen. Nach innen zu verändern sich die Gestalten durch gegenüberliegende Einbuchtungen, die immer tiefer sich gegen den Mittelpunkt zwischen Quelle und Senke hineinziehen, bis die Einschnürung zur Abschnürung wird und das Gebilde in zwei Hälften auseinanderreißen läßt. Nun folgt eine doppelte Reihe von sich verengenden Inseln, die je paarweise symmetrisch zusammengehören. Von beiden Kurvenarten, der ein- und der zweiteiligen, ist je eine ganze Folge von Abwandlungen da. In der Mitte entsteht – für den Augenblick der vollendeten Abschnürung, ehe das Liniengebilde entzweireißt – eine Übergangsform. Wie im Vorübergehen glänzt sie auf. Es gibt sie nur ein einziges Mal: das «Unicum» in der Kurvenfamilie. Auch gestaltlich nimmt sie eine Mittelstellung ein. Zwischen dem Oval, das sich um beide Pole schließt (als ob es ihre Verschiedenheit verdeckend bemänteln wollte), und den auseinanderfallenden Eilinien (die die Trennung unterstreichen und endgültig machen) steht die *Lemniskate* als deutlich zweigliedriges Gebilde, das dennoch in einem einzigen Zug in sich zurück-

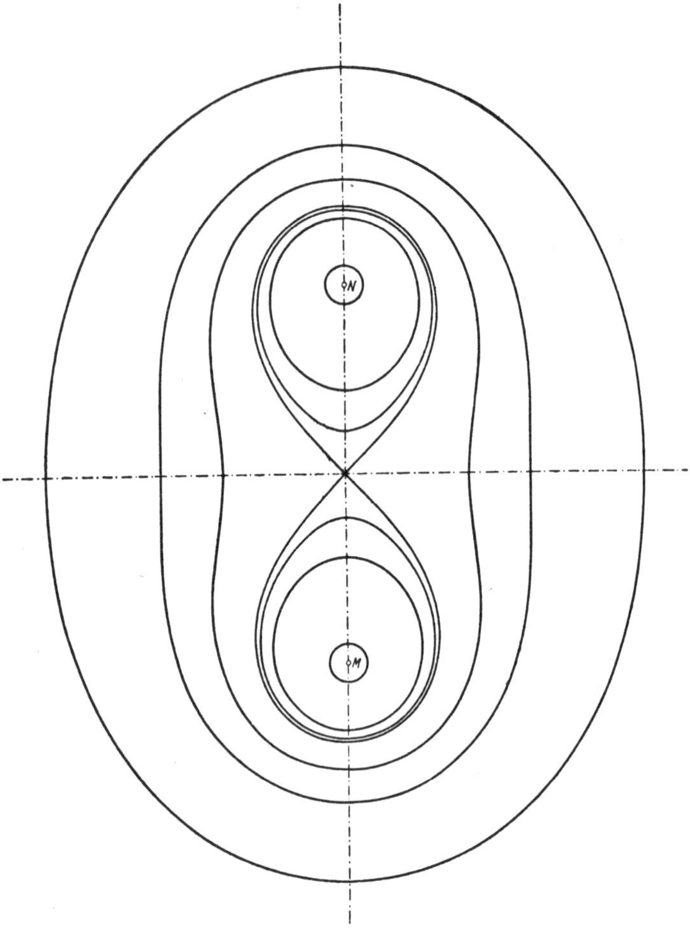

schwingt, wie ein tröstliches Zeichen, daß die Idee des Brückenschlags zwischen Gegensätzen, daß ein ausgeglichenes Mitte-Finden nicht unwirklich ist. (Die Kristallgestalt in unserem Bild freilich konnte gerade die einzigartige mittlere Form nicht zeigen; hier blieb anstelle des Kreuzungspunktes der Acht ein Loch.)

Die mathematischen Gesetzmäßigkeiten dieser Kurvenfamilie wurden von Domenico *Cassini* (1625–1712), einem genialen Astronomen, entdeckt; man spricht deshalb auch von den «Cassinischen Kurven». Die Art, wie wir heute, auf dem modernen Stand der geometrischen Einsicht, in das Tiefgründige, was diese Figuren zur Erscheinung bringen, eindringen können, lag Cassini noch fern.[29] Doch hat er eine Ahnung gepflegt, deren Gehalt auf seinem Gebiet über die auf Kopernikus aufbauende gegenwärtige wissenschaftliche Erkenntnis hinausweist. Nämlich: daß seine Kurven, insbesondere die Lemniskate, eine wichtige Rolle für die Bewegung der Gestirne spielen. Uns erscheint aufgrund unserer Sonne-Erde-Betrachtungen die Vermutung Cassinis durchaus nicht fremd. Gut könnte man sich denken, daß in den Planetenbewegungen, die im Doppelspannungsfeld – also zwischen kosmischer Quelle und Senke gleichsam – ablaufen, weitere Stufen lemniskatischer Vermittlung aufscheinen, die mit den Pflanzen-, Schmetterlings- und Sonnenrandgestaltungen in eine Reihe gehören.

Die übliche moderne Astronomie hat uns auf zweierlei Weise in eine unbefriedigende Weltanschauung hineingeführt. Auf der einen Seite zeigt sie die Sonne als erdfernen, feurig-fürchterlichen Glutball und zementiert damit für die Vorstellung das Getrenntsein der Geschwistergestirne. Sie sieht die Doppelheit so, wie es die cassinischen Eiforminseln verbildlichen, die sich nicht berühren. Auf der anderen Seite vermischt sie die Verschiedenartigkeit, indem sie die Sonnenverhältnisse ausschließlich mit irdischen Maßstäben mißt. So bringt sie den materialistischen kosmischen Eintopf zustande, der dem Einfassen der Pole ins große Cassini-Oval entspricht. Daß es auch einen mittleren Weg gibt, der verbindet, ohne zu vermischen, und der trennt, ohne zu zerreißen, daran wird wissenschaftlich heute kaum gedacht.

Tiefere Sucher aber stehen in ganz anderen Lebensbereichen auf, die dem wundersamen Geheimnis der Lemniskate nachspüren und, wie die Weisen früherer Zeit, sie als «Richtlinie» dem Welt- und Menschenleben vorzuzeichnen beginnen.

Bin in der Fremde
die ist behütet von der 8
dem heiligen Schleifenengel ...

dichtet Nelly Sachs. In der Fremde sein ist zwar Menschenlos. Es wird uns nichts erspart. Von der gräßlichen inneren Gottesferne des Existentialismus bis zur öden Sonnenverdunklung in der Heliophysik. Aber doch steht das Auseinandertreten der Welten unter einem guten Zeichen. Es kann, recht ergriffen, gesegnet sein. Ja, behütet. Wie ein Wesen kann man die Kraft spüren, die die Spannung zwischen Widersprechendem in fördernde Bewegtheit übergehen läßt – ein engelhaftes Wesen, heilig.

Können wir uns, im Innesein des lemniskatischen Linienschwungs, an dieses Wesen wenden? Um die Kraft zu finden, die vermittelt. Die Brücken schlägt. Die selbst Weg ist zwischen Hier und Dort. Die sich selbst berührt und sich daher nie verlieren kann. Die das Kreuz des irdischen Hierseins in die Rundungen des Begegnens mit kosmischem Dort aufnimmt.

Wem begegnen wir in der Gestalt des «heiligen Schleifenengels / Der ist immer unterwegs ...»?

31 Fresko des «Meister Jakob» aus der dem heiligen Georg geweihten Kapelle im Schloß der Grafen von Savoyen in Chillon, 13. Jahrhundert ▷

Christus in euch

Der unbekannte Meister der Fresken in der Kapelle von Schloß Chillon am Genfer See stellt schlicht und geistklar *Christus* in die Lemniskate. Wie wollte man eindeutiger die ganze weltbewegende Wahrheit von Erde und Sonne, ihrer Trennung

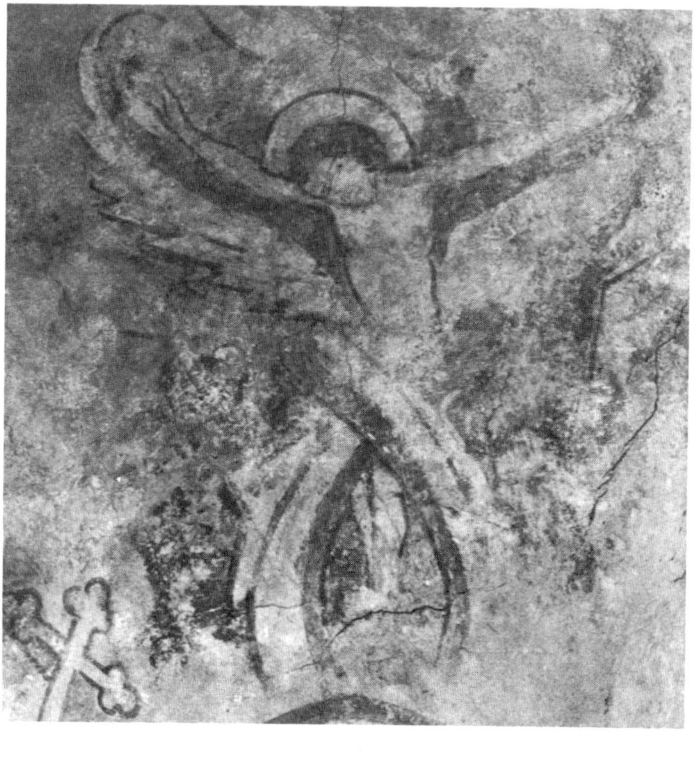

und Wiederverbindung in die Sprache des Malers fassen?! Dieses Bild schließt alles in sich, was in diesem Buch ausgesagt werden kann.

Gibt es ein Zeichen, das dem Wesen des Christus als Mittler zwischen Himmel und Erde mehr entspricht als die heilige Schleifenlinie? Sonnengott und Menschenbruder – das polare Wesen dieser Doppelgestalt schlingt sich in der 8-Figur zum einheitlichen Siegel des Menschengottes zusammen. Kein Wunder, nein, natürlich-geistige Notwendigkeit: daß in der christlichen Kirche dort, wo die Vermählung von irdischem und überirdischem Wesen gefeiert wird, die Lemniskate eine entscheidende Rolle spielt.

Die englische Kathedrale von Wells zeigt, worauf es ankommt, in einer grundlegenden monumentalen Sprache der Formen. Ein vielleicht noch unbewußt gelungener Versuch. Und zugleich eine nie wieder erreichte Wucht der kultischen Ursprünglichkeit. Da, wo Kirchenschiff und Chor aneinandergrenzen – wo die «Gegenwelten» sich berühren, wo der Strom der Verkündigung und der aufnahmebereite gute Wille der Gemeinde sich begegnen und sich vereinigen wollen und wo ältere Zeiten nur die Trennwand eines Lettners zu setzen wußten – dort, am Rande der Vierung erhebt sich mächtig und die ganze lichte Weite des Raumes durchschwingend eine Schleifenlinie im Pfeilergestein. Der gotische Spitzbogen des Daches wird von geschwungenen Streben nach unten gespiegelt und über den mitten im Aufriß schwebenden Kreuzungspunkt erdwärts zu einem zweiten gotischen Bogen fortgebildet, der an der äußeren Wand des Schiffes auf dem Grund aufsetzt: die Lemniskate von Wells. Ihre obere Schleife besteht aus spiegelbildlichen Spitzbögen. Die untere Schleife ist offen, oder doch nur wie vorläufig durch die Waagerechte des Erdbodens abgeschlossen.

32 Vierungsbogen in der Kathedrale von Wells, Sommerset, 13. Jahrhundert

Die Gebärde dieses gewaltigen Bauwerks berührt den Beschauer mit schlagender Überzeugungskraft. Auch von der Abbildung her kann man das nachspüren. Die zentrale Stelle des Gotteshauses ist mit strenger Treffsicherheit bezeichnet; doch so, daß sich das Tor zu weitester Durchlässigkeit öffnet für ein Hin- und Widerströmen. Grenze und Brücke in Wesens-Einheit.

Wir überspringen die Bemühungen der Barock-Baumeister (insbesondere Balthasar Neumanns), die das Bildegeheimnis des Kirchenraumes in die Grundrißformen zu bannen suchen, so daß sie nicht nur bildhaft vor Augen steht, sondern im Abschreiten mehr innerlich vernommen wird – und richten den Blick auf den kultisch Handelnden selbst, den Priester. Sein Wirkungsort ist gerade jene Begegnungsstätte der Welten. Er heißt seit alters *pontifex* = Brückenbauer, und sein eigentliches Priesterzeichen, die gekreuzte Stola, ist eine Lemniskate. Unten ist sie nicht geschlossen – wie die Raumfigur von Wells. So wird der nie zu Ende kommende, dauernd in Tätigkeit begriffene Vorgang des Priesterwirkens anschaubar. Die offene untere Schleife der Acht verleiht dem Bild eine innere Richtung, ein Streben vom Oberen zum Unteren, noch Unvollendeten hin. Die Kraft des Mittlers, der hier zum Wirken gerufen wird, ist auf die Erde gerichtet. Christentum ist «der Glaube, der die Erde liebt».

Bei der Betrachtung der kultischen Zeichen finden wir uns eingeweiht in die bewußte Handhabung des Symbols. Die Lemniskate wird zur Schlüsselfigur im wörtlichen Sinn, die angrenzende Bereiche füreinander aufschließen will.

Eine Steigerungsform begegnet uns in den modernen kultischen Formen, die von der Christengemeinschaft heute praktiziert werden. Wenn der Priester vor versammelter Gemeinde zum Altar tritt, trägt er das Feiergewand. Dessen Rückseite, die den größten Teil der Handlung über für die Gemeinde sichtbar ist, zeigt eine nach oben offene U-Form. Der höheren Welt sich öffnend, tritt die Menschengemeinschaft zusammen. Im Verlauf des Geschehens erfährt sie das Berührtwerden von Dort: Jedesmal, wenn der Priester sich umwendet, um der Gemeinde den Segensruf, daß Christus in jeder Seele sei, zuzusprechen, erscheint auf der Vorderseite des Gewandes die heilige Schleife. Nur für einen Augenblick glänzt sie jeweils auf. Aber immer wiederkehrend im Vollzug der Handlung, prägt sich das Segnende tiefer und inniger in die Seele ein. Und endlich wird, am Höhepunkt, der Augenblick zur Dauer erhoben: wenn bei der Austeilung des Mahls die Achtform sich in nächster Nähe an den zum Altar tretenden vorbeibewegt, während sie Brot und Wein und den Gruß des Friedens empfangen.

Was spricht die Verwandlung der U-Form in die 8-Form aus? Der Linienzug ist oben, wo er offen war, geschlossen. Eine Antwort ist erfolgt auf das fragende Suchen, das in der Opferbereitschaft der Gemeinde versammelt war. Aber zugleich ist die Linie in sich verschlungen: In der Mitte erscheint ein Kreuz, als wolle sie sich spüren, sich ihrer selbst bewußt werden.

Ginge es nur um die Erlangung neuen *Wissens*, so würde es genügen, daß die bruchstückartige Form sich schließt. Es wäre ein gutes Bild für die Vervollkommnung der Erkenntnis, den unvollendeten Ring zum vollen Rund zu ergänzen.

Bei der Christusdurchdringung aber wird *Wandlung* bewirkt. Die Antwort greift ein in das Wesen des Fragenden und macht aus ihm selbst einen anderen. «Nicht ich» – sprach die U-Form in freier, hingebender Offenheit. «Sondern Christus» – sagt die Vollendung des Runds. «Aber nicht Christus als außermenschliche Göttermacht, sondern ‹Christus in mir›» – so spricht das seiner selbst bewußtmachende Kreuz.

Damit ist die Brücke neu errichtet. Die auseinandergefallenen Gestirne Sonne und Erde sind im Zeichen des heiligen Schleifenbands wieder verwandtschaftlich verknüpft. In Christus vereint sich unserem Planeten

> . . . Sonnen-Weben
> Liebes-Strahlung einer Welt
> schöpferischer Wesenheiten –
>
> die durch unerhörte Zeiten
> uns an ihrem Herzen hält,
> und die uns zuletzt gegeben
>
> ihren höchsten Geist in eines
> Menschen Hülle während dreier
> Jahre: da Er kam in Seines
>
> Vaters Erbteil – nun der Erde
> innerlichstes Himmelsfeuer:
> daß auch sie einst Sonne werde.

Für den Menschen ist das übende Innewerden dieses kosmischen Tatbestands und das Eintreten in das heilig-heilsame Doppelkraftfeld des Altargeschehens gleichbedeutend mit dem wahren Zu-sich-selber-Kommen. In der «Weihe» (d. i. Vollendung) zum wirklichen Menschen erfüllt der Erdensohn seine Veranlagung. Er ist zum Mittler zwischen Himmelssein und Erdensein bestimmt. Deshalb heißt die gottesdienstliche Kulthandlung in der Christengemeinschaft sinn- und sachgemäß «Menschenweihehandlung». Was könnten wir Schöneres und Größeres wünschen, als in bewußtem Tun an der Vollbringung der Weltall- und Seelenkern-Verwandlung mitzuarbeiten – aus der Kraft des «Christus in uns»!

III.

Das helle Reich

Dieses Sonnengeheimnis, es wurde empfunden als das größte Kleinod der Menschheit.
Unter Kaiser Konstantin hat das Christentum diejenige Form angenommen, die die Sonne verleugnet.
Aus der modernen Naturerkenntnis heraus muß das Sonnenkleinod wieder zum Erglänzen gebracht werden.

Rudolf Steiner

33 Sonnenflecken, aufgenommen vom Sonnenobservatorium Wendelstein am 9. November 1956 ▷

Sonnenflecken

Während ich dieses Kapitel schreibe, Anfang Januar 1971, ist mit bloßem Auge deutlich ein größerer Sonnenfleck sichtbar. Am winterlichen Morgen glüht die Scheibe matt und rötlich durch neblige Luft, und man kann sie auf einem Spaziergang

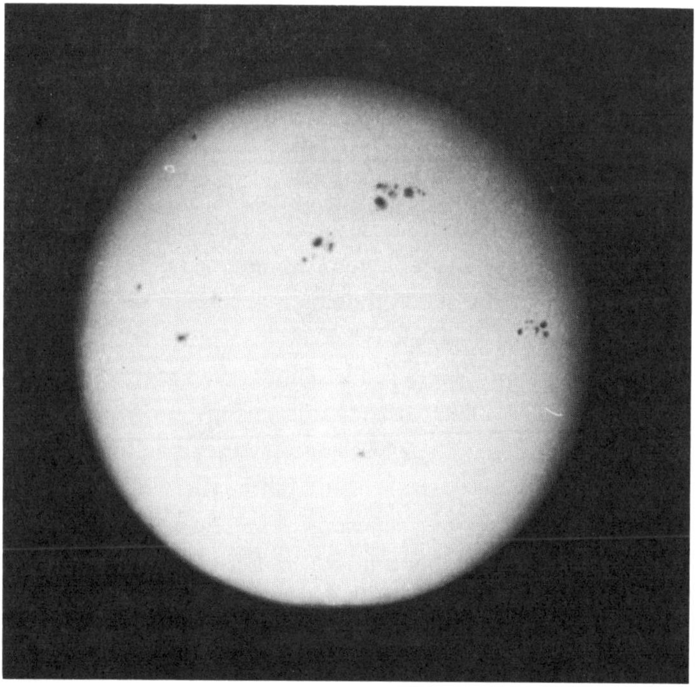

über die Schneefelder mit Muße betrachten. Plötzlich hält man erschrocken inne: War da nicht eine Unreinheit, ein schwarzes Tüpfelchen auf der hellen runden Fläche? Unwillkürlich will man es für eine Täuschung halten. Man bewegt sich hin und her, vor und zurück, blickt eine Weile weg, prüft dann von neuem. Bleibt die Erscheinung beständig gegen alle solche Beeinflussung, so sieht sich der Beobachter am Ende genötigt, anzuerkennen, daß tatsächlich auf der klaren Scheibe eine verdunkelnde Störung Platz gegriffen hat.

Ein Sonnenfleck! – Man kann sich in die Stimmung der ersten Entdecker versetzt fühlen, die mit Schrecken und Entsetzen dieses Makels auf dem reinen Grund ansichtig wurden und erst nach langer innerer Gegenwehr sich zu dem Eingeständnis zwingen ließen, daß wirklich «das Weltenauge krank werden kann», daß mitten in der Quelle des Lichts Spuren verfinsternder Wirkkräfte erkannt werden müssen.

Allgemein ist die Menschheit offenbar spät auf die Erscheinung der Sonnenflecken aufmerksam geworden. Selbst die Chinesen, denen wir die ersten Berichte darüber verdanken und deren geheimnisvolle Urkultur sonst auf vielen Lebensgebieten überraschend früh das Spätere vorausgenommen hat, begannen erst im Jahr 301 mit der Aufzeichnung, führten sie allerdings dann mit erstaunlicher Beharrlichkeit bis zum Jahr 1205 regelmäßig durch. Man könnte ja auch einmal die Frage aufwerfen, ob es in früheren Jahrtausenden überhaupt ein solches Auftreten von Flecken auf der Sonnenscheibe gegeben habe, wie es uns aus den jüngstvergangenen Jahrhunderten überliefert ist... Bemerkenswert ist hierzu, was von dem Inka Huyana-Capac berichtet wird, der um 1500 in Peru lebte: Bei ihm rief die Entdeckung der Sonnenflecken eine solche seelische Erschütterung hervor, daß er begann, Zweifel zu hegen, ob die Sonne wirklich eine Gottheit sei. Das ist für den Inka, der doch selbst der Sohn der Sonne und Statthalter des strahlenden Gottes auf der Erde ist, ein ungeheuerlicher Bewußtseinseinbruch. Er sieht die «Götterdämmerung» plötzlich mit Augen!

Auch die nüchtern naturwissenschaftlich gesonnenen mitteleuropäischen Forscher wehrten sich zum Teil heftig gegen die sich ihnen aufdrängende Erkenntnis von Sonnenflecken. Kepler deutete um, was er sah, so wie es ihm besser verständlich schien: Wolken müßten es sein, die vor der Sonnenscheibe vorbeizögen oder allenfalls andere Planeten, Merkur oder Venus; keineswegs könnten derartige Dunkelelemente zum Sonnenwesen selbst gerechnet werden. Johannes Fabricius, der schon das Fernrohr zur Sonnenerforschung einsetzte, gibt von seinen Beobachtungen und seinem anfänglichen Zaudern, das Vermutete wirklich als wahr gelten zu lassen, einen unterhaltsamen Bericht (was er schildert, geschah an einem Dezembermorgen 1610):

«Ich richtete das Fernrohr nach der Sonne ... Indem ich nun ... aufmerksam betrachte, zeigt sich mir unerwartet ein schwärzlicher Flecken von nicht geringer Größe in Vergleichung mit dem Sonnenkörper ... Ich glaubte, vorbeiziehende Wolken stellen den Flecken dar. Ich wiederholte die Wahrnehmung wohl zehnmal, durch batavische Fernröhren von verschiedener Größe, versicherte mich endlich, Wolken verursachen diesen Flecken nicht. Indessen wollte ich doch mir allein nicht trauen, rief also den Vater ... Wir fingen beide mit dem Fernrohr die Sonnenstrahlen auf, anfangs am Rande, gingen nach und nach gegen die Mitte, bis das Auge an die Strahlen gewohnt war, und wir die ganze Sonnenscheibe sehen konnten. Da sahen wir das Erwähnte deutlicher und gewisser ... So verging uns der erste Tag und unserer Neugier war die Nacht beschwerlich, die uns unter Zweifeln verging, ob der Flecken in oder außer der Sonne wäre ... Den folgenden Morgen erschien mir beim ersten Anblick der Flecken wiederum, zu meiner großen Freude, weil ich von den erwähnten beiden Meinungen der ersten gewesen war ... Indessen schien der Flecken seine Stelle ein wenig verändert zu haben, was uns Bedenken machte ... Nun war es drei Tage lang trüb. Als wir wieder heiteren Himmel bekamen, war der Flecken von Osten gegen Westen in einiger Schiefe fortgerückt. Wir bemerkten am Sonnenrande einen anderen kleinern, der aber dem großen folgte, und in wenigen Tagen ins Mittel der Sonnenscheibe kam. Noch einer kam dazu, wir sahen drei. Der größere entzog sich am entgegengesetzten Rande nach und nach unserm Anblicke, und daß die andern eben dergleichen vorhatten, sah man aus ihrer Bewegung. Eine Art von Hoffnung ließ mich Wiederkunft erwarten. Nach 10 Tagen fing der größere wiederum an am östlichen Rande zu erscheinen; wie der weiter in die Sonnenscheibe hineinging, folgten auch die übrigen, die sich am Rande allemal undeutlich zeigten. Das leitete mich also auf eine Umwälzung der Flecken ...»[30]

Auch Galilei hatte um diese Zeit Sonnenflecken beobachtet, aber beträchtliche Schwierigkeiten erfahren, seine Entdeckung anderen nahezubringen. Am gründlichsten prüfte und beschrieb wohl der Jesuitenpater Christoph Scheiner in Ingolstadt die Fleckenerscheinungen, weshalb er auch nachmals – zu Recht und zu Unrecht – als der eigentliche Entdecker gefeiert wurde. Sein Ordensoberer beschimpfte ihn gröblich, daß er etwas gesehen haben wolle, was «im Aristoteles» nicht zu lesen sei. Doch Scheiner ließ sich nicht abschrecken, folgerichtig weiter zu forschen. Und so konnte er bald aus der Wanderung der Flecken die Umdrehungsgeschwindigkeit des Sonnenballs um seine eigene Achse errechnen und weitere Feinheiten des Fleckenverhaltens erkennen, die erst viel später im sogenannten Schmetterlingsdiagramm eine genaue, zusammenfassende Beschreibung gefunden haben.

In der anbrechenden Neuzeit wuchs und verbreitete sich die Hinneigung zur Sonnen- und insbesondere zur Fleckenbeobachtung. Doch währte es bis zur Mitte des 19. Jahrhunderts, ehe ein Forscher die vielfältig und zufällig über die ganze Welt verstreuten Ergebnisse einzelner Liebhaber sammelte, um zu einer regelrechten Gesamtschau zu gelangen. Dieses Verdienst hat sich der schweizerische Astronom Rudolf Wolf erworben, der in mühevoller Kleinarbeit die Aufzeichnungen aller seiner Vorgänger zusammenstellte und durch reiche eigene Forschung ergänzte. Es gelang ihm erstmalig, begründete und vielseitig abgesicherte Ansichten über Entstehung und Werdegang der Fleckenerscheinungen zu bilden, und so gilt er heute als der Pionier der modernen Sonnenfleckenforschung.

Bahnbrechend wurde, daß Wolf anhand seiner breiten Materialsammlung glaubhaft machen konnte, was andere schon mehr oder minder deutlich vermutet hatten: nämlich, daß die Sonnenfleckentätigkeit im ganzen einer regelmäßigen Schwankung unterliege, so daß es abwechselnd Zeiten mit wenigen (Minima) und solche mit einer Häufung von Flecken gibt (Maxima). Er fand eine Wiederkehrregel (Periode) von etwa 11 Jahren heraus.

Bemerkenswert war, daß gerade um die Zeit (1852), als er diese Feststellungen veröffentlichte, von anderen Forschern (Gauß, Oersted u. a.) eine entsprechende Schwankungseigenschaft für das magnetische Feld der Erde entdeckt wurde. Wolf, der diese Nachricht mit großer Erregung aufnahm, verglich die periodischen Abläufe und fand genaue zeitliche Übereinstimmung. Die Häufigkeit der Nordlichterscheinungen ordnete sich demselben Zeitmaß ein; auch für das Auftreten von Erdbeben und für den Wetterablauf schien eine Entsprechung ersichtlich. Man kann die Hochstimmung nachempfinden, die die Forscher damals ergriff, als sie auf ein solches grundlegendes Regelmaß aufmerksam wurden, in dem sich viele getrennte Einzelgebiete der Naturbetrachtung zusammenzuschließen versprachen.

Lag es nicht auf der Hand, daß das Entstehen von Sonnenflecken kein abgetrennter Vorgang war, der nur die Sonne betraf – ebensowenig wie andererseits Wetterwechsel, Magnetismus der Atmosphäre und Nordlichter sowie die Bewegung der Erdkruste jedes für sich unabhängige Veränderungen und Wiederholungen erlitten –, sondern daß das Wechselleben in allen diesen verschiedenen Weltgebieten auf eine gemeinsame Wurzel zurückzuführen, daß in den scheinbar einander fernliegenden Gliedern unseres Alls ein gleicher Pulsschlag, der Lebensrhythmus des ganzheitlichen planetarischen Organismus, zu spüren sei?

Zeichen auf der Haut

Löst schon das bloße unvorbereitete Gewahrwerden der Dunkelpunkte auf der glänzenden Sonnenscheibe beim Beschauer ein ursprüngliches Befremden aus, so muß jeder, der einmal Sonnenflecken in fotografischer Großaufnahme oder in der

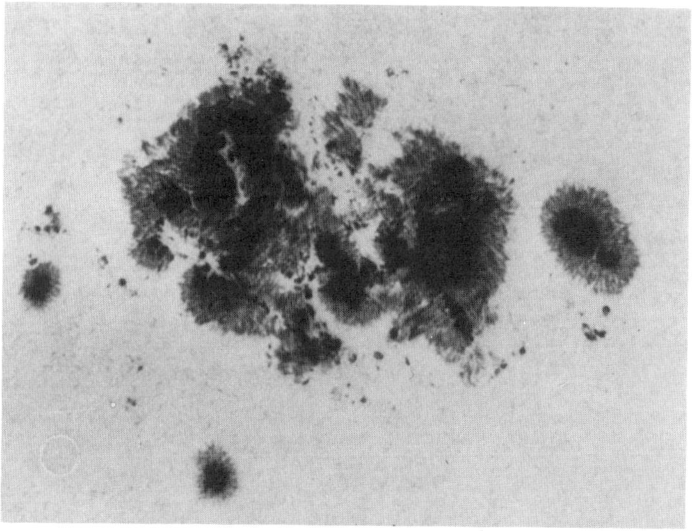

34 Sonnenfleckengruppe in starker Vergrößerung. Aufnahme der Mount Wilson- & Palomar-Sternwarten

Zeichnung des Astronomen zu Gesicht bekommt, sagen, daß er im ersten unbefangenen Augenblick tief erschrickt. Unheimlich ist das, was sich da dem Auge zeigt, entsetzlich ... Die helle Fläche ist verletzt, sie erscheint brutal aufgerissen, durch einen zerstörerischen Eingriff durchlöchert und teilweise zerfetzt. Es gibt eigentlich nur eines, womit sich dieser Eindruck vergleichen läßt: schwärende Wunden. Die Ränder sind zerfranst, brandig; krankes, absterbendes Gewebe (der Arzt nennt es «nekrotisch») zersetzt sich selbst und wird bräunlich-schwarz, wie verbrannt. Oder man denkt an Aussatzpusteln, die in faulig um sich fressenden Gewebszerfall übergehen.

Wie der Anblick von Wunden am menschlichen Körper entweder Ekel und Abscheu erregen oder unser mitfühlendes Herz ansprechen kann, so vermag das Anschauen der Sonnenflecken neben der abstoßend beängstigenden Wirkung, die davon ausgeht, eine heftige Erschütterung der Seele hervorzurufen, die in eine Art von übermenschlichem Erbarmen einmündet gegenüber dem kosmischen Leidensvorgang, der uns hier so sichtlich vor Augen tritt. Wir dürfen uns diesem tiefgehenden Eindruck nur nicht dadurch entziehen, daß wir uns durch vorschnelle Erklärungsversuche um die eigene Ergriffenheit bringen.

Die Anschauung von der Sonne, die wir uns in diesem Buch nach und nach erworben haben, zeichnet einen ganz klaren Weg vor, wie wir Verständnis für die rätselvolle Erscheinung der Sonnenflecken gewinnen.

Wir selbst befinden uns im Innern des großen Strahlenleibes der Sonne, der den ganzen Planetenkosmos enthält, und schauen in dem glänzenden Rund der Scheibe auf die «Haut», die das Sonneninnere von einem Außenraum trennt. Die Blickrichtung ist also umgekehrt wie beim Betrachten des menschlichen Leibes. Das eine Mal schauen wir von außen gegen innen, das andere Mal von innen gegen außen. Beide Male aber wird unser Blick von der Trennfläche «Haut», die Inneres und Äußeres scheidet, aufgehalten.

Die Haut begrenzt, schließt ab – und ist zugleich Vermittler, Berührungsorgan der verschiedenen Bereiche. Dadurch wirkt sie gleichzeitig verhüllend und offenbarend. Ihre Beschaffenheit läßt den Kundigen vieles erkennen, was dem unmittelbaren Anschauen entzogen ist. Ja, die Oberfläche gibt als getreuer Spiegel den Zustand des Leibesinneren äußerlich sichtbar wieder.

Für den Arzt gehört das Aufmerken auf Hautzeichen, die Botschaften vom Verhalten der inneren Organe übermitteln, zum täglichen Brot. Er sagt dem Patienten, der mit gelblicher, schlaffer Haut vor ihm erscheint, seine Leber-Galle-Störung auf den Kopf zu. Für den Mann mit dem bläulich angelaufenen Gesicht hat er sofort eine Herz-Kreislauf-Hilfe zur Hand. Ganz zu schweigen von den verschiedenen Ausschlägen, von Haar- und Nagelschäden, die auf Unstimmigkeiten im Gesamthaushalt deuten. Sogar seelische Regungen werden augenfällig, wenn wir – oft sehr zu unserer Pein – verräterisch erröten oder erblassen.

Müßten wir demnach eine weltallweite Einfühlungsgabe entwickeln, einen medizinischen Blick von kosmischem Ausmaß, um die Zeichensprache der Sonnenflecken zu entziffern?

Wenn wir unsere Aufmerksamkeit schulen und – wie der Arzt, der mitleidend auf die Eigenart seines Patienten eingeht – durch liebevolles Verständnis schärfen, so müssen sich uns aus diesen dunklen Chiffren die Lebensprozesse des gesamten Sonnen-Mutter-Leibes entschlüsseln. Sonnenfleckenforschung muß sich zu einer erweiterten Hautzeichenkunde fortentwickeln lassen, die aus der Beschreibung der Oberflächenveränderungen Aufschlüsse gewinnt über den jeweiligen Gesundheits- und Krankheitszustand des planetarischen Alls.

Qui tollit peccata mundi

Was bleibt uns übrig als Ergriffensein – vor einem Vorgang, in dem unser eigenes Leben als Erdbewohner und Weltallbürger mit inbegriffen ist? Verstehen wir es jetzt besser, daß beim ersten Anblick von Sonnenflecken etwas in unserer Seele sich so heftig betroffen fühlt? In der Tat, diese unwillkürliche Rückwirkung ist im Weltgefüge begründet. Die Verdunkelungen des Lichtquells sind nicht die Angelegenheit eines millionenweit von uns entfernten Feuerballs, die nur Fachleute fesseln kann, sondern die Spuren eines Geschehens, das von unserem – der Planetenwesen – Verhalten beeinflußt und mitbestimmt wird. Wenn man sich heute angewöhnt hat, von den Sonnenflecken als riesigen «magnetischen Kältemaschinen» zu sprechen, so ist dieses Wort zwar ein unschöner, brutalisierter Sprachausdruck, doch recht verstanden kann gerade in diesem Begriff die Wahrheit zu Herzen gehen: Gewaltige Abkühlungs- und Verfinsterungsprozesse, Kältekrämpfe, gehen vor sich am reinen Organ der Mitte als Auswirkungen und Tatenruhm dessen, was sich rundum in der Lebensgemeinschaft der Wandelsterne abspielt. Die Sonne hält ihren Kindern, ihren Partnern, den Spiegel vor.

Das An- und Abschwellen der Sonnenfleckenhäufigkeit hat die Beobachter immer wieder beschäftigt. Nach langer Zeit gelang es endlich, wie erwähnt, Rudolf Wolf, aus seiner großen Gesamtübersicht in dem wechselnden Geschehen eine Gesetzmäßigkeit festzustellen: die Wiederkehrregel von etwas mehr als 11 Jahren. Seine Vermutung, daß diese «Periode» sich aus anderen regelmäßigen Schwankungen im Planetenleben herleite, wurde, weil sie zunächst unbewiesen blieb, von späteren Forschern außer acht gelassen. Und so blieb durch Jahrzehnte die Kennzahl 11 ein fester Begriff in der Fleckenforschung, ohne daß man mit ihr hätte irgendeine erklärende Einsicht in die Entstehungsursachen verbinden können. Die Erscheinung, die alle in ihren Bann zog, blieb letztlich rätselhaft.

Das wurde auch dadurch nicht wesentlich anders, daß im Anfang unseres Jahrhunderts eine neue Eigenschaft der Flecken entdeckt wurde: nämlich, daß ihr Auftreten von einem bestimmten Doppelsinngesetz beherrscht wird. Um die Fleckenzentren sieht man oft strudelförmige Ausstrahlungen, deren Wirbelarme sowohl rechts- als auch linksdrehend stehen können. Häufig treten die Flecken paarweise auf, und zwar gerade so, daß die einander zugesellten Wirbel gegensinnigen Drall aufweisen, also beispielsweise der bei der Ortsverschiebung voranlaufende rechtsdrehend, der nachfolgende linksdrehend. Elf Jahre später findet man dann Fleckenpaare, bei denen die Verteilung der Drehrichtung genau umgekehrt ist, wo also, in unserem Beispiel, der vorangehende Wirbel Linksdrall, der folgende Rechtsdrall zeigt. Erst nach weiteren 11 Jahren sind durch nochmalige Auswechselung des Drehsinns wieder Verhältnisse hergestellt, die den ursprünglichen ähneln. So muß man aufgrund dieser Beobachtungen sagen, daß die wahre Wiederkehrregel 22 Jahre umfaßt. Doch ist nach dieser Verdoppelung der Zeitzahl das eigentliche Rätsel der Erscheinung nach wie vor ungelöst. Was macht gerade die Zahlen 11 und 22 zu Kennziffern des Sonnenlebens? Die Frage nach einem ursächlichen Zusammenhang mit dem Wesen des Gestirns bleibt,

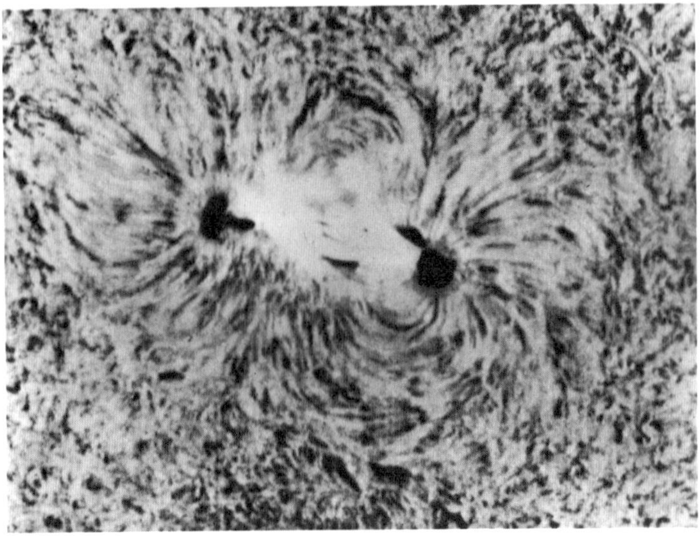

35 Zweipolige Sonnenfleckengruppe. Deutlich zeigt sich die Wirbelstruktur um die beiden Zentren

wenn man die Sonne so ansieht, wie man es heute gewohnt ist, unbeantwortet.

Unbefriedigt von diesem Im-Dunkeln-Tappen suchen moderne Forscher ganz von der Vorstellung eines periodischen Ablaufs abzurücken, indem sie jedes einzelne An- und wieder Abschwellen der Fleckentätigkeit als unabhängigen Vorgang ansehen, dem sie die in sich selbst begründete Dauer von 11 Jahren zuerkennen. Doch fördert diese Ansicht auch nicht eben die Durchschaubarkeit. Sie stellt vielmehr das andere Extrem dar. Weder die Annahme eines starren sonneneigenen Wiederkehrmaßes noch die einer losen Reihung von unzusammenhängenden Einzelereignissen kann letztlich hier etwas entschleiern. Das Kernproblem liegt, wie wir sahen, in der Sonnenvorstellung selbst, die man zugrunde legt. Für unsere Sicht ergibt es sich wie von selbst, daß das Entstehungsgeschehen der Sonnenflecken ein Lebens- und Leidensvorgang des ganzen Systems ist und demnach auch die ihn bestimmenden Zahlenregeln im Wechselspiel des Planetenlebens gesucht werden müssen.

Erfreulicherweise zeigen sich auch in den Arbeiten mancher Forscher bereits Ansätze, in dieser Richtung die Grundlagen für ein neues Verständnis zu erarbeiten. Wir wollen hier Paul G. Hunziker das Wort geben, der in seinen Arbeiten über «Astrometeorologie»[31] zu einer aufschlußreichen Zusammenschau der Tatsachen gelangt.

«Aus der Summe der beobachteten Erscheinungen», schreibt Hunziker, «kann geschlossen werden, *daß bei der Bildung von Sonnenflecken nicht allein die Sonne, sondern das Kräftefeld des gesamten planetarischen Systems einem gewaltigen Geschehen unterworfen ist.»* Die Fülle der veränderlichen Vorgänge – wir können hier, wo nur die einfachsten Grundlinien gezeichnet werden sollen, keinen Einblick in die erregende Mannigfaltigkeit vermitteln – macht anschaulich, *«daß die Sonne tatsächlich ein variabler Stern ist,* wobei im elfjährigen Zyklus nicht nur die Sonne, sondern vielmehr das ganze planetarische System seine Kräftekonfiguration verändert». (Hunziker gebraucht den Begriff «Sonne» hier noch im herkömmlichen Sinn; für unsere Art des Sprachgebrauchs würde es sich erübrigen, zu sagen: «nicht nur die Sonne, sondern vielmehr das ganze planetarische System», weil, wie wir entwickelt haben, beides in Wirklichkeit gleichbedeutend ist.)

Wenn man das Ab- und Zunehmen der veränderlichen Größen nun etwas genauer ins Auge faßt, so ergibt sich, daß die Wiederkehrregel von 11 (oder 22) Jahren nur ein ziemlich grober Annäherungswert ist. Tatsächlich ist gar keine eindeutige Periode vorhanden, sondern es schwanken die zeitlichen Abstände erheblich. Die 11 spielt nur die Rolle eines mittleren Wertes von Zahlen zwischen 8 und 15.

Diese Unregelmäßigkeiten im Regelverlauf der Sonnenflecken-Wellenkurve kennen wir heute über weite Zeiträume hin recht genau. Denn man hat neuerdings Quellen entdeckt, aus denen überraschenderweise Kenntnisse darüber geschöpft werden können bis weit vor jede von Menschen gemachte Beobachtung zurück. Es gibt ein natürliches Weltgedächtnis, das uns Nachrichten von diesem Ablauf sorgfältig aufbewahrt hat. Dieses Gedächtnis arbeitet auf folgende Weise: Das gewaltige Geschehen, von welchem die Rede ist, das wellenweise unser ganzes Sonnensystem durchzieht, wirkt sich verständlicherweise auch auf die Wettervorgänge der Erde aus. Hiervon wiederum sind in erster Linie die Pflanzen betroffen, die von Feuchte oder Trockenheit, Hitze oder Kälte in ihrem Gedeihen beeinflußt werden. Bei den Bäumen prägt sich der Wechsel der Wachstumsbedingungen als bleibende Spur ein in Gestalt der schwankenden Dicke ihrer Jahresringe. Wer diese Schrift entziffern kann, dem erschließt sich jahrhundertweit eine Übersicht über die Witterungsverhältnisse. Heute hat sich eine eigene Wissenschaft entwickelt, die dieses Gebiet gründlich durchforstet, die sogenannte Dendrochronologie, also Baum-Zeitkunde. – Doch das ist noch nicht alles. Sogar in viel fernere Vergangenheiten, bis in geologische Zeitalter zurück, gelingt es, die im Großwettergeschehen sich spiegelnden Schwankungen des Sonnenlebens zu verfolgen. Ähnlich wie die Baumringe sprechen die feingeschichteten Schlammablagerungen in eiszeitlichen Überschwemmungsgebieten oder andere Sedimentationen, bei denen verschiedenartige Materialien in Wechselschichten aufeinander liegen, eine versteh-

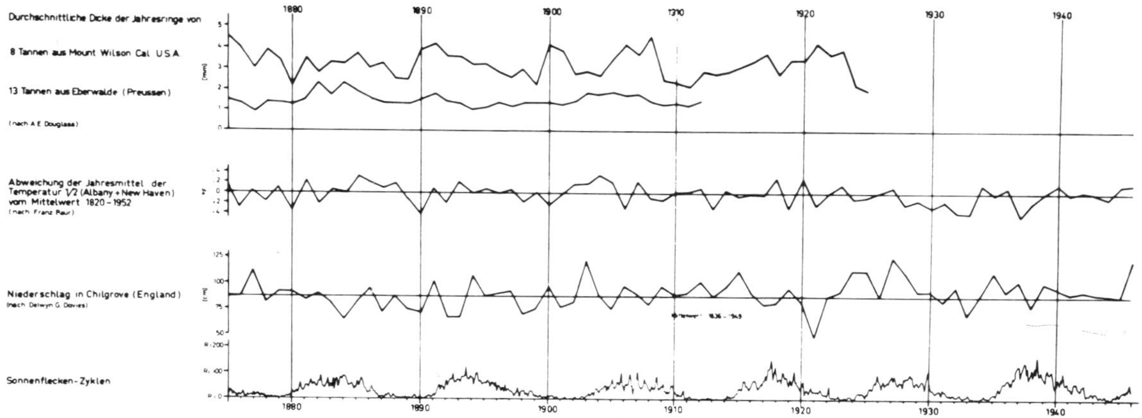

36 Dendrochronologische Kurven. Außer den Wachstumsschwankungen von Baumbeständen in USA und Mitteleuropa werden Temperatur- und Niederschlagswerte mit den gleichzeitigen Sonnenfleckenzyklen über etwa ein halbes Jahrhundert verglichen.

bare Sprache über das Auf und Ab der Lebensvorgänge im Sonnenall.

Es gibt nun ein mathematisches Verfahren, das es ermöglicht, eine Wellenlinie so zu «durchleuchten», daß ersichtlich wird, inwiefern das Kurvenbild ein Ergebnis von vielen zusammenwirkenden, aber verborgenen Einzelschwingungen ist. Wie bei einem Orchester jedes Instrument seine eigene Melodielinie haben kann und seinen eigenen Wechsel in der Lautstärke, und im Zusammenspiel ergibt sich für das Ohr doch ein Gesamteindruck, eine einheitliche melodische Figur und ein übergreifendes An- und Abschwellen des gemeinsamen Tönens – so bringt auch in vielen Naturvorgängen eine Vielzahl von kleineren, unabhängigen Schwingungen eine übergeordnete Großschwingung hervor, der man ihre Herkunft aus der Überlagerung (oder «Superposition») von Teilgebilden gar nicht mehr ohne weiteres ansieht. Die sogenannte «harmonische Analyse» ist nun das Mittel, um aus dem Gesamtklang des Orchesters die Klangweisen der einzelnen Instrumente herauszuhören oder eine Wellenschwingung so aufzulösen, daß die einzelnen Unterwellen und Teilschwingungen sichtbar werden, aus denen sie sich zusammensetzt.

Seit wir uns aus dem Gedächtnisspeicher der Baumringe und Ablagerungs-Schichtenfolge die Wellenlinie der Sonnenrhythmen über weite Zeiträume vergegenwärtigen können, ist es auch möglich, diese Kurve einer genauen «harmonischen Analyse» zu unterwerfen. Dabei zeigt sich, daß sie aufgefaßt werden kann als «Summe» oder «Resultierende einer Vielzahl von kürzeren, persistenten, ohne Phasenwechsel durch das Naturgeschehen weiterlaufenden Periodizitäten» (Hunziker). Deshalb war wohl das Suchen nach einem eindeutigen Sonnenfleckenrhythmus so wenig erfolgreich und die später gefundene Zahl 11 von so zweifelhafter Überzeugungskraft. Die zwischen

8 und 15 Jahren schwankende Wiederkehrregel ist offensichtlich nur das Ergebnis der zusammenwirkenden vielerlei anderen Schwingungsregeln. Dabei führt «die Beharrlichkeit und Regelmäßigkeit, mit welcher diese rhythmischen Impulse durch Jahrhunderte und Jahrtausende in den Naturprozessen auftreten», wie Hunziker schreibt, «dazu, den impulsierenden Faktor in dem die Sonne umgebenden Felde zu suchen». In unserer Sprache also: Die Vorgänge, die sich in den Fleckenerscheinungen oder den irdischen Wettervorgängen abzeichnen, sind als Lebensprozesse des gesamten Sonnensystems aufzufassen. Tatsächlich ergibt sich, daß die «errechneten Periodizitäten alle in den Konstellationsrhythmen der Planeten in Erscheinung treten» (Hunziker).

Die neueren Forschungen bestätigen also das Bild, das wir von dem planetarischen Organismus zeichneten. Die Umlauf-Schwingungen der einzelnen Planeten, ihr Miteinander («Konjunktion»), ihr Entgegenstehen («Opposition»), das gegenseitige Durchkreuzen der Richtungen («Quadratur»), dieses ganze Wider- und Wechselspiel, machen den – heilen oder kranken – Lebenszustand des großen Sonnenmutterleibes aus, wie das Zusammenwirken oder die Unverträglichkeiten unter den inneren Organen das Gesamtbefinden des menschlichen Körperlebens bestimmen. Und dieses verschafft sich Ausdruck auf dem Grenzorgan der Haut; als Störung und Zerstörung, solange es von innerer Reibung und Mißklang beherrscht ist. – Hier tut sich ein weites Forschungsfeld für künftige Untersuchungen auf. Doch ein Gesamteindruck von dem, was zu erwarten ist, hat sich uns deutlich ergeben.

Wer würde nicht betroffen von dem Blick auf das rätselvolle Wesen der uns tragenden und umfassenden Sonnenmutter, die alles Schicksal ihrer Kinder – der Planeten samt allen Wesen, die auf ihnen wohnen – im Aufjauchzen jungen Lebens wie im Verhängnis von Vernichtungskriegen mitlebt und miterleidet? Göttliche Größe, weltenweite Langmut muß es sein, die solchermaßen die Lasten ihrer Schutzbefohlenen zu ihrer eigenen Bürde macht; ihre Unfähigkeiten, Schwächen, Quertreibereien wehrlos hinnimmt und das eigene leuchtende Antlitz verdunkeln läßt, bis die unverträglichen Auswirkungen für das Lebensganze – das System – aufgearbeitet und «verdaut» sind.

Wer dächte da nicht an das Wort, das von einem Wesen spricht, welches die Beschwernisse der Welt – «die Sündenlast des Kosmos» – auf sich nimmt? «Qui tollit peccata mundi». Johannes der Täufer war es, der dieses Wort prägte und den um ihn Gescharten ins Bewußtsein rief: Seht hin, in Diesem lebt demütig und duldemächtig die Gewalt, die Weltenschicksale tragen und ordnen kann (Joh. 1, 29). Er ist «das Lamm», das Gottesopfergröße verkörpert und Menschenundurchlässigkeit hinaufheben will ins Licht seines goldschimmernden, weltallumhüllenden Strahlenvlieses.

Es ist ein Gleichklang, eine Wesensübereinstimmung, eine geistig-physische Isomorphie, auch von dieser Warte aus angesehen: was die Sonne als kosmische Ordnungsmacht vollbringt – und was in Christus Jesus in die Menschenwelt eingetreten ist.

Siehe! Das ist Gottes Lamm.
Dieser wird für unsere Sünde
Sterben an des Kreuzes Stamm,
daß er allen Völkern künde:
Gott nimmt ihr Gebrest auf sich.
Daß fortan die Menschheit wisse:
Träger ihrer Finsternisse
ist nicht nur ihr kleines Ich.

Wer würde dieser Wesensart gegenüber nicht schlagartig den Aufruf zur Verantwortlichkeit für das eigene Handeln vernehmen? Wenn es die Taten der Planeten sind, die über die Strahlenklarheit des Zentralgestirns bestimmen! Wenn es die Menschen sind, in deren Hände die führermächtige Duldergestalt des Erlösers ihre schaffende Gegenwart übergeben hat!

Wer ist der Sonnenkönig?

Wieder einmal soll uns ein Gegenbeispiel das Gemeinte verdeutlichen:

Es hat im Lauf der Geschichte viele und sehr verschiedenartige «Sonnenkönige» gegeben. Denken wir etwa an die Natchez-Indianer aus dem Mississippital.[32] Bei ihnen wurde der König geradezu «Sonne» genannt. Seine Hoheit war so erhaben, daß er sich besudelt hätte, würden seine Füße den Boden berührt haben. Deshalb mußte er stets in einer Sänfte getragen werden. Alle die großen vorchristlichen Herrschergestalten, die sich als «Söhne der Sonne» oder als irdische Stellvertreter des strahlenden Himmelsgottes bezeichneten – ob sie nun der Alten Welt, dem Fernen Orient, angehörten oder der Neuen Welt des amerikanischen Kontinents; ob sie wirklich der Jahreszahl nach vor der Zeitenwende gelebt oder sich in generationenlang überhängender Vergangenheit bis in die Jetztzeit erhalten haben – diese urtümlichen Halbgötter und Übermenschen gehören in die Reihe der eingeweihten Mysteriensöhne, welche ein Stück inneren Sonnenweges gegangen sind und davon überpersönlich ausstrahlende Führerfähigkeiten mit in das Leben brachten. Wir sind heute geneigt, die uralte Wahrheit derartiger geistiger Entwicklungsstufen auf die Ebene unserer eigenen dürftigen Erfahrungen herabzuziehen, indem wir davon reden, daß sich die Völker früherer Zeit ihre Götterbeziehungen eingebildet hätten. Solche Ansichten sind nur Zeichen, daß wir vor den eigentlichen Tatsachen feige die Waffen strecken. Verständlich freilich, wenn wir mit unzulänglichem Werkzeug an die Arbeit gehen. Im Grunde müßte uns die Betrachtung des «Sonnenkönigtums» der Vergangenheit in ein tiefes Nachsinnen verfallen lassen, worin wir in verborgenen Schächten der Menschheitsseele loten nach längst verklungenen Gemütszuständen ... Kennzeichnet die Sitte des Natchez-Volkes nicht treffend den Sachverhalt, der für die vorchristliche Epoche gültig war? Der Sonnenentsprossene muß über dem Erdboden schwebend gehalten werden, dem Schwerefeld so weit als menschenmöglich enthoben. Gehört er doch seinem Wesen nach einer andern Welt an! Wenn uns in der historischen Meditation etwas ahnbar wird von der realen weltallbezogenen Götterverbundenheit des Urmenschen, dann kann sich an diesem Punkt geschichtliche Forschung mit der hier naturwissenschaftlich-religiös entwickelten Sonnen-Christus-Kunde begegnen.

Doch lassen wir es bei diesen Andeutungen bewenden und den geheimnisvollen geschichtlich-übergeschichtlichen Bereich der alten Sonnensöhne im weiteren unberührt.

Es gibt einen uns näherliegenden Fall, im historischen Raum des christlichen Abendlandes, der zu einer aufmerksamen Beurteilung herausfordert. Bekanntlich hat sich der französische Monarch *Louis XIV* (1638–1715) den Beinamen «roi soleil», d. i. «Sonnenkönig», zugelegt. Was sollte das heißen Anfang des 18. Jahrhunderts? War er wirklich ein sonnenhafter Herrscher?

Allem Anschein nach hat Louis XIV seinen selbstverliehenen Ehrentitel durchaus ernst gemeint und in seiner Person tatsächlich so etwas wie das leuchtende Zentrum und die Schwerpunktsmacht seines Landes und Volkes erblickt. Er trieb die monarchische Form der Staatslenkung bewußt einem Höhepunkt zu, indem er alle Macht in seiner, des unumschränkten

Einzelherrschers Hand zusammenzuziehen suchte. Heute schauen wir mit wenig behaglichen Gefühlen auf jenes Zeitalter des «Absolutismus» zurück, das sich in Louis XIV so eindrücklich verkörperte. Er schrieb auf sein Panier «l'état c'est moi» – «der Staat, das bin ich»; alle Kraftlinien bündeln sich in dem einen einzigen gewalthaberischen Mittelpunkt. War das «Sonnenkönigtum»?

Denen, die heute die Sonne als Schwerkraft- und Strahlungszentrum ansehen, unter dessen übermächtiger Herrschaft das ganze Planetenall zum Leben angetrieben wird, dürfte das Ja auf die Frage naheliegen. Eine Sonne, deren «absolutistischer» Ordnungsmacht alle andern Glieder des Systems unentrinnbar ausgeliefert sind, wäre ein glänzendes Vorbild für den tyrannischen Monarchen. Und so müßten die nach gängigem Muster denkenden wissenschaftlich Gebildeten der Namengebung, die Louis XIV sich zumaß, unbedenklich recht geben.

Doch lehrt uns die Erfahrung im gesellschaftlichen Bereich, daß zwischen der allbelebenden Kraft, die von dem Sonnengestirn ausstrahlt, und dem, was sozial durch eine Gewaltherrschaft wie die des absoluten Monarchen von Frankreich bewirkt wird, ein himmelweiter Unterschied ist. Es führt in Wahrheit keine Brücke vom einen zum anderen, und es kann kein Vergleich angestellt werden. Im Gegenteil! Die Gewalt, die alles freie, schöpferische Leben des einzelnen Staatsbürgers unterdrückt, die auf die Dauer nur lähmen und ertöten kann, würde, wenn man sie auf kosmische Dimensionen übertragen wollte, zu einem Gegenbild der Sonne führen.

Und was würde sich ergeben, wenn man die Art zu wirken, zu ordnen und zu beleben, die wir tagtäglich von der Sonne erfahren, auf den Bereich der menschlichen Gesellschaft umdenken wollte? Wie würde eine «sonnenhafte» Gemeinschaftskunde aussehen? – Noch gibt es keine Schule oder Hochschule, in der ein solches Fach gelehrt werden könnte. Doch haben wir in den vorangehenden Abschnitten dieses Buches genügend Vorarbeit geleistet, um uns die Umrisse einer solchen «Sonnen-Soziologie» anfänglich aufzuzeichnen.

Eine Anekdote erzählt von Louis XIV, daß er sich eines Tages mit dem Dichter Fontenelle unterhielt. Er faßte seine Lebenserfahrung zusammen in dem Satz: «Ich muß gestehen, daß mein Glaube an ehrliche Menschen gering geworden ist.» – Fontenelle erwiderte: «Ehrliche Menschen gibt es genug, aber – sie suchen die Könige nicht auf ...»

Freilich, das trifft ins Schwarze. Anständige Menschen, wahrheits- und freiheitliebende Naturen fänden in der Nähe *solcher* Könige keinen Lebensraum. Um sie können sich nur Speichellecker und buckelnde Leisetreter scharen. Das ist die Auswirkung des absoluten Königtums. Abgesondert sieht sich der machtgierige Monarch von der breiten Wirklichkeit des Volkslebens; schließlich in Vereinsamung, Isolation, die nur notdürftig durch gewalttätige Maßnahmen zur Überwachung und Unterdrückung übertrumpft werden kann. Die wertvollsten Kräfte fliehen, weil sie sich bedroht fühlen müssen, eine derartige Staatsform, wenn sie sich nicht gar aufraffen, sie zu zerschlagen. Dieses letzte ist geschichtlich gesehen noch das Beste, denn es beschleunigt eine notwendige Entwicklung. So hat die absolutistische Zeit den Zunder gesammelt für das Auflodern der Französischen Revolution.

Von dem vermeintlichen «Sonnenkönigtum» sind letztlich keine sammelnden, sondern zerstreuende Anstöße ausgegangen. Es konnte keinen dauerhaften Zusammenhalt bewirken; vielmehr hat es das eigene System von innen her aufgelöst. Damit hat es sich als genaues Gegenbeispiel für eine sonnenverwandte Ordnungsmacht ausgewiesen.

Ganz anders mutet uns da schon an, was von *Friedrich dem*

Großen (1712–1786) erzählt wird. Wenn man ihn auch keineswegs als Muster eines durchaus «sonnenhaft» wirkenden Herrschers ansprechen wird, so gebührt ihm doch das Verdienst, dem anmaßenden Ausspruch von Louis XIV ein anderes Kernwort gegenübergestellt zu haben, das dem Staatsaufbau eine völlig neue Grundlage geben sollte. Es waren auch inzwischen ungefähr hundert Jahre vergangen. «L'état c'est moi», hatte es damals geheißen; jetzt gab der Alte Fritz einer zukünftigen Zeit die Überschrift: *Ich bin der erste Diener des Staates.* Daß der große König selbst noch hart mit sich zu kämpfen hatte, mit den angeborenen Allüren des Preußenfürsten und mit der eigenen zornmütig-jähen Natur, das wiegt nicht schwer gegenüber der Leistung, die zukunftweisende Richtung zum gedeihlichen Staatsklima erkannt zu haben. Man wird nicht von heute auf morgen ein verwandelter Mensch. Bei kühnen Entdeckern kann die Weltgeschichte ruhig großzügig sein und die Einsicht und gute Absicht für die noch mangelhafte Verwirklichung gutschreiben. Alle seine Verstöße gegen das selbstgegebene neue Gesetz können nicht verdecken, daß er den Weg freigelegt hat für eine Regelung des menschlichen Miteinanders, die deshalb so fruchtbar und lebensgemäß ist, weil sie – unbewußt aber wirksam – die Grundkraft abbildet, mit der die Sonne ihre Planeten-Lebensgemeinschaft zusammenhält.

Die bekannte Anekdote, die berichtet, daß die Kinder auf der Straße den König auslachen – «Der Alte Fritz will König sein und weiß noch nicht einmal, daß heut' am Samstag mittags keine Schule ist!» – hat er angeblich selbst gern erzählt. Sie beweist einerseits, wie natürlich sein Verhältnis zur Bevölkerung war, und andererseits, daß er es selbst als Versäumnis ansah, wenn er einmal nicht lebensnah genug im Bilde war, und daß er sich diesen Fehler sogar freimütig vorwerfen ließ.

Gerade über den Alten Fritz sind zahllose Geschichtchen im Schwange, die das Volkstümliche seiner Art der Menschenbehandlung zeigen und umgekehrt das herzliche Verhältnis, eine Art rauher Kameradschaft, das die «Untertanen» zu ihm einnahmen. Man sieht aber auch oft, wie er sich das, was er eigentlich für richtig erkannt hat, erst abringen muß – wie in folgendem Begebnis:

Kurz vor der Uraufführung einer Oper befahl der König, die Generalprobe vorzuverlegen, weil er zur Aufführung nicht anwesend sein könne. Die Probe begann. Nach kurzer Zeit ließ sich der König (der bekanntlich ein musikalischer Kenner und Könner war) die Partitur geben und strich mißmutig einige Stellen darin. Dann befahl er dem Dirigenten, die Aufführung nach diesen Änderungen vorzunehmen. «Das ist nicht mehr möglich», erwiderte der Dirigent, «übermorgen ist schon die Aufführung. Außerdem habe ich noch einen anderen triftigen Grund, die Änderung nicht vorzunehmen. Aber den kann ich Ew. Majestät erst sagen, wenn Majestät gnädiger gesinnt sind.» Erstaunt horchte Friedrich auf und meinte: «Ich bin Ihnen nicht ungnädig gesinnt, sondern nur dem Komponisten. Sage Er seine Argumente!» – «Nun denn», versetzte der Dirigent, indem er seine Partitur zurücknahm, «über dies hier bin *ich* König!» Friedrich lachte nur und meinte: «Er hat recht! Es bleibt alles beim alten!»

Nehmen wir endlich noch dazu, was von einem Hoffest im Potsdamer Schloß erzählt wird, bei dem es vor Beginn der Feierlichkeit zu einem Streit unter den Damen kam um die Rangfolge beim Einzug. Da der Oberhofmeister sich keinen Rat wußte, bat er den König um seine Entscheidung. Schlagfertig bestimmte der Alte Fritz: «Sage Er den Damen: die Dümmste geht voran.»

Trägt dieses salomonische Urteil nicht auf seine derbe Art den

Abglanz des Christuswortes «Wer der erste sein will, der sei aller anderen Diener» an sich? Wenn man es auf dem Hintergrund sieht, daß der König selbst der erste Diener des Staates sein wollte, so erscheint durch den barschen Ton jenes Entscheides hindurch der Anklang an die Christusgesinnung gewiß nicht weit hergeholt. Und was ist die Christusweisung anderes als das Hindeuten auf sonnenhaftes Sozialverhalten? Haben wir nicht die Sonne erkannt als das Führergestirn, das sich dienend seinen Geschöpfen unterwirft? Und Christus als den Geist, durch den sich die Sonnenseele in irdische Gegenwart hinein verleiblichen kann? «Ihr wißt, die Fürsten der Völker knechten ihre Leute, und die Großen üben Gewalt über sie aus. Unter euch soll es nicht so sein. Sondern wer in eurer Gemeinschaft groß sein will, der sei bei euch ein Dienender; und wer unter euch der erste sein will, der werde euer Knecht: so wie der Sohn des Menschen nicht gekommen ist, um sich dienen zu lassen, sondern um selbst zu dienen . . . »
(Matth. 20)
Friedrich dem Großen können wir mit Recht zuerkennen, daß er auf einer ersten Verwirklichungsstufe ein moderner «Sonnenkönig» gewesen ist.

Neue Entdeckungen im sozialen Raum

Läßt sich in der politischen Geschichte bemerken, wie der Geist des Sonnensystems in die irdischen Verhältnisse Einzug hält?

Es wäre lohnend, die neuzeitliche Staatsentwicklung und die Wandlung der Regierungsformen einmal unter diesem Blickpunkt zu betrachten. Lebt sich allmählich Christusgesinnung – in der hier gemeinten weltallwirklichen Dimension – in die menschlichen Umgangsformen ein? Mit diesen Fragen ist eine Aufgabe gestellt. Ihre Behandlung erfordert ungewohnte Anstrengungen und verspricht ungewöhnliche Aufschlüsse. Eine Untersuchung mit diesem Ziel würde breitgefächert verschiedenartige Wissenschaftszweige zusammenführen und neuartige Verbindungen herstellen: Geschichte, politische Wissenschaften und Theologie müßten ihre Erkenntnisse vereinigen, Sozialwissenschaft und Naturwissenschaft am selben Forschungsobjekt einander begegnen.

Den vereinten Bemühungen würde es dann gewiß gelingen, an einer Reihe von entscheidenden Ereignissen und hervorragenden Persönlichkeiten aufzuzeigen, wie das, was in Christus als einzigartiges Urbild aufgetreten ist, seither in einem allmählichen Werdevorgang durch die Menschheit sich ausbreitet und, abgeschwächt noch oder nur annäherungsweise, vervielfacht auszuwirken beginnt. Immerhin reichen die ersten zweitausend Jahre der christlichen Weltgeschichte schon aus, um eine Stufenfolge sichtbar werden zu lassen. Wir kennzeichnen hier nur einige wenige Sprossen im letzten Abschnitt dieser Entwicklungsleiter; sie muß später viel genauer und gründlicher beschrieben werden.

Zuerst wollen wir jedoch für einen Augenblick die Gedanken noch einmal zu den Natchez-Indianern schweifen lassen. Merkwürdig ist gerade an der unter ihnen geübten Herrschaftsform, wie sich uralte und neue Züge in ihr mischen. In dem Bild der König-Sonne, die nicht den Erdboden berührt, ist eindeutig das vorchristliche Weltverhältnis festgehalten, das durch die Fernverehrung der außerirdischen Sonnengottheit bestimmt ist. Zugleich aber hat sich im Umkreis des Sonnenherrschers eine Art des menschlichen Zusammenlebens entwickelt, die vieles vorwegnimmt, was in den späteren Demokratien Europas ausgebildet worden ist. Das Amt des Königs war nicht erblich. Ein hoher Rang wurde aufgrund der besonderen Eignung erworben. Der Herrscher war gleichzeitig Sonnensohn *und* König durch den Willen des Volkes. «Die Berichte über dieses demokratische Verhalten», sagt Oliver La Farge, «gelangten vor allem durch die Franzosen nach Europa. Sie fanden ihren Niederschlag in den philosophischen Gedankengängen vom Naturkind, vom edlen Roten Manne ... Daraus entwickelte sich die Auffassung einer ‹Regierung durch die Einwilligung der Regierten›, die zuerst vom englischen Philosophen Locke vertreten wurde. Der Amerikaner Thomas Jefferson übernahm Lockes Formulierung leicht abgeändert in die Unabhängigkeitserklärung. Die Entwicklung der Demokratie in Europa und Amerika wurde im 17. und 18. Jahrhundert durch die Berührung mit Indianern entscheidend gefördert.»

Es ist also gerade an diesem Beispiel ersichtlich, wie die Strahlkraft eines neuen Geistes sich über die Erde hin auszuwirken beginnt. Um die urtümlich erhaltene Gestalt des Gottkönigtums wächst eine Macht des menschlichen Miteinanders, die der veränderten Weltlage Ausdruck gibt. Das ereignet sich außerhalb und unabhängig von der kirchlich-christlichen Strömung, ja wirkt sogar seinerseits auf die abendländische Kulturentfaltung ein. Wir sind also Zeugen eines Vorgangs, der das kosmopolitische Ausmaß des Christusgeschehens beleuchtet. Die geistige Sonne hat ihren Fuß auf die Erde gesetzt. Langsam geht von diesem Ereignis eine Lichtwirkung in die soziale Landschaft aus.

Doch kehren wir nach Europa zurück, wo sich die Strahlen im Brennpunkt sammeln und den neuzeitlichen Prozeß gesellschaftlicher Entwicklung zur Reife treiben.

Noch während Louis XIV unbestritten den Thron innehatte, bereitete sich hier die Bewegung vor, welche die absolute Monarchie einmal stürzen sollte. *Montesquieu* (1689–1755), der in seinen Überlegungen an Locke anschloß, entwickelte seine Gedanken über die Gewaltenteilung. Er zeigte scharfsinnig auf, daß es sich auf die Dauer stets unheilvoll auswirken muß, wenn alle Verfügungsgewalt in eine Hand gelegt ist. Die geballte Macht hat ein Gefälle aus sich selbst, unabhängig von der inneren Einstellung des Gewalthabers; sie läßt alles Staatsgebaren schließlich immer in Vergewaltigung der Untertanen absacken. Diesem Hang zur Verletzung der Menschenwürde kann nur gesteuert werden – das war die Einsicht von Montesquieu –, wenn von vornherein die Gesamtgewalt aufgeteilt wird, so daß der Herrscher bestenfalls in den Besitz einer Teilmacht im Staate gelangt. Einen andern Teil haben etwa die Volksvertreter in einem Reichstag oder Parlament inne, wieder einen anderen kann eine richterliche Aufsicht verwalten. Mit der Lehre von der Notwendigkeit der Gewaltenteilung wurde Montesquieu zum geistigen Vater der Französischen Revolution, die in ihrer dreifachen Losung «Freiheit – Gleichheit – Brüderlichkeit» ein klar in verschiedene Bereiche gegliedertes, menschengemäß geordnetes Gesamtleben des Staatswesens vorzeichnete. Zwar trat der Dreispruch «liberté – égalité – fraternité» zuerst mehr als sittliche Forderung auf, doch stellte sich später heraus, wie mit traumwandlerischer Sicherheit in den drei Kennworten die Überschriften über drei Lebensgebiete angegeben waren, die jedes in selbständiger Art durch ein Verhalten im Sinn der entsprechenden drei Parolen geordnet werden können. Wenn in allem, was mit Bildung, Lehren und Lernen zu tun hat, Freiheit gewährleistet ist, so kann im politischen Bereich die Gleichheit aller als selbstverständliche menschliche Begegnungsform erlebt werden, und im Güteraustausch ist es dann möglich, einen brüderlichen Versorgungsplan einzurichten. Doch diese Verwirklichungsformen der Dreiteilung des Gemeinwesens überstiegen bei weitem die Leistungsfähigkeit der Revolution von damals; sie liegen nur wie eine tröstliche Weissagung im Geiste ihres Ursprungs verborgen.

Der gründlichste Fortschritt zum Neuen hin ist gewiß mit dem Übergang von Louis XIV zu Friedrich dem Großen vollbracht und drückt sich in dem geistigen Abstand der beiden Sätze «Ich bin der Staat» – «Ich bin der Diener des Staates» aus. Doch bedurfte es noch vieler Gedankenarbeit, um diesen grundlegenden Umschwung ins allgemeine Bewußtsein einzuprägen und für die Zukunft fruchtbar zu machen. Eine der Anstrengungen von bleibender Bedeutung, die auf diesem Gebiet gemacht wurden, stammt von *Wilhelm von Humboldt* (1767–1835). Er war selbst preußischer Staatsminister, das Handwerk des Regierens gehörte also zu seinem täglichen Brot. Deshalb kann es besonders aufsehenerregend wirken, daß er eine gelehrte Abhandlung schrieb mit dem Titel: «Ideen zu einem Versuch, die Grenzen der Wirksamkeit des Staats zu bestimmen».[33] Hier geht es also um eine saubere gedankliche Abklärung, was die eigentlichen Aufgaben der Staatsführung sind und in welchem Rahmen die Ausübenden sich halten müssen, um nicht übers Ziel zu schießen.

Humboldt sucht als Denker in tiefschürfenden Untersuchungen eine Wahrheit aufzuspüren. Man braucht Zeit und Scharfsinn, um ihm zu folgen. Ein Künstlergemüt spricht sich unmittelbar und leidenschaftlich aus und rührt mit einem kurzen Wort die Saite, die in jeder Menschenbrust gespannt ist, an. *Friedrich Hölderlin* (1770–1843) prägte den Satz: «... am Ende ist es doch wahr, je weniger der Mensch vom Staat erfährt und weiß, die Form sei, wie sie will, um desto freier ist er».

Sachlicher erscheint die Angelegenheit in der Frageform, die ihr *Rudolf Steiner* (1861–1925) gegeben hat: «Was sollen die Staaten zum Heile des Menschen unterlassen?» So wird sie einer nüchternen Behandlung zugänglich. – Freilich geht auch diese Fragestellung noch von der «negativen» Seite an die Sache heran, nicht anders als die vorher erwähnten. Doch war es wohl geschichtlich notwendig, zunächst einmal abzubauen und auszustreichen. Zu dick war die absolutistische Verkrustung, die sich über dem monarchischen Staatsgebilde abgelagert hatte, als daß ein Wandlungsgedanke hätte eingreifen können, bevor der Panzer aufgebrochen und Schutt abgetragen war. Rudolf Steiner hat sich jedoch damit nicht begnügt, sondern in seiner Schrift «Die Kernpunkte der sozialen Frage» (1919)[34] einen ausführlichen positiven Entwurf zur Neuordnung des gesellschaftlichen Lebens geliefert. In diesen Gedankengängen, die er durch viele weitere Aufsätze und Vorträge in den Jahren nach dem ersten Weltkrieg ergänzte[35], hat er die Gliederung des Gemeinwesens in unterschiedene Lebensbereiche, die

Montesquieu für die Zukunft als notwendig erschaut hatte, in moderner Form neu gefaßt und bis zur praktischen Durchführbarkeit ausgearbeitet.

Daß diese klar auf neue Gemeinschaftsformen zielende Entwicklung noch nicht zu einer zeitgemäßen politischen Wirklichkeit führen kann, liegt daran, daß inzwischen andere Kräfte die Gewalt an sich gerissen haben und vorerst mit brutaler Machtentfaltung die Umwandlung des Staates in ein menschengemäßes Gemeinwesen unterbinden wollen. Zwar ist die Zeit der monarchischen Schreckensherrschaften abgelaufen; an ihre Stelle trat jedoch die absolute Gewalthaberschaft der – industrialisierten – Wirtschaft einerseits, andererseits die Diktatur der Parteien in verkrampften sozialistischen Systemen. Wir leben in einem doppelten Zwangssystem, das die staatlichen Organe zu Helfershelfern der Unterdrückung macht.

Noch ist es so. Doch der innere Weg der Menschheit geht unaufhaltsam neuen Ufern zu. Der Sieg des sonnenhaften Lichtes kann verzögert, aber letztlich nicht verhindert werden. Der Weltenstunde «Sonne auf Erden» gehört, auch im sozialen Bereich, die Zukunft.

Mitten im widerstrebenden Wirrsal der herrschenden Mächte sind manchmal die Spuren dessen zu entdecken, was kommen will. Die Regierungen der demokratischen Staaten, so wenig sie auch immer von den wahren Zukunftskräften begriffen haben mögen, bemerken doch immer deutlicher, daß das Kenntnisnehmen von den Stimmungen und Meinungen der Bevölkerung zu den wichtigsten Grundlagen einer wirksamen Führung gehört. Die parlamentarische Volksvertretung stellt sich in der heute üblichen parteiengebundenen Form doch als irreführende Scheinlösung heraus. Man sieht, daß man ohne unmittelbares Einbeziehen aller nicht mehr auskommt. Deshalb wird heute die Meinungsforschung so groß geschrieben. Darin liegt eine Andeutung des Richtigen. Freilich wird noch lange nicht gesehen, was daraus für die Formen des Regierens folgt. Man nutzt zwar die Volksbefragungen dafür aus, in Wahlkämpfen den Leuten nach dem Munde reden zu können, um Stimmen zu fangen; in den wesentlichen Entscheidungen aber bestimmt dann doch eine kleine Minderheit – oft gekauft durch die skrupellos tätige Lobby – über die Köpfe des Volkes hinweg. Trotzdem ist ein Gran Zukunft in den Bestrebungen der Meinungsforscher: Die führende Mitte, die Regierung, der Vorstand, die Direktion muß über alles, was im System vorgeht, bis in den letzten Ausläufer unmittelbar und jederzeit im Bilde sein. (Die Mittel, eine solche großstilige «Information» auf Staatsebene zustande zu bringen, stehen heute in den Nachrichtenmedien und durch die Hilfe der Computertechnik bereit.) So weit der politische Bereich. – Auch im wirtschaftlichen Leben finden wir vereinzelt Ansätze zu neuen Formen der Gemeinsamkeit. Während sich die Mehrzahl der Beteiligten im Dschungel von «Mitbestimmungs»-Fehden verstrickt, zeigen einzelne Unternehmen Musterbeispiele eines wirklich durchgeführten betrieblichen Miteinanders, das alle Beteiligten menschlich befriedigt und sich bis in die Erfolgsrechnung als fruchtbar erweist. Wir denken hier, neben anderem, an das originelle System von *Spindler*[36], das verdiente, viel weiter bekannt zu sein, und das mit dem Aufbau der Gemeinschaftsordnung im Betrieb die von uns hier gemeinte «Sonnen-Sozialform» (wahrscheinlich ganz ohne Bewußtsein von *diesem* Zusammenhang) teilweise zu verwirklichen scheint.

Hierarchie als Feldordnung

Von Spindler kann man etwas lernen. Wie er vorab alle sozialen Leistungen des Unternehmers für seine Mitarbeiter aus dem Bereich der Mildtätigkeit verbannt und ihnen als ursprünglichen Menschenrechten eine sachlich klare und saubere Behandlung zuzusichern weiß, erscheint vorbildlich. Weiterhin ist bemerkenswert, welche Rolle er der betrieblichen Vollversammlung zuweist. Er weiß überraschende Beispiele zu erzählen, zu welchen Ergebnissen volle gegenseitige Offenheit zwischen Unternehmensleitung und Mitarbeiterschaft führen kann. In einer bewußt gepflegten Gemeinsamkeit wird das Mitspracherecht aller Beteiligten zugleich zu einer Bereitwilligkeit des Mittragens von Verantwortung. Wer sich als Mitarbeiter vollgenommen weiß, setzt sich auch voll ein.

«1955 wurde im Bereich der Textilindustrie die Gleichstellung der Frauen- zu den Männerlöhnen tarifvertraglich festgelegt. Die Durchführung erfolgte in der Regel durch Anhebung der ersteren. Das hätte in unserem Falle eine Erhöhung der Frauenlöhne von 24 % bedeutet. Durch eingehende Darlegung und Besprechung der Auswirkungen im Wirtschaftsausschuß sowie in Verhandlungen mit dem Betriebsrat wurde ein Vorschlag ausgearbeitet, wonach die Männer auf 8 % bzw. 2 % (Unterschiede durch Ortsklassen) ihres Lohnes verzichten sollten, um eine neue gemeinsame Basis zwischen den bisherigen Löhnen der beiden Mitarbeitergruppen zu ermöglichen.

In anschließenden geheimen Urabstimmungen stimmten 89 % der Belegschaft, in der die Männer auf 8 % und 90 % derjenigen, die auf 2 % verzichten sollten, dem Vorschlag zu.»
«Das Jahr 1958 war für unsere Firma in doppelter Hinsicht schwierig. Im vorhergehenden Jahr war eine große Umstellung einiger Produktionsstätten erfolgt, bei der aus Rationalisierungsgründen erhebliche Zusammenlegungen stattgefunden hatten. Die daherrührende Anspannung der finanziellen Mittel war noch keineswegs verkraftet, als das neue Jahr eine wesentliche Verschärfung der textilen Absatzprobleme brachte. In dieser Situation bedeutete die neue Erhöhung der Lohn- und Gehaltstarife, die am 1. April 1958 in Kraft treten sollte, eine außerordentliche Belastung. Wiederum wurden die damit zusammenhängenden Fragen in aller Offenheit mit dem Wirtschaftsausschuß und dem Betriebsrat besprochen. Es ging schließlich darum, ob einige wichtige Investitionen durchgeführt werden konnten oder nicht. Jahrelange partnerschaftliche Praxis und die Möglichkeit, alle von der Geschäftsleitung gemachten Angaben selbst überprüfen zu können, überzeugte schließlich die Mitarbeiterschaft von der Richtigkeit und Notwendigkeit der beabsichtigten Maßnahmen und veranlaßte sie, für die neun Monate des Jahres 1958 auf die zwischen Arbeitgeberverband und Gewerkschaft vereinbarte Lohn- und Gehaltserhöhung ersatzlos zu verzichten. Diese trat für die Firma erst am 1. 1. 1959 in Kraft.»
Diese beiden Beispiele – dafür tritt auch Spindler, der sie in seinem erwähnten Buch auf Seite 342 berichtet[36], angelegentlich ein – sind mit Vorsicht zu gebrauchen. Man darf sie nicht so mißverstehen, als sei hier ein raffinierter Trick angewandt, durch erschlichene Verzichte dem Unternehmen zu einer Leistungssteigerung zu verhelfen. Wollte man die betriebliche Partnerschaft nur als «Schmiermittel» benutzen, so würde die

verlogene Haltung sich sehr bald entlarven und zum Mißerfolg führen. Was mit den Beispielen einzig und allein gezeigt werden soll, ist, daß ein wirkliches Miteinander, wie es hier mit «Partnerschaft» gemeint ist, *auch* die Teilnahme an gemeinsamem Risiko oder Rückschlag mit einschließt. «Partnerschaft» ist hier ähnlich einer Seilschaft zu begreifen, die sich freiwillig zusammengefunden hat, um einen Berggipfel zu erstürmen. Wenn sie in der Wand hängt, kann keiner mehr eigene Wege gehen, ohne alle zu gefährden . . .» (S. 334)

Mit der angezeigten Behutsamkeit genommen, sind die Beispiele ein Lerngegenstand ersten Ranges für jeden, der sich Begriffe bilden will über eine modern angepackte Gemeinschaftsordnung. Man kann hier sehen, wie die gegenseitigen Verhältnisse, die üblichermaßen heute noch sich zu einem unentwirrbaren Knäuel von Ehrgeiz, Unterdrückung, Gewinnstreben, Anfeindung, Leidenschaft verstricken, fast plötzlich, durch andersartige Behandlung, aus der Ebene der Machtkämpfe herausgehoben und ins Licht einer menschenwürdigen Zukunft gerückt werden. Was man hier bei einiger Aufmerksamkeit erkennt, sind die ersten Stufen eines «jungen Weges» (so drückt sich Spindler aus), den wir auf der Suche nach einer «Sonnensoziologie» oder, was dasselbe ist, «Christlichen Gemeinschaftskunde» nicht wieder aus dem Auge verlieren sollten.

Doch bleibt noch zu fragen, wie innerhalb der Partnerschaft die betrieblich notwendigen übergeordneten Tätigkeiten eingerichtet werden können, ohne den Grundsatz der menschlichen Gegenseitigkeit zu verletzen. Wie vertragen sich *Gleichheit* in Rechten und Pflichten mit der *Besonderheit* der Aufgabenverteilung? Das ist die entscheidende Frage für jede kleine oder große Zelle der Gesellschaftsordnung. Denn aus den vielerlei verschiedenartigen Anforderungen, die jede Gemeinschaftsarbeit stellt, ergeben sich von selbst abgestufte Einsatzweisen und Verantwortungsbereiche. Es muß einfach so etwas wie Vorarbeiter, Abteilungsleiter und Direktoren im Betrieb, eine Folge von einander Vorgesetzten im Amt, Bischöfe, Erzbischöfe und Kardinäle in der kirchlichen Hierarchie geben. Wie kann diese Stufenleiter von engeren und weiteren Wirkenskreisen angelegt werden, so daß *nicht* – «von oben nach unten» gesehen – sich ein Gefälle der Bevormundung, Bevorrechtung und schließlich Herrschaft von Menschen über Menschen einstellt?

Die Antwort ist so einfach wie umwälzend: Indem man in den hierarchischen Bau kein «Oben und Unten» mehr hineinsieht – vielmehr die unterschiedlichen Verantwortungskreise in der Ebene einander überschneiden und umgreifen läßt. Was heißt das im praktischen Leben?

Spindler zeigt auf, wie sich dieser Gedanke im Industriebetrieb verwirklichen läßt. «In dem von mir geleiteten Unternehmen hat zum Beispiel jeder Mitarbeiter für jede Anweisung, die ihm gegeben wird, ein ‹Recht auf Begründung›» (S. 224). Anordnungen erteilen kann also derjenige, der die Sachlage so klar überschaut, daß er sie anderen erklären und dadurch die Einsicht in das, was not tut, erwecken kann. «Freilich erfordert das einen neuen Typ von Vorgesetzten.» Mit der alten Befehlsmethode, die meist mit dem Vorenthalten des Einblicks in die Zusammenhänge und Gründe einer Maßnahme gleichbedeutend ist, kann hier nichts mehr ausgerichtet werden, und damit erlischt die Bedeutung von «oben oder unten» von selbst.

Diese Art der partnerschaftlichen Beziehungen ist für beide Seiten weitaus unbequemer als der alte Herrschaftsstil. Der Angeleitete kann sich nicht mehr mit der Rolle des widerwilligen oder gleichgültigen Jawoll-Sagers begnügen. Und der

«Vorgesetzte» hat in jedem Augenblick die Aufgabe, Klarheit zu vermitteln und die Durchsichtigkeit seiner Weisungen so weit zu steigern, bis bei dem andern aus freier Einsicht der gute Wille zum Tun entspringen kann. Der Vorgesetzte müsse, so hat es jemand in diesem Zusammenhang einmal ausgedrückt, der «Assistent der Untergebenen» sein – dieses Wort berührt uns hier nachdrücklich, erinnert es doch unwillkürlich an die Ideen Friedrichs des Großen und schlägt die Brücke von dem «jungen Weg» des modernen Unternehmers zu dem, was sich seit damals im politischen Bereich verjüngend erneuern will.

Die eigentliche Aufgabe dessen, der übergeordnet wirken soll, ist also die eines Helfers, der in einer Zelle, einer Abteilung, den dort Arbeitenden ermöglicht, ihre Einzeltätigkeiten zu einem sinnvoll geordneten Ganzen zusammenströmen zu lassen. Im Grunde ist diese Arbeit von Vorgesetztentätigkeit ein Amt, das ein Verbreiten von Helligkeit zum Inhalt hat, ein Lichtberuf. Wer einen solchen ausüben will, muß sich als fähig erweisen, alles zu überblicken und den Überblick anderen, die ihn aus ihrer Lage allein nicht gewinnen können, zu übertragen. Gesteigerte Wahrnehmung und die Möglichkeit, das Wahrgenommene weiterzugeben, um dadurch geordnete Bewegung einer Gesamtheit zu gewährleisten. (Der alte Ausdruck episcopus = Bischof = der Überblickende oder Aufseher ist, wie man sieht, ganz sinngemäß gewählt; er bringt die erstgenannte Teilaufgabe deutlich zum Ausdruck, während das moderne Wort Leiter oder Lenker mehr die zweite Hälfte hervortreten läßt.)

Es kann auf dem «jungen Weg» nicht mehr in Betracht kommen, daß man eine vorgesetzte Stellung durch die Zahl der Jahre erdient oder auf unredlichen Wegen ergaunert. Jede Fehlbesetzung eines übergeordneten Postens wird sich unverzüglich selbst enthüllen. Denn die Frage nach der Eignung für ein bestimmtes Amt ist jetzt ganz eindeutig die Frage nach einer klar umrissenen nachprüfbaren Fähigkeit, deren Vorhanden- oder Nichtvorhandensein allein über Einsetzung und Bestallung ausschlaggebend sein kann. Es geht da etwa so vor sich, wie man es beim Afrikafeldzug im zweiten Weltkrieg zuweilen erleben konnte. «Dort trug man vielfach englische Beutekleidung, an der die deutschen Dienstgradabzeichen schwer zu befestigen waren. Also unterblieb es. Daraus ergaben sich keine Probleme. Wenn einer etwas zu sagen hatte, dann merkten das die anderen bald, auch ohne Achselstück und Litze» (S. 339).

Die selbsttätig erhellende Offenbarungskraft, die dem «jungen Weg» eigen ist, bleibt bis zum Spitzenamt des Unternehmensleiters (oder wie immer man diesen Namen wählen mag) die bestimmende Erkennensweise, um Eignungsmerkmale festzustellen. Diesen Posten kann schließlich nur noch ein Mensch einnehmen, der «durch die Fairneß seines Verhaltens absolut unangreifbar geworden ist» (S. 311).

Indem das Wort «Fairneß» auftaucht, wird, ungewollt wahrscheinlich, wieder auf einen Beweggrund, der in der Helligkeit urständet, angespielt (fair = engl. blond, licht). Die Eigenart des «Lichtberufs» erscheint damit über die Klarheit im Sachlichen hinaus zur hellen, gerechten, menschen-verbindenden Seelenstrahlkraft verwandelt. Diese Fähigkeiten sind es, die wir heute von einem «Führenden» erwarten.

Einen anderen Begriff, der gut kennzeichnen kann, worauf es ankommt, finden wir bei Spindler in einer Reihe von Leitsätzen, die er aufstellt, um das Bild des «Unternehmers von morgen» zu verdeutlichen, unter Punkt 5 und 6 (S. 325):

«Seine *treuhänderische* Aufgabe erfüllt der Unternehmer durch Koordination aller in einem Unternehmen wirkenden menschlichen Kräfte und sachlichen Faktoren im Sinne einer Arbeitsgemeinschaft, an deren Gestaltung jeder teilnimmt und dadurch verantwortlich engagiert ist.»

«Um seiner Tätigkeit als Treuhänder für alle Beteiligten gerecht werden zu können, muß sich der Unternehmer um einen über irgendwelchen partikularen Interessen stehenden geistigen Standpunkt bemühen.»

Hören wir in dem Wort «Treuhänder» wirklich die «Hände», die anvertrautes Gut «treu» bewahren und ordnen, so liegt in diesem Ausdruck ein tiefer Leitbildwert – und wir können nicht umhin, an die «Sonnenhände» zu denken, mit denen das Führergestirn unseres Planetensystems die ihm Anvertrauten trägt und in ihre dem Wohlklang der ganzen Welt dienlichen Bahnen lenkt.

*

Sollten wir nicht aus den im Menschenleben bewußt gewonnenen Erfahrungen auch unsere Anschauung von den *himmlischen «Hierarchien»* umbilden? Für sie ist ja das Wort «Hierarchie», das eine «heilige Ordnung» meint, zuerst gebraucht worden, ehe es sich auf irdische Stufenfolgen übertrug. Kann die Engelordnung für uns heute noch im Bild einer «Leiter», in einer Rangfolge übereinandergetürmter Vollmachten bestehen? Müssen wir nicht vielmehr dieses Bild ganz und gar umwandeln, um die Wahrheit so zu treffen, wie sie unserer vorgerückten Bewußtseinsform entspricht? Wenn es gelingt, diese Frage neu aufzuwerfen und die heute mögliche Antwort als Zielweiser zur Wirklichkeit zu nehmen, wird sich uns ein neues Verhältnis zu den himmlischen Wahrheiten einerseits und umgekehrt Erleuchtung für die irdische Sozialgestaltung – eine befruchtende Begegnung von Theologie und Soziologie also – ergeben.

37 Keimzelle sonnenhafter Sozialgestaltung. Pfingsten. Westfälischer Meister um 1380

In der Tat können wir die hierarchische Ordnung der Engelwelten so sehen, daß die «Rangfolge» sich in einer Vergrößerung ausspricht. Weiterentwickelte Überschau, umfassenderes Wahrnehmungs- und Mitteilungsvermögen sind dann die Merkmale jedes nächsten Engelamtes. Immer das nächstfolgende Geisterreich bewährt sich durch die größere Trag- und Ausstrahlungskraft der göttlichen Hände, bis hin zu dem

allumarmenden Gotteswesen, das uns als väterlicher Daseinsgrund von «Himmel und Erde», von geistiger und stofflicher Weltgesamtheit, vor den Sinn tritt.
Wir haben in der Reihenfolge der Offenbarungsklarheiten die *Hierarchie als Feldordnung* vor uns, so wie uns im Bild des Sonnensystems die räumliche Feldordnung der Planetenzuständigkeiten samt der übergreifenden Allmacht «Sonne» anschaulich geworden ist.

Mein Reich ist nicht von dieser Welt

Vielleicht ist der Augenblick nicht mehr allzufern, da man kopfschüttelnd und mitleidig auf unsere Gegenwart zurückblicken wird als auf eine Zeit, in der ein großer Teil der Menschheit dem wissenschaftlichen Aberglauben verfallen war, die Sonne – als Gasball gedacht – halte durch Schwerkraftwirkung (Gravitation) ihr Planetensystem zusammen, sie zwinge also mit derselben Gewalt, die hierzulande einen Stein zur Erde herabfallen macht, die Wandelsterne, ihre ewig wiederholten Kreisbahnen um das «Massenzentrum» zu beschreiben.

Heute schon bahnen sich Einsichten an, die die lange für unumstößlich gehaltenen Grundsätze der Kopernikanisch-Newtonschen Weltallkunde aufzulösen versprechen. Ein Berater der amerikanischen Raumfahrtbehörde NASA und der US-Airforce, eine, nach dem mehrfachen Doktortitel und der Mitarbeiterschaft bei den beiden genannten Stellen zu schließen, Kapazität auf ihrem Gebiet, sagte, «man wolle nicht gern aussprechen, was sich aufgrund der Beobachtungen in den letzten Jahren immer mehr und mehr ergebe, daß die Sonne gar kein Körper sei, wie man es immer angenommen hätte, sondern aus Plasma bestehe»[37] (wobei der Berichterstatter hinzufügte, daß hier mit «Plasma» ein unstofflicher Zustand gemeint sei). Kluge Köpfe kommen also allmählich dahinter, daß die seitherige Auslegung der Sonnenforschungsergebnisse auf einen Irrweg geführt hat. Der Begriff «Plasma», der sonst für «ein hochprozentig ionisiertes Atomgas, bestehend aus gleichviel freien Ionen und Elektronen»[38] angewandt wird, erscheint freilich noch wie eine Ausflucht, mit der findige Geister dem grundsätzlichen Umdenken zu entkommen versuchen, das für wirkliches Sonnenverständnis erforderlich ist. Auf den naheliegenden Schluß verfällt allerdings heute wohl noch kaum einer, daß, wenn schon von einem «Plasmaball» die Rede ist und wenn man Vorstellungen zuneigt, die auf Verhältnisse deuten, welche gewohnten irdischen Seinsformen weitgehend entfremdet sind, ja möglicherweise letzten Endes sich als stofflich interpretierte immaterielle Zustände erweisen könnten – daß dann auch die alte Ansicht, diese Sonne übe mittels Schwerekräften «Anziehung» aus, überprüfungsbedürftig ist. Uns erscheint diese Folgerung klar vorgezeichnet. Freilich brauchen wir selbst sie nicht als Baustein für unsere Sonnenanschauung. Denn wir gingen und gehen von ganz anderen Voraussetzungen aus. Gleichwohl ist es begrüßenswert, daß sich von dieser Seite her ein Weg zur Überwindung der seitherigen Sonnenvorstellung anzubahnen scheint.

Wir sahen die Sonne nie als wie immer gearteten «Ball», sondern begriffen in ihr den weltallgroßen Lebensleib, in dem die Planeten als innere Organe sich regen. War es da nicht von vornherein unangebracht, von so etwas wie Massenanziehungen zu reden? Eine lebendige Ganzheit braucht keine Schwerkraft, um ihre Teile zusammenzuhalten. – Auf einer weiteren Stufe wurde uns die Polarität von Sonne und Erde deutlich. Die Gegensätze sind gerade deshalb aneinandergebunden, weil sie von entgegengesetzter Art sind. Nur miteinander können sie ein Ganzes bilden. Keines von beiden braucht vom anderen seine Eigenart zu borgen. So wenig wie der Mann von der Frau dadurch gefesselt wird, daß sie männliche

Eigenschaften hervorkehrt – ebensowenig werden Sonne und Erde dadurch miteinander verkettet sein, daß die Sonne ausgesprochene Erdkräfte (sogar in einem erdrückenden Übermaß) zum Vorschein bringt. Vielmehr wird jedes der Gestirne das andere durch seine Andersartigkeit in Bann schlagen, so wie männliches und weibliches Geschlecht, wie Nord- und Südpol von Magneten sich gegenseitig erreichen und festhalten wollen. – Wieder einen anderen Hinweis auf die Art des Zusammenhalts, der im Planetensystem herrscht, gab uns das Bild vom großen Weltallwirbel, der gerade aus der hohlen, saugenden Mitte seine arteigene Wirkkraft entfaltet.

Noch einmal auf anderer Ebene erscheint die Angelegenheit nun unter dem Blickpunkt der Gemeinschaftsordnung im System, den wir hier im letzten Abschnitt unserer Betrachtung anwenden. Wir wollen, getreu unserem von Anfang an befolgten Grundsatz, auch hier die Fragestellung an die tägliche Erfahrung anknüpfen, um Wissenschaft stets lebensnah und leichtverständlich aufzubauen.

Was sagt uns das eigene Leben? Wodurch werden Menschengemeinschaften zusammengehalten? Was macht eine Persönlichkeit «anziehend», bewirkt, daß sich andere um sie scharen? Widerspräche es nicht jeglichem eigenen Erleben, wenn man behaupten wollte, gewaltsame Machtausübung sei die Klammer, die die Glieder einer Familie, eines Vereins, eines Staatswesens am wirksamsten zusammenbinden könne? Das Gegenteil ist, wie jeder weiß, der Fall! In unseren Tagen ist bekanntlich jeder Anflug von «autoritativem» Verhalten seitens der Vorgesetzten oder Regierenden gröblich verschrien. Und es ist klar, daß in der Gegenwart gewalthaberisches Herrschen nichts anderes als Auflehnung hervorrufen und endlich zum Umsturz auffordern kann. Jede absolutistische Anwandlung kann sich am Ende nur zerstreuend, niemals mehr sammelnd auswirken. Das war in früheren geschichtlichen Zeiten anders. Heute sind sich wohl alle, die mit der Zeit fühlen, darüber einig, daß die knechtenden und knebelnden Herrschaftsformen endgültig überlebt, daß sie der Zeit nicht mehr angemessen sind. Woher kommt diese neue Ausrichtung?

Die Antwort läßt sich in kurzen Worten geben: Die Wandlung im Fühlen der Menschheit rührt davon her, daß seit dem Erdenleben Christi ein neuer Geist sich in die irdischen Menschenverhältnisse einzuleben beginnt, der *Geist des Sonnensystems* mit der ihm eigenen Größe friedlich lenkender Ordnungsmacht. Nach einer Anlaufzeit von bald 2000 Jahren finden wir die wirksame Gegenwart dieses Geistes immer deutlicher im «Zeitgeist» der Moderne aufleuchten.

Kehren wir damit zu der Frage zurück: Welche Art des Verhaltens macht es aus, daß eine Persönlichkeit heute andere Menschen um sich sammeln und zur Gemeinschaft ordnen kann? Worin finden wir im täglichen Leben die Anziehungskraft eines andern begründet, so daß wir uns ihm gern anschließen, daß wir seine Weisungen als Hinweise und nicht als Maßregelungen empfinden und uns deshalb freiwillig führen lassen? Mitunter begegnen wir einem Menschen, in dessen Nähe man sich unmittelbar wohl fühlt, bei dem man verweilen und zu dem man, wenn man ihn hat verlassen müssen, gern zurückkehren möchte – man weiß zunächst nicht weshalb. Das kann ein altes Mütterchen sein oder ein gewandter junger Mann; es könnte der freundliche Hausarzt sein oder auch der Bürochef; vielleicht ist es auch die Köchin oder die Dame an der Pforte ... Ganz unabhängig von Alter und Beruf heben sich die hervor, zu denen man sich hingezogen fühlt. Erst bei längerem Nachdenken kommen wir darauf, was ihnen eigen ist. Das Mütterchen, der Doktor, die Pförtnerin – sie waren für jeden da, dem sie begegneten. Sie wollten hören, wie es ging, sie wußten noch vom letzten Mal, was uns bewegte, und fragten diesmal weiter, wie es inzwischen sich gemacht hat mit der Prüfung, mit dem kranken Kind, den Reiseplänen usw. Ganz schlichte Dinge. Doch der Gefragte weiß, daß eine Seele sich für ihn geöffnet hat. Er fühlt sich begrüßt, bejaht, ermuntert, angenommen. Von liebevoller Strahlkraft berührt. Beides klingt da zusammen: Du wirst echt *wahrgenommen* und von einem Herzenslicht beschienen. Und dies Doppelte bewirkt die Anziehung. – Manchmal treffen wir Lehrer, die solcherart Umgang mit ihren Schülern pflegen und sie weit über die Schulzeit hinaus teilnehmend in ihre Schicksale hinein begleiten. Zu solch einem Lehrer zieht es den Schüler immer wieder hin. In ihm verehrt er eine wahre Führerpersönlichkeit. (Wenn der Lehrende die ihm anvertrauten Seelen so gut kennt, daß er in jedem Augenblick weiß, wessen sie bedürfen, so hat er die erzieherische Aufgabe vollkommen gelöst; Ordnungsprobleme oder Generationenkonflikte gibt es in *diesem* Augenblick nicht mehr. Deshalb ist eine feinausgebildete Menschenkunde, verbunden mit der liebenden Offenheit für jeden einzelnen Schüler, der Schlüssel zu aller Pädagogik.)

«Ich kenne die Meinen.» Das ist die Grundeinstellung, die Christus seinen Jüngern entgegenbringt und welche die vielen – die Christen – sich um ihn scharen und ihm verbunden bleiben läßt. In diesem «Kennen» sehen wir das Urbild und Zielbild dessen, was einzelne Menschen verwirklichen, wenn sie liebevolle Aufgeschlossenheit gegen andere üben und dadurch Kreise von Anhängern, von Mitarbeitern, Partnern, Liebenden um sich versammeln. Es ist dieselbe Kraft, aufgrund deren einem Mitarbeiter im Betrieb übergeordnete Aufgaben zugeteilt werden können, wie wir es vom «jungen Weg» bei Spindler kennenlernten. Es ist die Kraft, die der um seine Kranken bemühte Arzt, die der Lehrer ausbildet. Es ist die

Kraft, die den Seelsorger ins rechte, freie und innige Verhältnis zu den ihm Vertrauenden bringt.

Noch einmal kann am Gegenbeispiel das, was gemeint ist, vollends deutlich werden: Von Louis XIV sagt die Anekdote treffend aus, daß Menschen, die etwas auf sich halten, seine Nähe meiden. Von ihm kann sich keiner ehrlich «gekannt» oder gar erkannt fühlen. Bestenfalls kommt einer, der selber weiß, wer er ist, sich von ihm verkannt oder mißverstanden vor. Von diesem Herrscher geht kein Interesse für seine Mitmenschen aus. Wie sollte er sich auch ihnen zuwenden, da er doch «selbst der Staat» ist, er allein, sonst nichts und niemand. Er kann nur darauf aus sein, mit unnachgiebigem Druck die Umgebung seinem Willen zu unterwerfen. Er wirkt nicht mit wahrnehmender Fähigkeit, sondern mit willenhafter Wucht. Er zwingt sein «System» ganz unter die schwereartige Gewalt irdischer Machtausübung. Dem Menschenleben aufgeprägte Gravitationswirkung! Ein Musterherrscher, der sich der Kräfte *dieser* Erdenwelt bedient.

«Ich kenne die Meinen» hebt sich jetzt stärker ab. Die echte, reine Wahrnehmung des anderen offenbart sich als Lichtgeschehen, als sonnengeborene Fähigkeit. Alle Du-Erkenntnis, alle soziale Leistung des Mitleidens, Mitfreuens, Mitwissens, kurz alle Liebe ist letztlich ins Menschenreich hereinverwandelte Sonnenmacht. Die Menschenordnung, die sich auf An-Erkennen des anderen aufbaut, ist als Lichtordnung nicht aus

38 Die drei Sonnensteine aus dem Gemäuer der Jacobuskirche in Tübingen. Wenn wir, der naheliegenden Vermutung folgend, daß die heute getrennt eingemauerten Steine ursprünglich zusammengehörten, sie zu einer Gesamtkomposition gruppieren, entsteht ein Bildwerk von eigentümlicher dynamischer Geschlossenheit. ▷

den Kräften des irdischen Schwerebereichs; – sie entstammt einer anderen Welt. Kein Wunder, daß der Träger der Sonnen-Hoheit, Christus, sagt: «Mein Reich ist *nicht* von *dieser* Welt.»

Wir sehen jetzt noch einmal den Sonnenstern in einem großen, bewegten Bild vor uns. Alles, was wir über sein Wesen hier zusammengetragen haben, gipfelt in der Vorstellung, daß dieses Gestirn ein riesiger wechselvoll strömender Lichtozean ist. Doch seine Wogen branden nicht wild und ohne Ordnung durcheinander. Vielmehr entdecken wir im Ab- und Zufluten einen großzügigen Regelschwung. Wie ein Atmen und ein Umlauf des Lebensblutes, von der Mitte ausladend bis in die fernsten Gliedenden und einholend zurück zum Weltherzen, so durchzieht ein unermüdliches Hin und Wieder den Sonnenorganismus. Wir sehen die Korona sich ausdehnen – und ein Gleiches bemerken die aufmerksamen Beobachter nächtlicherweile am Tierkreislicht[2] –: Der Strahlenleib verlagert seine fühlende Dichte nach draußen und lebt und leidet die Schicksale der Planeten mit. Die Sonnenhände bestreichen jeden Bezirk der weitgedehnten Lebenshülle, tasten ab wie zarte, empfindsame Hände eines Heilers, dem die leiseste Störung im Körper nicht verborgen bleibt. Wenn alles erfaßt ist, folgt der Vorgang des Zusammenziehens. Wir können verfolgen, wie die sichtbare Korona schrumpft und die Zodiakallichtpyramide kleiner wird. Der Strahlenleib verdichtet sich zur Mitte hin. Alles Erfahrene, alle zu heilenden Schäden, aller Unrat und Ballast, alle Schmerzen werden dort abgelegt und müssen «verdaut» werden, umgeschmolzen in der Gegenräumlichkeit, aufgearbeitet und verwandelt in neue Strahlkraft ... Das kann vorübergehende Verdüsterungen des Glanzorgans bewirken. Es ist die Zeit der vielen und großen Sonnenflecken, das sogenannte Maximum.

Und wieder folgt, wenn die Lebenszustände im System es bedingen, im regelrechten Wiederkehrmaß das Ausbreiten: Während die Sonnenfächer weit im Umkreis wirken, bleibt die Scheibe von Flecken rein, es ist die Zeit des «Minimums».

Sollte es tatsächlich so sein, daß dieses Ausdehnen und Zusammenziehen gemeint war, wenn die beiden Bildwerke, die zu den Sonnenhänden von der Tübinger Jacobuskirche gehören und die wir im 2. Teil erwähnt haben, ein Verdichten und Weiten auszudrücken scheinen? – Staunenswertes Kleinod! Deine einfältig scheinenden Runen verkünden in ihrem Dreispruch schlicht und tief das Reichsgeheimnis der Sonnenwelt.

Unablässig wie Atemzug und Herzschlag spielt sich der lebendige Wechselschwung im strömenden Leibesgefüge unseres Muttergestirnes ab. Wahrnehmen, Verarbeiten, Ausstrahlen – das ist der Dreiklang ihrer liebestrahlenden Zuwendung und die Grundlage für die Lebensordnung in ihrem hellen Reich. Wahrnehmend, verwandelnd, erleuchtend trägt sie alle, die sich ihr anschließen, und erhält sie gesund.

Das Wort «*Mein Reich ist nicht von dieser Welt*», das bisher den religiösen Denkern weithin rätselhaft geblieben oder vielfach in Richtung auf eine erdenflüchtige Weltfremdheit mißverstanden worden ist, zeigt hier plötzlich zwiefach seinen handfesten tatsachengerechten Sinn. Wer, versehen mit den Kenntnissen, die wir hier erarbeitet haben, diesem Spruch des Christus nachhört, wird darinnen das *Geheimnis der Sonnenanziehung* erlauschen. Einmal wird der Tag anbrechen, da alle dies verstehen: Nicht Kräfte *dieser* Welt, nicht Massenwirkung, nicht Schwere ist es, was die Planeten an ihr Zentralgestirn bindet. Es sind die Licht- und Liebewirkungen des strahlenden Welthallhirten, welche die «Schafe» aus freier, erwidernder Liebe ihm anhängen und ihn als ihren helfenden Führer anerkennen lassen. Und heruntergetragen aus dem Sonnenhoheitsbereich auf die Menschenerde ergibt der Spruch den *Grundstein christlicher Sozialgestaltung*. Das uralte Bild des Hirten ersteht aus Christi Rede neu, sonnenverjüngt. Der «die Seinen kennt» und als der Voranschreitende zugleich nichts als der Diener jedes Hilfsbedürftigen sein will – ihm allein kann sich jeglicher freie Mensch in Liebe und mittragender Verantwortungswilligkeit anschließen. Er allein kann uns den Weg in das helle Menschenreich der Zukunft weisen.

Sonnengott und Menschenbruder

Die Schau auf das «helle Reich» hat uns den Sonnengeist in seiner menschenbrüderlichen Wirksamkeit für die irdische Geschichte gezeigt.

Dieser Einblick in das größte Geheimnis des Weltlaufs sollte, wo nicht eingefleischte Vorurteile die Unbefangenheit stören, eine alte Menschensehnsucht stillen. Vor der Zeitenwende hatten die Völker ihr wohlbegründetes Wissen von den kosmischen Göttergewalten. Doch war ihnen klar, daß diese stets aus der Ferne verehrt werden mußten. Wie der Blick des Auges von der grellen Sonnenscheibe am Himmel geblendet wird, so wirkt sich die unvermittelte Begegnung mit den Weltallgöttern verletzend, wenn nicht gar zerstörend auf die Menschenseele aus. Es blieb die Hoffnung und die Verheißung, einst werde der Tag erscheinen, an dem die Fülle der Gottheit, das «Pleroma» (so nannte man den Inbegriff der sonnenhaft strahlenden Weltmächte), in Menschengestalt die Erde betreten werde, um die dem Geist entfallene Erdenmenschheit, die von sich aus die Kraft des Aufschwungs nicht mehr finden konnte, neu und brüderlich mit ihrem geistigen Ursprung zu verbinden. Mancherlei wundersame Erzählungen von auf Erden wandelnden Göttergestalten durchzogen prophetisch die vorchristliche Erlebniswelt.

So wird es verständlich, daß die Menschengruppen, die aufgeschlossen genug waren, in Jesus den menschgewordenen Christus zu erkennen, von da an mit einer Inbrunst, die sich zur Versessenheit steigern konnte, darauf ausgingen, dieses Ereignis der Gottesverkörperung ganz und gar irdisch dingfest zu machen. Sie klammerten sich an die Kunde von der «Fleischwerdung» des Sonnenwortes, und es kann kaum wundernehmen, daß sie in ihrem wildentschlossenen Ergreifen der Heilstatsache übers Ziel schossen. Am Anfang gab es scharfe Auseinandersetzungen darüber, wie außerirdische Herkunft und körperwirkliche Gegenwart des Gottessohnes ins rechte Gleichgewicht zu bringen seien. Endlich setzte sich die Strömung durch, die mit dem einseitigen Festhalten der Menschennatur Jesu bald den Blick für die kosmische Geistigkeit seines Wesens gänzlich verlor. Soweit die kirchlichen Kreise durch unveränderliche Glaubenssätze (Dogmen) gebunden sind, hören sie freilich bis heute nicht auf, von der göttlichen Abstammung und Wesensart zu reden; doch finden die ehrlichen unter ihnen ihre eigenen Begriffe immer inhaltsleerer, weil sie aufgehört haben, mit den «Wörtern vom Geist» weltallkundlich gedeckte Vorstellungen zu verbinden. Am Ende bleibt ihnen «der schlichte Mann von Nazareth», von dem man letztlich nicht einsehen kann, weshalb er aus dem Wettrennen mit anderen großen Menschengeistern – Sokrates, Buddha, Kung Fu Tse – stets unbestritten als Sieger hervorgehen soll.

(Auch das Buch «Bruder Jesus» von Shalom Ben Chorin, das neuerdings manches Aufsehen erregt hat, kann uns in dieser Hinsicht nicht überzeugen. So bewundernswert die Gelehrsamkeit ist und der Feinsinn, mit dem es die Menschlichkeit Jesu als edelste Blüte jüdischen Volkstums zeichnet; so verehrungswürdig die gütige und bei allem Stolz demütige Haltung erscheint, die uns den Rabbi Jesus als echten Seelen- und Blutsbruder zeigen will – das eindeutige Bekenntnis des Verfassers, daß er vor jeglichem Gottwesentum bewußt die Augen verschließen will, macht uns aufmerksam, daß wir der Täuschung, die durch derart sichtbeengt gewonnene Halbwahrheit verbreitet wird, nicht verfallen.)

Die Sehnsucht, den Gott verleiblicht und menschennah zu sehen, kann nur gestillt werden, wenn der Gottesname selbst nicht Schall und Rauch, vielmehr mit anschaulich faßbarem Leben gefüllt, farbig und fündig gemacht wird. Gerade dadurch erhält die Menschlichkeit Jesu ihre unvergleichliche Tiefe und ihr Gewicht, daß sie als Opfertat eines göttlichen Weltallgeistes in unserer Mitte ersteht.

Wir haben uns klargemacht, wie die Besiegung der Widersacher durch Jesus Christus darin besteht, daß er die Herausforderung, als kosmischer Gewaltenträger zu handeln, zurückweist und statt dessen denen, die ihm folgen wollen, Wege erschließt, die Sonnenwandlungsmacht in langsamem Wachstum zu erwerben – aller versengenden Schärfe entkleidet und ins Menschenfaßliche hereinverseligt. Nicht anders erfahren wir die Begegnung mit dem Christusgeist überall sonst: wo er lehrt, wo er heilt, wo er Tote erweckt. Er bringt das «Licht der Welt» in Liebesstrahlung übersetzt, die den Menschen freimacht, gesundet und innig neu durchseelt. Auf allen Wegen, bei allen seinen Taten erleben wir, wie in *Jesus* der *Christus als Mensch* in die Erdenwelt tritt. Keines der Glieder dürfen wir aus dem Auge verlieren: weder *Jesus*, den irdisch bereiten und vorbereiteten Geistträger, noch *Christus*, den aus dem Weltall niedersteigenden Sonnenhelden, noch auch die unlösbare Verbindung beider Wesensteile, die in dem Wort «*als Mensch*» für alle Zukunft unseren Anteil an dem einmaligen Geschehen begründet. In der schlichten dreifach bestimmten Aussage steckt die ganze Sonnen-Erden-Menschen-Wahrheit.

Wenn wir «Das ganz Andere» in seiner Weltallgröße erkennen und es zugleich in dem «Hellen Reich» wiederfinden, dann

haben wir auf moderne Art diese Grundwahrheit der Weltgeschichte zu entschlüsseln begonnen.
Auf seine Weise hat ein vergessener Prophet zu Beginn des 19. Jahrhunderts schon an der Erkenntnis der Christussonne Anteil gehabt. *Joseph von Auffenberg* verdiente es allein dieser kulturhistorischen Tat wegen, weiterhin bekannt zu sein. Friedrich Doldinger hat den Verschollenen für unser Jahrhundert neu vorgestellt.[39] Er berichtet über Auffenbergs denkwürdigen Besuch der Brera in Mailand, von dem dieser selbst schreibt: «So konnte ich mich gleich im ersten unteren Saale lange nicht von einer guten Kopie des Abendmahls von Leonardo da Vinci trennen, zumal da eben die Sonne aus der Höhe nieder und auf das Haupt des Erlösers schien. Friedrich zupfte mich mehrmals und sagte: ‹So werden Sie in acht Tagen hier nicht fertig.› – Ich versicherte ihm aber, daß ich bleiben wolle, solange diese Beleuchtung herrsche. Er schnupfte und sprach zufrieden: ‹Etwas Ähnliches hat mir auch der Graf P... bemerkt.› – ‹Gehen Sie zum Teufel mit Ihrem Grafen, und lassen Sie mich ruhig die von ihrer eigenen Sonne beleuchtete Gottheit betrachten.› »

*

Daß die hier vorliegenden Skizzen zur Sonnenforschung beitragen mögen, in Christus immer deutlicher *«die von ihrer eigenen Sonne beleuchtete Gottheit»* zu erkennen, und daß sie ermuntern, so oft wie möglich seine Gemeinschaft zu suchen, dort wo er brüderlich mit den Menschen speisend am Tische sitzt, der Altar ist und zugleich Ebene weltallweiten Begegnens – dieser Wunsch soll das Buch auf seinem Weg begleiten.

Alle

Es sprach der Geist: Sieh auf! Es war im Traume.
Ich hob den Blick. In lichtem Wolkenraume
Sah ich den Herrn das Brot den Zwölfen brechen
Und ahnungsvolle Liebesworte sprechen.
Weit über ihre Häupter lud die Erde
Er ein mit allumarmender Gebärde.

Es sprach der Geist: Sieh auf! Ein Linnen schweben
Sah ich und vielen schon das Mahl gegeben,
Da breiteten sich unter tausend Händen
Die Tische, doch verdämmerten die Enden
In grauen Nebel, drin auf bleichen Stufen
Kummergestalten saßen ungerufen.

Es sprach der Geist: Sieh auf! Die Luft umblaute
Ein unermeßlich Mahl, soweit ich schaute,
Da sprangen reich die Brunnen auf des Lebens,
Da streckte keine Schale sich vergebens,
Da lag das ganze Volk auf vollen Garben,
Kein Platz war leer, und keiner durfte darben.

Conrad Ferdinand Meyer

Abgrenzung und Dank

Was hier dargestellt wurde, unterscheidet sich zwiefach von dem Üblichen. Es ist weder naturwissenschaftlich im gewohnten Stil noch religiös im überkommenen Sinn. Und so mag es den Leser ärgern, erstaunen, enttäuschen oder erregen, je nach Seelenart. Der Doppeltitel «Gestirn und Gottheit» hat vielleicht Erwartungen erweckt, die auf ganz unerwartete Art erfüllt worden sind. Es bleibt die Hoffnung, daß keiner das Buch aus der Hand legen wird, ohne etwas Neues erfahren zu haben. Wenn Naturwissenschaft und Religion aus ihrem teils unversöhnlichen, teils ohnmächtigen Nebeneinander erlöst und zu einer echten Begegnung gebracht werden sollen, aus der etwas Neues für die Welt entspringt, so kann das nicht geschehen, ohne daß beide Seiten Bereitschaft zur Wandlung aufbringen. Vermeintliche Sicherheiten müssen aufgegeben, neue Ufer gewonnen werden, standpunktstarre Begriffe in Fluß kommen.

*

Die *Naturwissenschaft* kann das Große, zu dem sie berufen ist, nur leisten, wenn sie ihren Weg *mit dem Menschen* geht. Vor dieser Aufgabe darf sie nicht kleinmütig werden. Kritische Forscher beklagen es heute nicht selten, daß die Wissenschaft sich dem vollmenschlichen Leben entfremdet hat. Sie hat sich auf den Standpunkt des «einäugigen farbenblinden Beobachters» zurückgezogen, sagt Ernst Lehrs.[10] Walter Heitler drückt es so aus: «Sie gibt ein Teilbild, nur einen Aspekt der Welt, eine Art Projektion der Welt auf eine kausal-quantitative Ebene, wie etwa eine Photographie eine Projektion der dreidimensionalen Landschaft auf die Papierebene ist.»[4]

Doch die Naturwissenschaft kann mehr. Jahrhundertelange Übung hat uns Fähigkeiten vermittelt, die wir heute nur willentlich einzusetzen brauchen. Wir können heute den «Weg mit dem Menschen» finden und einhalten. Es ist eine Frage der Disziplin, der Geduld und des Erfindungsgeistes. Kein Schritt darf getan werden, bei dem nicht der ganze Mensch, mit seiner totalen Aufmerksamkeit und der vollen Schwingungsbreite des Gemüts, mit einbezogen ist. Da verbietet sich manche seitherige Einseitigkeit; ungleich mehr aber fällt ins Gewicht, was sich an neuen Möglichkeiten eröffnet.

Den Menschen einbeziehen heißt: für alle Betrachtung die Wahrnehmungen des Menschen zugrunde legen. Die Welt so annehmen, wie sie uns wirklich erscheint. «Phänomene» sprechen lassen. Sie sprechen dem Aufmerksamen die ganze Wahrheit, die in ihnen ist, aus. Die phänomenologische Methode nennt man auch «Goetheanismus», weil Goethe sie grundlegend klar betätigt und beschrieben hat.[40] Er kann für jeden, der den Weg des Menschen im Naturerkennen sucht, unübertrefflicher Lehrmeister werden.

Wenn der Forschende bei jedem Schritt ganzmenschlich beteiligt ist, macht er selbst im Weiterschreiten Prozesse, Verwandlungen durch. Er wird ergriffen vom Gegenstand seines Forschens.

Naturwissenschaft führt zum echten, sachlichen Ergriffensein.

Damit zeigt sie die ihr innewohnende religiöse Kraft.

Sagen wir es am Beispiel. Was wir von der Sonne erfuhren, kann uns nicht kühl und unbeteiligt lassen. *In der Sonne leben* ... Man kann sagen: das ist verrückt, da mache ich nicht mit – wenn man nicht in den Vorgang eingestiegen ist. Wer aber schrittweise mitgeht, für den wird das Anschauen bald zum Erleben. Was sich ergibt, kann nicht unverbindlich bleiben, weil es in jeder Phase faßbar mit der Eigentätigkeit verbunden ist. In der Sonne leben – verändert von Grund auf unser Leben!

Damit grenzt sich das, was wir meinen, von selbst gegen vieles andere ab. Etwa gegen das fabelhafte Buch «Kinder des Weltalls»[41], das in faszinierender Überschau die Ergebnisse moderner Wissenschaft über den Kosmos sammelt. Der Wert dieses Werkes soll nicht geschmälert werden, denn bewundernswert ist, was der Verfasser als Summe zieht. Der Bau des Weltalls ist so empfindlich in gegenseitigen Verhältnissen abgestimmt, daß kein Glied fehlen dürfte, ohne das Ganze zu gefährden. Nimm nur den Mond heraus, und das Gebäude bricht zusammen – das ist ein Wort, das uns aufhorchen läßt. Ist hier das All als Organismus erkannt? Keineswegs. Denn «das Weltall und seine Gestirne und all die ... Zusammenhänge, die zugleich von lebenswichtiger Bedeutung für uns sind, halten uns auch in völliger Abhängigkeit – in ein Schicksal einbezogen ... auf einer Reise ..., von der niemand weiß, wohin sie uns führen wird». Das kommt heraus, wenn ein Sammelsurium von Detailkenntnissen aufgehäuft wird. Doch nicht das Ergebnis ist wesentlich. Wer den Gang der Darstellung in Augenschein nimmt, der findet die Wurzel des Übels schnell. Er wird an den hundert Hypothesen hängen, die der Anschauung fremd bleiben und nur frustieren können. Was wunder, wenn sich ein Weltbild ergibt, in dem wir uns vollmenschlich nicht ansiedeln mögen.

Wir haben uns bewußt von dem Typ aller derartigen Darstellungen scharf abgesetzt. Mit dem Prinzip der Sinnes-

unmittelbarkeit und der daraus folgenden Faßlichkeit gewinnen wir ein Gesamtbild, dessen Teile über das Medium der Menschennähe stets fest verbunden sind.
Hier ist es an der Zeit, dem Manne Dank zu sagen, der uns den goetheschen Weg zugänglich gemacht hat.[42] Er hat ihn einzigartig präzise erkannt und zur Vollendung geführt. Ohne die Anregung, die von den ungezählten Äußerungen Rudolf Steiners zur Sonnenforschung und zur Christologie[43] ausgegangen ist, wäre dieses Buch nicht geschrieben worden. Was er bei verschiedensten Gelegenheiten anthroposophisch zur Sonnenfrage gesagt hat, gab den fortwährenden Anstoß zum Versuch, das Gesamtgebiet auf der Grundlage der astronomischen Beobachtungsergebnisse und mit den Querverbindungen zu vielen anderen Fachbereichen darzustellen.

*

Was muß die *Religion* tun, um das von ihr erwartete Entgegenkommen zu leisten? Wie es bei der Wissenschaft auch war, so ist es hier: Sie braucht sich nur auf ihre ursprüngliche Aufgabe zu besinnen.
Religion kann und konnte niemals einen anderen Sinn haben als Einbeziehung des Göttlich-Geistigen ins irdische Menschenleben. Das liegt auch exakt im Wortsinn verankert, denn «religio» läßt sich am besten wiedergeben durch «gewissenhafte Berücksichtigung, sorgfältige Beobachtung». «Im Angesicht Gottes wandeln» – das ist Ursprung und Ziel jeder religiösen Betätigung. Verschieden ist nur für alte und neue Zeit die Richtung, in der die Wahrnehmung des göttlichen Wesens gesucht werden kann.
Für die Urzeit war es selbstverständlich, daß die Menschen ihre Götter sahen. Religiöse Rituale festigten die natürliche

Beziehung und halfen, auch in der späteren Zeit der verdämmernden Schauenskraft den Kontakt zu halten und zu pflegen. Die ganze Innigkeit der Seele war dabei nach rückwärts gewandt, dem mehr und mehr entschwindenden Urlicht zu. (Daraus erklärt sich, daß man immer wieder auf die Ansicht stößt, re-ligio sei als «Rück-Verbinden» aufzufassen, indem man sich verführen läßt, das Wort von lateinisch religare abzuleiten statt von relegere.)

Für die neue Zeit gilt gerade das Entgegengesetzte, was die religiöse Ausrichtung der Seele anbelangt. Nachdem der letzte Schimmer des alten Hellsehens verglommen war, trat mit dem Christus-Ereignis eine Zeitenwende ein. Christus kam als sonnenentstammter Gott auf die Erde, um für die Menschheit eine neue Epoche der Annäherung an die Gotteswelt zu eröffnen. Er stiftete den religiösen Ritus des «Mahles», in dessen übender Wiederholung er seinen Schülern den Weg wies, über die Vereinigung mit seinem eigenen Wesen einer künftigen bewußten Gottesschau, «von Angesicht zu Angesicht», entgegenzugehen. Aus diesem Mittelpunktgeschehen der neuen Religion wuchsen im Lauf der frühen christlichen Entwicklung weitere «Sakramente» hervor, die, an die Vielfalt der menschlichen Biographie anknüpfend, Tore zu sorgfältiger Beobachtung und Einbeziehung der Geistwelt eröffneten.

Das Wesentliche aller christlichen «Weihehandlungen» ist, daß sie in ihrem lebendigen Geübtwerden innerhalb der menschlichen Gesellschaft Geistbewußtsein entfachen, mit anderen Worten: daß sie uns auf einer zukunftwärts gerichteten Entwicklungslinie neue Wahrnehmungen der Gottesgegenwart verschaffen.

Religion führt zur echten Bewußtseinserweiterung.

Damit erweist sie die in ihr verborgene wissenschaftliche Ergiebigkeit.

Auch hier ergibt sich eine Abgrenzung von selbst. Wir sehen uns auf dem eingeschlagenen Weg scharf unterschieden von allen religiösen Bestrebungen, die meinen, sich auf Schriftbeweis oder Dogma gründen zu müssen. Wenn wir selbst «heilige Schriften» oder andere Überlieferungen heranziehen, so geschieht es, um die weltweite und zeitalterübergreifende Solidarität der Erkenntnis unter allen geistig Erfahrungssuchenden zu dokumentieren. «Evangelium» ist für uns nicht zwischen Buchdeckel gebunden, sondern ein lebendiger Prozeß, in den wir durch jeden Vollzug der neuen Christus-Rituale eintreten können. Wer selbst auf geistige Entdeckungsreisen geht, freut sich über jede Bestätigung seiner eigenen Funde, wo immer er ihnen begegnet.

In diesem Sinne mag hier noch ein seltsames Schriftwerk erwähnt sein, das wie ein freundlicher Gruß zur Fertigstellung dieses Buches eintraf. Das «Redentiner Osterspiel» besitzt in der in Karlsruhe liegenden mittelniederdeutschen Handschrift einen lateinischen Vorspruch, «sermo» genannt, der einen fünffachen Vergleich Christi mit der Sonne zum Inhalt hat.[44] Das Mysterienspiel von Höllenfahrt und Auferstehung hat gewiß die religiöse Dichte, welche die Nähe des Sonnen-Christus-Geheimnisses vermitteln kann, wenngleich der sermo in der Abfassung stark traditionell gehalten ist. So mag es noch manche bekannte und unbekannte Stelle in der Literatur geben, wo Spuren der Christussonne aufleuchten, wenn wir sie nur bemerken wollen.

Den guten Schluß darf aber nicht eine Quellensuche im Gewordenen bilden. Vielmehr soll deutlich davon abgehoben werden, wo unser Erkenntnisbrunnen strömt. Das Okular, durch das uns geistige Tatsachen und Weltverhältnisse sichtbar werden, ist der immerwährende Werdevorgang der christlichen Kultushandlung. In nachbarlicher Verbundenheit zur goetheanistischen Naturbetrachtung gibt uns die «Menschenweihehandlung» den Erfahrungsschatz, der das kosmische Sonnenbild mit der Gotteswirklichkeit Christi zusammenschließt. Als kultisch mit Christus Wandelnde können wir Sein schaffendes Leben wesensunmittelbar erfassen.

Nun willst du Ihm danken,
Doch dein Blick ist getroffen von Sonne,
Lodernder Sonne . . .

Und du stehst staunend – von Liebe berührt.

Anmerkungen

1 C. G. Jung «Die Psychologie der unbewußten Prozesse», Zürich 1917 (später unter dem Titel «Das Unbewußte im normalen und kranken Seelenleben»)
2 Nach M. Wilhelm Meyer «Das Weltgebäude», 1897
3 Aus dem Fischer-Lexikon «Astronomie», 1957, herausgegeben von Karl Stumpff
4 W. Heitler «Der Mensch und die naturwissenschaftliche Erkenntnis» Verlag Friedrich Vieweg und Sohn, Braunschweig 1961
5 Jacques Lusseyran «Et la lumière fut». Deutsch «Das wiedergefundene Licht», Klett-Verlag, Stuttgart 1966 und Siebenstern-Taschenbuch 1970
6 Friedrich L. Boschke «Erde von anderen Sternen. Der Flug der Meteorite», Fischer Bücherei Nr. 6011, 1970. Eine fleißige Stoffsammlung; im übrigen nicht empfehlenswert, da mit grober Fehlerhaftigkeit belastet
7 Emil Bock «Romanische Baukunst und Plastik in Württemberg», Deutsche Verlagsanstalt, Stuttgart 1958, und
Emil Bock «Das Zeitalter der romanischen Kunst», Verlag Urachhaus, Stuttgart 1958
8 Rudolf Kühn «Die Himmel erzählen. Astronomie heute», Droemersche Verlagsanstalt Th. Knaur Nachf., München-Zürich 1962
9 Hans Cloos «Gespräch mit der Erde. Welt- und Lebensfahrt eines Geologen», Fischer Bücherei Nr. 289, 1959
10 Ernst Lehrs «Mensch und Materie», Vittorio Klostermann, Frankfurt/Main 1953
(zuerst in Englisch erschienen mit dem Titel «Man or Matter» bei Faber and Faber, London)
11 K. O. Kiepenheuer «Die Sonne», Springer-Verlag, Berlin-Göttingen-Heidelberg, (Reihe «Verständliche Wissenschaft») 1957
12 Bruno Eck «Technische Strömungslehre», 4. Aufl., Springer-Verlag, Berlin-Göttingen-Heidelberg 1954
13 Theodor Schwenk «Das sensible Chaos. Strömendes Formenschaffen in Wasser und Luft», Verlag Freies Geistesleben, Stuttgart 1962
14 Alfred Jeremias «Außerbiblische Erlösererwartung»
15 vgl. Gottfried Richter «Chartres. Die Herrlichkeit der Kathedrale», 3. Aufl. Verlag Urachhaus, Stuttgart 1966;

Karl Heyer «Das Wunder von Chartres», 3. Aufl. J. Ch. Mellinger Verlag, Stuttgart 1956

16 Herman Grimm «Das Leben Raphaels», 3. Aufl. Verlag von Wilhelm Hertz, Berlin 1896

17 Alfred Jeremias «Das Alte Testament im Lichte des alten Orients», 4. Aufl. J. C. Hinrichs'sche Buchhandlung, Leipzig 1930

18 C. G. Jung «Symbole der Wandlung», Rascher Verlag, Zürich 1952

19 vgl. Alfred Schütze «Mithras-Mysterien und Urchristentum», Verlag Urachhaus, Stuttgart 1960

20 Dorothee Sölle «Phantasie und Gehorsam. Überlegungen zu einer künftigen christlichen Ethik», Kreuz-Verlag, Stuttgart 1968

21 Louis Locher-Ernst «Projektive Geometrie», Orell Füssli Verlag, Zürich 1940. Zu dem Buch gehört noch ein einführender erster Teil mit dem Titel «Urphänomene der Geometrie», erschienen 1937.

22 Die doppelspaltige Schreibweise findet sich auch schon bei Th. Reye 1866;

23 Louis Locher-Ernst «Raum und Gegenraum», herausgegeben für die Mathematisch-Astronomische Sektion am Goetheanum, Dornach/Schweiz. Philosophisch-Anthroposophischer Verlag am Goetheanum 1957

24 George Adams «Strahlende Weltgestaltung. Synthetische Geometrie in geisteswissenschaftlicher Beleuchtung. Zugleich als Vorarbeit gedacht für eine geistgemäße mathematische Physik», herausgegeben von der Mathematisch-Astronomischen Sektion am Goetheanum, Dornach/Schweiz, neu aufgelegt 1965 vom Philosophisch-Anthroposophischen Verlag, Dornach

25 Olive Whicher «Projektive Geometrie. Schöpferische Polaritäten in Raum und Zeit», Verlag Freies Geistesleben, Stuttgart 1970

26 George Adams and Olive Whicher «The Plant between Sun and Earth», Goethean Science Foundation, Clent, Stourbridge, Worcestershire 1952

27 George Adams und Olive Whicher «Die Pflanze in Raum und Gegenraum», Verlag Freies Geistesleben, Stuttgart 1960

28 Thomas Schmidt «Polaritäten der Erscheinungen am Fixsternhimmel», in «Sternkalender 1968/69», herausgegeben von der

Mathematisch-Astronomischen Sektion am Goetheanum, Dornach/Schweiz, Philosophisch-Anthroposophischer Verlag, Dornach

29 Sehr Schönes kann man z. B. von Louis Locher-Ernst lernen aus dem einführenden Büchlein «Geometrisieren im Bereiche wichtigster Kurvenformen. Eine erste Einführung in das geometrische Denken», Orell Füssli Verlag, Zürich-Leipzig 1938.

30 zitiert nach R. Wolf «Geschichte der Astronomie»

31 Paul G. Hunziker in «Elemente der Naturwissenschaft», Nr. 1 und 2, 1964/65, Zeitschrift herausgegeben von der Naturwissenschaftlichen Sektion am Goetheanum, Dornach/Schweiz, Philosophisch-Anthroposophischer Verlag am Goetheanum

32 vgl. Oliver La Farge «Die große Jagd», Walter-Verlag, Olten 1961 und Fischer Taschenbuch 1025, 1969

33 Wilhelm von Humboldt «Ideen zu einem Versuch, die Grenzen der Wirksamkeit des Staats zu bestimmen», Verlag Freies Geistesleben, Stuttgart 1962, Reihe «Denken, Schauen, Sinnen» Nr. 26/27

34 Rudolf Steiner «Die Kernpunkte der sozialen Frage», Dornach 1919

35 z. B. «Zur Dreigliederung des sozialen Organismus. Gesammelte Aufsätze 1919–1921», Taschenbuch, Verlag Freies Geistesleben, Stuttgart

36 Gert P. Spindler «Neue Antworten im sozialen Raum», Econ-Verlag, Düsseldorf und Wien 1964

37 in dieser Form persönlich übermittelt

38 vgl. Fischer-Lexikon «Physik», herausgegeben von Walther Gerlach, Fischer Bücherei 1960

39 in dem Büchlein «Alhambra. Auffenbergs Pilgerfahrt zum Reich der Geister», Stuttgart 1934; neu aufgelegt unter dem Titel «Das Asyl» 1970

40 J. W. von Goethe «Die Metamorphose der Pflanzen», «Farbenlehre» u. a.

41 Hoimar von Ditfurth «Kinder des Weltalls. Der Roman unserer Existenz», Hoffmann und Campe Verlag, Hamburg 1970

42 «Goethes Naturwissenschaftliche Schriften», herausgegeben von Rudolf Steiner, Union Deutsche Verlagsgesellschaft, Stuttgart-Berlin-Leipzig o. J.

43 Siehe Rudolf Steiner Gesamtausgabe, Rudolf Steiner Verlag, Dornach/Schweiz

44 Redentiner Osterspiel, «Sermo» übersetzt 1971 von Werner Wolffoerster

Sonstige Nachweise

S. 15 Die schönsten Upanischaden, Rascher Verlag, Zürich und Stuttgart, S. 5
S. 46 J. W. Goethe «Epirrhema»
S. 48 Chr. Morgenstern «Klein Irmchen», Verlag Zu den sieben Zwergen, Dornach/Schweiz
S. 52 ägypt. Sonnenhymnus, Echnaton
S. 103 aus der Avesta, übersetzt von Hermann Beckh
S. 106 Dostojewskij, «Die Brüder Karamasow», 6. Buch, Kap. IV
S. 107 altägypt. Sonnenhymnus, 3000 v. Chr.
S. 108 Fr. Hebbel «An die Jünglinge»
S. 121 R. M. Rilke «Die Blätter fallen» aus: Buch der Bilder
S. 127 Chr. Morgenstern «Liebe Sonne, liebe Erde», Verlag Gerhard Stalling, Oldenburg
S. 131 «Freunde laßt uns fröhlich loben...» Worte: H. Kraft, Weise: G. Wolters
S. 135 F. Doldinger «Das Asyl. Dem Andenken an den Dichter Joseph von Auffenberg», Selbstverlag, 1970, S. 24
S. 146 Fr. Schiller «Wallensteins Tod» II, 2
S. 148 Fr. Schiller «An die Freude»
S. 154 J. W. Goethe «Faust I»
S. 156 Chr. Morgenstern «Kind, wie eine Wolke...»
S. 156 dsgl.
S. 158 dsgl.
S. 158 J. W. Goethe «Faust I», nach Jacob Böhme: Morgenröte im Aufgang
S. 188 Chr. Morgenstern «Klein Irmchen»
S. 189 Fr. Schiller «Das Höchste», Gedichte 3. Periode
S. 210 Nelly Sachs «Späte Gedichte» (Bibliothek Suhrkamp)
S. 216 Chr. Morgenstern «Licht ist Liebe...»
S. 236 Chr. Morgenstern «Der Täufer»
S. 282 Winfried Paarmann «Die kommende Kirche» aus: Jenseits der Trennung, Gedichte

Bildquellennachweis: Slg. Blattmann, 11, 13, 21, 23, 24, 28, 30, 33, 34, 35, 36, 37; 1 Hirmer Photo-Archiv, München; 2, 3 Fraunhofer Institut, Freiburg; 4 Max-Planck-Institut für Astronomie, Heidelberg (Hans Ruder, Nürnberg); 5 Deutsches Museum, München; 6 aus: J. Riem, Der gestirnte Himmel, Reutlingen 1922; 7 Max-Planck-Institut für Astronomie, Heidelberg (P. B. Hutchinson); 8, 25 Zeitschrift «Sterne und Weltraum», Bibliographisches Institut, Mannheim; 9, 38 aus: E. Bock, Romanische Baukunst und Plastik in Württemberg, Stuttgart 1958; 10 Staatsbibliothek Preußischer Kulturbesitz, Berlin; 12 Ullstein-Bilderdienst, Berlin; 14, 15, 16, 17 Karl Hublow, Konstanz; 18, 19 Fratelli Allinari, Florenz; 20 «Foto: USIS/NASA», aufgenommen mit ZEISS-Objektiv; 22 aus: Projektive Geometrie von Louis Locher-Ernst; 26, 27, 29 aus: Die Pflanze in Raum und Gegenraum, von George Adams und Olive Whicher, Stuttgart 1960; 31 aus: Sternkalender 1966/67, Dornach 1966; 31 Bildarchiv Foto Marburg.